开启智慧风暴的
600道哈佛全脑训练题

600 HARVARD WHOLE BRAIN TRAINING
TITLE TO OPEN THE WISDOM

楚丽萍 编著

经济管理出版社
ECONOMY & MANAGEMENT PUBLISHING HOUSE

图书在版编目（CIP）数据

开启智慧风暴的600道哈佛全脑训练题/楚丽萍编著.—北京：经济管理出版社，2012.3

ISBN 978-7-5096-1799-1

Ⅰ.①开… Ⅱ.①楚… Ⅲ.①智力开发 Ⅳ.①G421

中国版本图书馆CIP数据核字（2012）第026552号

出版发行：经济管理出版社
北京市海淀区北蜂窝8号中雅大厦11层
电话:(010)51915602 邮编:100038

印刷：三河市延风印装厂 经销：新华书店

组稿编辑：陈 力 责任编辑：曹 靖 孟 君
责任印制：木 易 责任校对：陈 颖

720mm×1000mm/16 21.25印张 305千字
2012年4月第1版 2012年4月第1次印刷

定价：38.00元

书号：ISBN 978-7-5096-1799-1

前言

1636年，在今天的美国波士顿附近，一个不足10人的学校诞生了。140年后，美利坚合众国建国。这个比美国还要早140年诞生的学校就是今天受到全球学者关注的哈佛大学。

300多年的发展和历练铸就了现在哈佛的世界名校地位。一直以来，她为社会培养出众多的精英人士，在推动时代进步的同时也在世界范围内刮起了持久的“哈佛热”。

哈佛大学是美国政府的思想库。在美国历任总统中，就有约翰·亚当斯、约翰·昆西·亚当斯、拉瑟福德·伯查德·海斯、西奥多·罗斯福、富兰克林·罗斯福、约翰·肯尼迪、乔治·沃克·布什七位总统来自哈佛。而2009年，奥巴马当选为美国第44任总统，成为哈佛为美国贡献出的第8位总统。此外，还有许多著名的政治家也出自哈佛，美国前总统里根的内阁成员中，国防部长温伯格、财政部长里甘、交通部长刘易斯；尼克松政府的国务卿基辛格等都来自哈佛。

哈佛还是科学家、学者、文学家和企业家的培养地。据统计，迄今为止，从哈佛走出了40位诺贝尔奖得主、32位普利策新闻奖获得者以及数十名科学家和文学家。哈佛是全球最多亿万富豪就读的大学，她的商学院享誉世界，是微软、IBM、Facebook等一个个商业奇迹的缔造者；哈佛的燕京学社倾力于中美文化的交流，我们熟知的胡刚复、竺可桢、陈寅恪、林语堂、梁实秋、梁思成等人，都和这所世界名校息息相关，在哈佛的土壤中汲取过养分。

人们不禁要问，是什么样的教学理念和思维，才能让哈佛打造出如此众多的名人和成功人士呢？名人和成功人士又是如何成就事业、获得成功的呢？

在对哈佛的许多名人成功事迹进行考察和研究后，有人得出结论："哈佛人"无论是身体构造和大脑构造都与普通人差别不大，唯一的区别只在于，他们在某些方面的能力比正常人更为突出。这些方面就包括：记忆力、观察力、想象力、创造力、判断思考能力以及空间思维能力等。普通人的这些能力很大程度上没有得到有效的开发，需要实行全脑式的开发锻炼才能有效提升。

国际脑组织研究（ISBO）公布的数据显示：93%的成功人士都是全脑得到充分开发的人。所谓的全脑开发就是全面开启大脑的潜在能力，有意识地培养左右脑的协调运作，提高工作效率，短时间内大幅度提升智力水平。每个人的大脑都是一座宝库，成功的人就是能够快速挖掘到宝藏的人。有意识地培养左右脑的协调工作，开启大脑深处的潜能，将正常的智力提升到更高的水平，更快捷、准确地学习和工作，才能找到通往成功的捷径。

本书从全脑开发的角度入手，在讲述基本全脑理论的基础上，精选了一系列可看性强、趣味十足的题目，从观察、记忆、空间、逻辑、数学、语汇、想象创造、反应、行动九个方面突击，力图用简单有趣的题目引导思路，启发全脑思考。读者可以在妙趣横生的题目中徜徉，尽情发挥大脑的无限潜力，于轻松愉悦的解题氛围中完成大脑开发的一次飞跃。

希望每一位读者，都能通过本书得到收获，找到开启智慧之门的钥匙。

目录

第一章
全脑开发，引爆无限的潜能

左脑和右脑的秘密

秘鲁首都利马南边 200 公里处有个帕拉卡斯半岛，1925 年，这里发现了两座无人知晓的坟墓，两年后著名的帕拉卡斯大坟场也在这里被发现。从这座大坟场中出土的干尸震惊了当时的科学界，原因就是他们有着被拉得长长的颅骨。帕拉卡斯的古印第安人为什么要把颅骨拉得长长的呢?

这个充满神秘性的事实让科学家们困惑，为现代人研究大脑更添了一份诡异。但从中也可以看出，早在古印第安人时代，人们就已经意识到了大脑的神奇功能。他们试图通过改变大脑本身的形状，来实现某些不可知的思维或行为改变。

随着现代人对大脑研究的加深，我们更加认识到大脑的神秘莫测。有人就曾这样说过："迄今为止，人类文明诞生的最神奇的东西，就是大脑。"乍听起来，这句话似乎有些夸大，但细想之下，这绝对不是一句空话。大脑作为人类认识世界和产生智慧的物理承载体，见证了生命的诞生和发展，深藏着智慧之谜。

人类所有的感觉、认知、分析判断和思考，都是由大脑完成的。大脑左右两个半球内沟转千壑的神经排布，组合成一个复杂的“中央处理器”，统管着人类的行为和思维。如果没有大脑智慧，人类将变得和其他低等动物一样。我们常常见到这样的情况，一个看起来高大威猛的男人，突然就瘫痪了，这是他大脑中掌控肌体感应的部分出了问题，小小的脑神经细胞，却控制着庞大的身躯，让人惊叹不已。“脑死亡”是现代医学界对死亡的最终判定方式，生命的存在以大脑的死亡为基础来判定，体现出大脑对人类的决定性意义。如此重要的大脑，如此神奇的“生命指挥官”，到底有着怎样的奥秘呢？

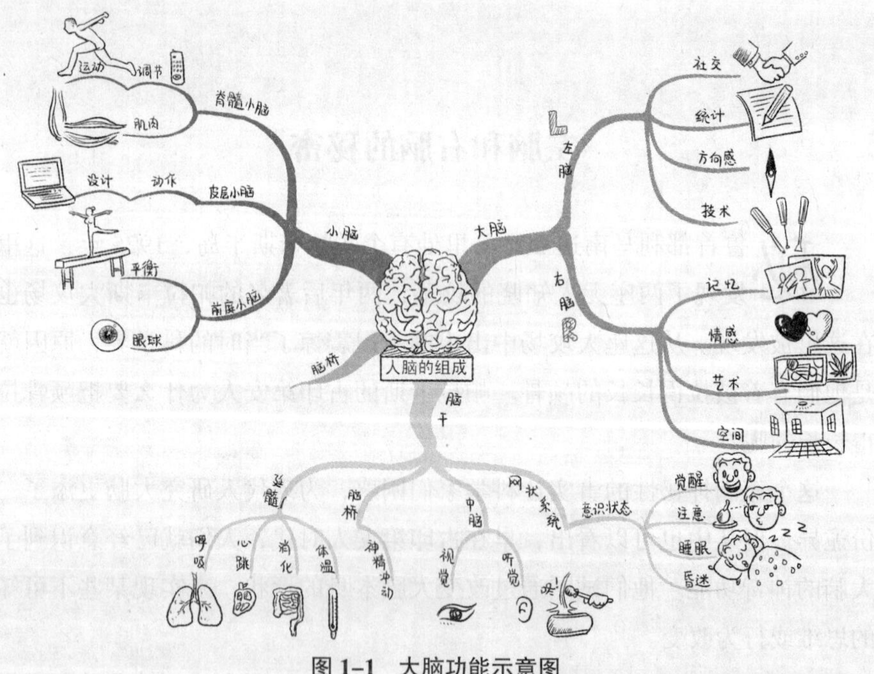

图 1-1　大脑功能示意图

正常人的大脑有两个半球，称为左脑和右脑，由胼胝体连接沟通，构成一个完整的整体。

来自外界的信息，经过胼胝体传递，在左右脑之间瞬间完成信息的交流（每秒10亿位），人类的各种活动就是两个半球信息交换和互动组合的结果。

大脑的左右脑有着明确的分工，左侧大脑感受并控制右半侧的身体，而右侧大脑感受并控制左半侧的身体。在事务处理上，左右半脑负责的内容也各有不同。有科学研究发现，左脑主要负责的是逻辑理解、记忆、时间、语言、判断、排列、分类、逻辑、分析、书写、推理、抑制、五感（视、听、嗅、触、味觉）等方面。其思维方式具有连续性、延续性和分析性的特征，因此左脑我们一般称作“意识脑”、“学术脑”、“语言脑”。右脑主要负责的是空间形象记忆、直觉、情感、身体协调、视知觉、美术、音乐节奏、想象、灵感、顿悟等方面。其思维方式具有无序性、跳跃性、直觉性等特征，所以右脑我们一般称作“本能脑”、“潜意识脑”、“创造脑”、“音乐脑”、“艺术脑”。左右脑在颅腔内协作配合，将由眼、耳、口、鼻、嘴及肢体接受的信息传输并分析判断，整合出行为和思想，指导着人类的日常生活。

有了左脑和右脑的完美配合，人类才拥有了世界上最神奇的智慧。在日常生活中，我们常常听到人们这么说“他们俩配合真默契，是‘黄金搭档’”，仅从配合这一点上来看，掌管着世界上最高等动物的饮食起居思的左脑和右脑，其配合完全称得上世界级的“黄金搭档”。

你的大脑超级棒

曾经有人专门针对大脑的重量进行了研究。他们发现现代男性的脑重高达1400克，女性较轻一点，约有1300克。而一些动物，如大猩猩的脑重不足500克，远远小于人类，鲸鱼的脑重高达9000克，大象脑部重量也高达6000克，都远远超过了人类。但是无一例外，这些脑重或高于或低于人类的动物，其聪明程度都无法和人类相比。

事实上，仅从外表和体积上讲，人类的大脑不比任何一个动物的看起来更优秀。但历史发展到今天，人类看起来毫不起眼的大脑，内部却蕴藏着无穷的潜力和智慧，连人类自身都感到诧异。下面，我们就来看看人类的大脑究竟有多棒！

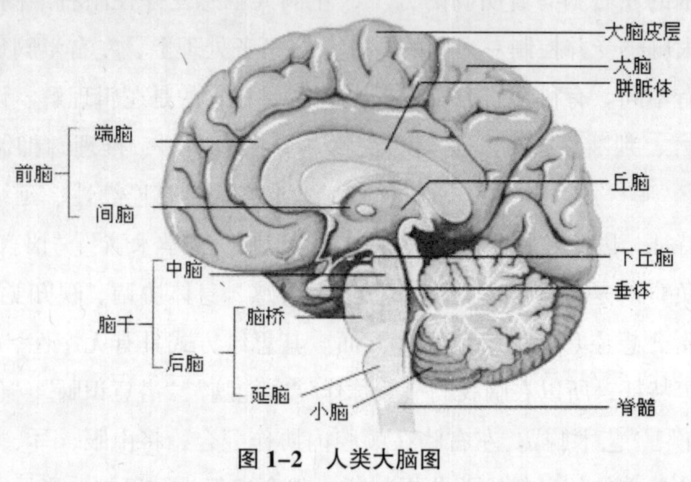

图 1–2　人类大脑图

科学研究发现，人的大脑是由140亿个脑细胞组成的，平均每个脑细胞可长出2万个树突，全部用来计算信息。人脑的神经细胞功能每秒钟可完成信息传递和交换次数达1000亿次，如果大脑处于激活状态，则一个人每天可记住4本书的全部内容。由于信息的瞬间交流和庞大的脑细胞组合，人脑可以储存50亿本书的信息，相当于世界上藏书最多的美国国会图书馆（1000万册）的500倍。仅从规模上来看，人脑已经远远超过了世界上最顶尖的计算仪器，是名副其实的超级计算机。

超级计算机！恐怕这个称谓也不足以涵盖人类大脑的庞大功能。在一些科幻电影中，未来世界的人们通过计算机庞大的计算力和记忆功能快速捕捉面部表情或手掌的纹路，判断一个人的身份，那已经是未来高科技下的顶尖产物。但是我们的大脑，这个小小的颅腔中的大脑，在这方面的速度之快令人咋舌——几百分之一秒内就可以接收一个人脸的视觉映象，1/4秒分析它的详细情况，并迅速整合成一个明确的、三维的内容。整个过程仅需要1秒钟！

看到过冰山的人应该有这样的体会，海面上的冰山在阳光掩映下，其色皑皑，光彩夺目。而一旦你低头，看海面之下的冰山，你会更加惊奇和赞叹。海面之下是冰山的源头，其缤纷多彩和巧夺天工胜过海面之上冰山的十倍、百倍，壮阔巍峨更是不可想象。人类的大脑就如同这片冰山，其内在潜藏的能量如海面下的冰山一样广阔无垠。

有着如此巨大潜力的大脑，如果潜能被开发了会是什么情形呢？科学研究发现，如果一个人能发挥出一半的大脑功能，他可以轻松地学会 40 种语言、背诵整本百科全书、获得 12 个博士学位……心理学家奥托也指出，一个人所发挥出来的能力，只占到了他全部能力的 4%，其余 96%的能力都还未发挥出来。对大脑潜在能力估计最高的，大概是世界赫赫有名的控制论奠基人之一 N.维纳了，他曾说“我可以很有把握地说，每个人，即便是做出了辉煌成绩的人，在他的一生中利用他大脑的潜能可能还不到百分之一”。

现在你知道你的大脑有多棒了吗？大脑不可思议的潜在功能曾令科学家们惊叹“宇宙中再也没有比人类大脑更大的秘密了”，而这个巨大的秘密，正等着我们一步步去探索。

天才大脑之谜

看过郑渊洁童话小说的朋友，会记得这样一个故事：为找出让人类变聪明的方法，老科学家藏在皮皮鲁家神奇的暗室中，对数百位名人的大脑进行了解剖研究，最终发明了一个能让人变聪明的头盔。皮皮鲁给一头猪戴上了这个头盔，这头猪马上变成了一个绝顶聪明的世界名人。故事归故事，可名人的大脑真的与众不同吗？其中的奥秘到底是什么呢？

名人，以其聪明才智和对社会的贡献被世人铭记和颂扬，他们的智慧更吸引着千千万万普通人的关注。古今中外，许多人都相信，名人大脑一定与普通人不同，其中的一些争论甚至上升到了唯心主义的程度：那些坚信大脑决定一切的人认为，大脑中一定有某种东西决定着一个人是成为天才还是成为罪犯。这种想法固然没有实际的依据，但不容忽视的事实是，现代的许多科学研究，确实是以名人大脑为主的，其中的一些研究在一定程度上对现实确实有所指导。

作为20世纪最具传奇色彩的科学谜题，爱因斯坦的大脑与普通人究竟有何不同成为许多人关心的问题。在爱因斯坦死后的数十年间，关于爱因斯坦天才大脑真相的调查从未停止过。在众说纷纭的调查结果中，有一个结论是值得我们关注的，那就是日本大阪生物科学研究院的坎塔所作的结论。他认为：极有可能是爱因斯坦大脑的语言相关区域存在某种病变，而这种病变导致了他幼年时期的诵读困难。这是大家都知道的一段历史：爱因斯坦在童年时期看起来很笨，连话都说不清楚。这个充足的事实引发了人们对坎塔所述结论的极大兴趣，人们开始倾向于相信：爱因斯坦并非天生就拥有一个天才大脑，他极有可能是以一个受过损伤的大脑开始人生的，但后来痊愈了，他的天才智商也极有可能是在后天培养中形成的。

图1–3 爱因斯坦大脑之谜

除了爱因斯坦，其他一些名人，如高斯、笛卡尔、拜伦、迪皮特朗、居维叶等人的大脑，也都在研究之列，但并没有研究出有重大意义的结论。理智上讲，人的大脑从出生那刻起就在不断生长和发展，其智力水平是逐步提升的，不大可能有天生智力超群的人，即便有也是极少数。对大多数人来说，后天的培养才更重要。而具体朝着哪个方面培养，则需要运用科学的手段来认知。

随着对人类大脑的不断研究，一些提升大脑智力的方法被发掘出来，例如人们发现，开发右脑中视觉、空间认知、运动知觉、数学思维等功能，对于智力的提升非常有益。因此，着重于培养右脑，加强自己在这些方面的能力，对智力的提升必将起到推波助澜的作用。

也许我们现在还无法确切知道名人大脑之谜，但只要自己有意识地培养大脑功能，用科学的手段练脑和用脑，相信我们也会像名人一样光彩夺目。

全脑开发——成功者的游戏

大多数人习惯于用右手做事，根据左脑支配右侧身体的规律，人们的左脑经常处于运转状态中，而右脑的运转却滞后了。这就像玩双脚绑在一起奔跑的游戏，一个人慢了，势必会导致整体速度的下降，要想提速，就必须让慢的那个人快起来。同样的道理，要想让脑袋的运转速度加快，就应该“双脑”齐下，共同运转。这就需要我们平时注重左手的使用——也就是右脑的使用，来一个全脑开发。而在提升智力的过程中，有意识地加强右脑的锻炼，对智力的提升会起到事半功倍的作用。

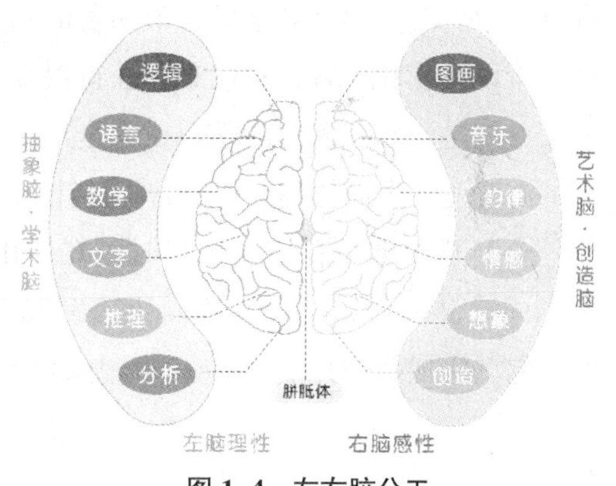

图 1-4　左右脑分工

目前，我国的学校教育偏重于左脑开发，应试教育制度也往往是把孩子往死记硬背的道路上拉。而孩子本身的天性，对艺术的感受和与自然的接触，完全没有得到培养，甚至原有的在玩耍中培养的聪明劲儿也被扼杀了。因此，让孩子充分发挥自己的天性，与大自然亲密接触，在玩的过程中培养各方面的知识，是尤为重要的。诺贝尔奖获得者李政道曾说“科学和艺术，是硬币的两面，谁也离不了谁”。可见，一个优秀的人物，他的左右脑应该是均衡发展的，任何偏废一侧半脑的做法都是不可取的。

全脑开发的理论奠基人，大概要算诺贝尔生物学奖获得者、美国心理生物学家斯佩里博士（Roger Wolcott Sperry，1913.8.20—1994.4.17）了。他非常著名的割裂脑实验，证实了人类大脑不对称性的“左右脑分工理论”，揭示了右脑的巨大潜力。斯佩里博士发现，右脑像万能博士，善于找出多种解决问题的办法，许多高级思维功能取决于右脑。右脑拥有更为强大的存储功能，其存储量是左脑的100万倍。斯佩里因此受到全世界人民的爱戴，被誉为“右脑先生”、“世界右脑开发第一人”。而人们对右脑巨大潜力的认知，为全脑开发奠定了基础。

全脑开发，是通过互动体验式学习，打开大脑潜意识，集中注意力，激发人们的好奇心、想象力、创造力，开发出全脑的多元智能。通过生动有趣的学习，提高学习者的兴趣，让左右脑都得到开发，从而潜移默化地提升智力。对于学习者来说，最痛苦的莫过于学习过程枯燥乏味、生硬晦涩，难以接受和理解，不仅难以获得提高，而且白白浪费了时间。而全脑开发，却是“玩起来”的学习，完全用游戏化的手法让你接受，在趣味无穷的游戏题目中悄然提升你的智力，让成功不再遥远。

全脑开发重在右脑，比起时刻在使用着的左脑，右脑的开发任务繁重，同时又十分急迫。让我们快速发掘右脑的潜力，打造平衡发展的大脑，完美实现全脑开发，为21世纪的智力提升做出努力！

第二章

全力激活你的右脑

潜力无穷的右脑

科学研究表明，在人类大脑两个半球中 “左脑是按照先后顺序进行活动的”，当你读到这个句子时，你先看到的是“左”字，然后是“脑”字，它们是逐字逐词地读进脑子里的。这就是左脑擅长的功能——依照顺序处理声音和图像信号。一本教科书中曾这样描述左脑“左脑尤其善于识别连续性的事物，即那些一个接一个按某种顺序发生的行为，例如言语方面的行为，如听、说、读、写”。

我们知道，人脑在识别人脸的速度上远远快于计算机，但仅从左脑来看，一台高级苹果计算机每秒钟能进行一百万次运算，远远超过人类左脑的运算速度，人类又是如何快速识别人脸图像的呢？原因就是人类神奇的右脑。

比起左脑按照顺序进行活动，右脑擅长的则是综合性的评价。右脑的天赋在于一次能看很多事物，比如看一个立体图形的所有部分，掌握它的构造，或者看到一种情境的所有因素，了解情境的含义。这个天赋使得右脑识别相貌的能力非常突出，远远超过运算能力超强的计算机。而研究数据也显示，看似次要的、无言的右脑擅长的是完形感知，是一个外界输入的信息的处理者；而言语的、看似主要的左脑却正好相反，是按照逻辑分析的、像计算机的处理模式一样进行运作的。左脑的这种语言能力比不上右脑复杂而迅速的合成能力。简单概括就是：左脑善于捕捉细节，而右脑看的是全景；左脑注重分类记录，右脑则注重相互间的紧密联系。

美国一名中学教师在给学生上美术课时，给每人发了一幅人物肖像作品，让他们去临摹。许多学生感到无处下笔，不知所措。这时，这名教师忽然想到了一个奇怪的主意：他让孩子们把肖像倒过来照着画！结果让人惊讶，学生倒着临摹，不仅准确地画出了肖像，而且大部分孩子画得很成功！孩子们似乎毫不费力就将肖像的主要特征画了出来，又快又好。为什么倒着画画竟能画得这么好呢？原因其实很简单：当肖像正着放的时候，学生们看到的是一个“人”，因此就想方设法地要把这个人画得“像”，这些思维过程都是在左脑中按部就班地进行的。一旦将画面倒过来放，学生们看到的就是各种线条和空间结构，只要将这些线条和空间结构画好就行了。而空间、形象功能却是右脑的职能，由此可见，右脑在处理问题时，比左脑更快捷、更有优势。

我们每天都会用到的视、听、触、嗅、味五种基本感觉，被称为是“五感”，由左脑来负责完成。但是通过科学研究发现，右脑也具有五感的功能，并且更深刻。右脑的五感被包藏在右脑底部，可称为“本能的五感”，控制着自律神经和宇宙波动的共振等，与我们熟知的潜意识紧密相连。一般情况下，右脑的五感都受到左脑理性的压抑与控制，很难发挥出自己的潜在本能。而一些懂得活用右脑的人，则可以熟练地听声音辨色，或者在脑中浮现出图像、闻到味道等。心理学家把这种情形称为“共感”，即是右脑的潜能。

除了共感潜能，右脑的工作效率也很高，工作时节奏很快，能瞬时记录大量的信息和数据。右脑主要靠形象记忆，也就是说，无论是大段的文字还是一幅幅的图画，当运用右脑来记忆时，都是先把它们转化成图像摄入脑海，就像照相机照相一样，而后再把这些内容在大脑中定格成一幅图。使用时，大脑中的图像便浮现在眼前。在处理信息时，左脑是将信息进行语言词汇化处理，五感也要转变成语言才能传达出去，很费时间，而右脑则将信息直接转化成图像，非常迅速，几秒钟就可完成。

曾有研究报告显示：人类右脑存储的信息包含了 500 万年以来人类祖先经过的所有人和事，它的巨大潜能是左脑的 10 万倍。尽快开发右脑，加强右脑的功能，对于个人大脑的协调运作、智力的提升都将有终身的收益。因此，让我们现在就开始，去开发右脑中的宝藏吧。

观立体画，开启右脑思维

由于右脑被称为“艺术脑”，掌管着人类的美术、音乐、灵感等功能，因此，将艺术的思维拉进右脑开发，是行之有效的方法。

图 2–1　三维立体画

我们知道，右脑是以图像记忆为主要优势的，在记录文字或图像时，它总是转化为一整个图像去记忆，从而瞬间完成大量信息的记录。由此我们可以得出，通过有意识地训练大脑看图，可以锻炼右脑的识图记忆能力，打开右脑的思维回路。而最好的图像莫过于三维图形，这是图像世界中最接近现实、最为逼真的画面，包含更多可记忆的内容，能让右脑功能得到更大程度的开发。

日常生活中，可以使用三维卡片来开启右脑思维。三维卡片乍看之下就是一张普普通通的平面图画，然而，运用“柔焦”或者“开放式聚焦”来看时就会发现平面的画面突然变得立体起来了。开始训练时，可以先锻炼自己在一分钟之内看出三维立体画，如果能够顺利看出第一个画面，那么，就可以持续地看出其他的立体画面了。这样的三维训练可以使书中的内容变得立体化，强化右脑的空间记忆功能，从而更快捷地记忆事物。通过观察三维立体画，可以很快打开右脑的思维渠道，使右脑的各项功能逐渐释放，开启右脑思维。

音乐练习，启动你的思绪

有人说，音乐是比人类语言更早的艺术形式。这话一点也不夸张，音乐以其无语言的声音形式和与自然交相融合的曼妙姿态征服了古今现代，成为人们生活中不可或缺的一部分。

听过这样一个故事，科学家为了找到让猪更快生长的方法，试了很多办法，最后竟然发现，给猪听音乐可以加快它们的生长。这个现象让人捧腹，但也从侧面说明，音乐确实可以陶冶性情，愉悦身心，对现实的事物起到激发作用。猪尚且如此，何况人呢？

图 2–2 音乐启动思绪

现代脑科学研究已经证明，音乐是一种形象思维，多听音乐可以很好地开发右脑的潜能，调整大脑左右半球的功能。美国加利福尼亚大学戈登教授曾专门做过一个实验，将78名三四岁智力相同的孩子分成两组，一组学习莫扎特和贝多芬的音乐，另一组不学习音乐。9个月后，他对这些孩子进行拼图测试，结果发现，学习音乐的孩子得分平均提高了近35%，这就是著名的“莫扎特效应”。因此，母亲在怀孕期间多听优美的音乐，对于婴幼儿的右脑发育是很有好处的。同时，中小学生在学习过程中，多听一些舒缓的音乐，能使左右脑在潜意识状态下相互配合，有助于理清思绪，提高学习质量。

冥想训练，让灵感近一些

我们常听到这样的故事：某人犯了错误，就面对着墙壁细细思悔，最终深刻认识到错误。而在尼采的哲学书中，更有隐居深山数十年最终成为哲人的描述。现代的许多企业家、政治家，事务繁忙之时，往往寻找山清水秀之地，修身冥想，以求心静平和，排除干扰，获得灵感。

面壁或者参禅，其实都是用冥想来静心的。在静默的个人冥想中，思想自由驰骋，与大自然来个神游天地，不经意的灵感就会悄然而至。科学研究发现，经常进入没有语言的无意识状态，非常有助于右脑的开发。实验观察也发现，坐禅的高僧脑电波速度有所下降，处于一种接近于睡眠的状态，但并没有睡着，是一种清醒的无意识状态。这种无意识可以让左脑暂时停下来，右脑潜能得到开发。

图 2–3 冥想

因此，普通人每天抽出十分钟或多于十分钟时间去冥想，对右脑的开发非常有帮助。可以选择一个自然舒适的地方，盘腿而坐，慢慢调整自己的呼吸，掏空脑袋，不去想任何事情，使整个大脑处于空白状态。在这个时候，管理语言、思维等功能的左脑处于休眠状态，而具有无穷潜意识能力的右脑则处于潜意识游离状态，可以让潜意识随意奔走，不经意间获得事件的真相和灵感。

“死记硬背”，挖掘记忆潜能

看到“死记硬背”这个词，很多学生都会很反感，认为这是一个缺失理解、效率很低的学习方法，这无疑跟中小学教师要求学生大量背诵课文有关，但“死记硬背”对于右脑开发，却实在是一个难得的好方法。

死记硬背，是不用理解力而只用记忆力去一味死板地背诵书本。这里的死板背诵就是一遍遍机械地诵读，直到能够背诵。这种诵读方法乍看之下让人生厌、枯燥乏味，但正是在这一遍遍的诵读中，大脑中的深层学习回路被唤醒并逐渐打通，记忆功能迅速提升。记忆力是需要练习的，对右脑而言，大量的潜在能力需要锻炼才能发挥出来。而这种死记硬背、强行让脑袋运转的方法会加快大脑的记忆力，打开未被利用的大脑回路，使大脑潜能得到开发。反复读一本书，一遍遍地死记硬背，直到把内容完全记住，让书像图画一样出现在脑袋里。诵读的次数越多，就越能打开记忆的回路，图画的影像就会更鲜明，右脑的记忆潜能也就随之打开。

图 2-4　大声背书

当然，死记硬背也可以有选择。找一些优美散文或者精美的课文，在优美的言辞之中诵读，不仅读起来顺口，而且易于背诵。大量背诵这些美文，提升记忆力的同时也能提高写作能力。

快速翻书，开采潜能的冰山

快速翻书，似乎与右脑开发毫无瓜葛，但实际上，这种简单的手动操作方法更能开发大脑的潜能。

科学研究发现，人的意识分为左脑意识和右脑意识。左脑有意识，右脑没有意识，右脑是“无意识”发挥作用的，这种“无意识”蕴涵着惊人的能力。例如，右脑的无意识视觉信息处理能力可以快速将只看过一遍的东西记在脑海里，哪怕不是一行一行阅读，而是快速一页一页地翻书。进入右脑学习模式后，快速翻书可将眼睛看到的信息送入右脑信息处理系统之中，在需要时即可取出来。

不断练习快速翻书，可以锻炼右脑的潜意识信息处理能力，从而开发右脑潜能。进入右脑模式后，可以先用“超高速”翻书，然后逐渐放慢速度，用“高速”翻书，再逐渐放慢，变为用“常速”翻书，让书中的内容不断跃入眼帘，被潜意识的信息处理能力所吸收。这样，在需要这些信息时就可以有意识地写出书中的内容。不断练习快速翻书，不仅可以提升记忆能力，而且可以持续锻炼右脑的潜意识信息处理功能，从而使右脑潜意识得到有效的开发。

看曼陀罗卡片，发展想象空间

曼陀罗卡片是由红、黄、蓝、绿四种颜色组成的一组对称图形，每个图形的颜色和形状都有所不同，这是激发右脑想象力的一种好方法。

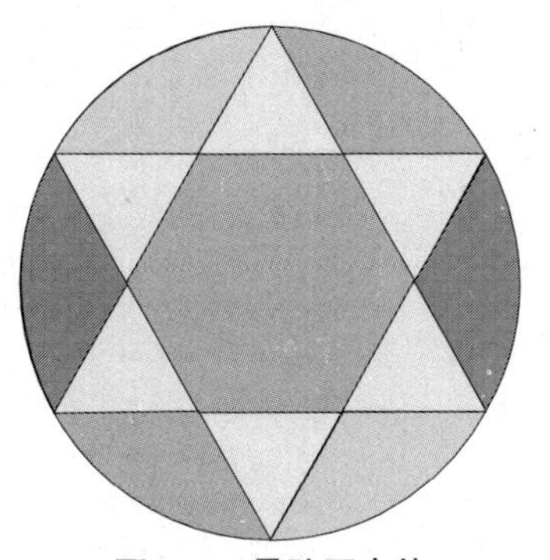

图 2–5　曼陀罗卡片

曼陀罗卡片训练就是紧盯着曼陀罗图，用力记忆每个曼陀罗的形状和颜色，而后在自己的脑袋里想象再现这些卡片的形状和颜色。由于每个曼陀罗的形状和颜色都不同，在记忆过程中，就需要运用极强的想象能力去记录每个卡片的形状以及颜色，因此，经常做这样的练习，可以培养右脑的想象力。

具体练习时，可以先尝试用 5 秒的时间来盯着曼陀罗卡片观看，之后闭眼 5 秒钟，在闭眼的过程中尽可能长久地让卡片图像停留在眼前，想象卡片的颜色形状，每次都重复同样的动作，一直练习。练习一段时间之后，延长观看的时间，紧盯着曼陀罗卡片看 10 秒钟，之后闭上眼睛。如果你能够栩栩如生地想象出每个曼陀罗的形状和颜色，那么就证明你的右脑想象力被开发了。继续练习下去，你的右脑想象能力将得到大幅提升，右脑额叶中一直未被利用的能力回路也会逐渐打开。

第三章

观察能力——捕捉智慧的光芒

智慧是“看”出来的

看过《福尔摩斯探案全集》的朋友一定还记得这样的场景：福尔摩斯第一次与华生见面，他仅仅看了看华生，就断定他是一名到过阿富汗的军医。是什么让福尔摩斯初次见面就做出如此准确的判断呢？是观察力。敏锐的观察力让福尔摩斯能迅速判断一个人的职业和经历。而在福尔摩斯神奇的探案生涯中，他超强的观察力往往成为破案的关键性因素。

观察力是人们认识世界的门户，也是智力活动的源泉。观察力是一个综合运用感官的能力，通过耳朵听、眼睛看、肢体触摸等去认识事物，揭示本质。综合来讲，就是广义上用“看”去认知世界。会不会“看”决定了你能从一个人或周围环境中得到多少信息，作出什么样的判断。

高超的智慧使人类成为灵长类动物之首，而观察是智慧城堡的第一扇门。著名天文学家伽利略说：“一切推理都必须从观察与实验得来。”而事实上，一切人类活动都离不开观察，没有观察就无法判断和分析，也无法进行想象和创造，甚至由于缺少观察，人际交往中的很多事情无法沟通。俄国著名生理学家巴甫洛夫在为苏联生理研究所题词时，更是写下了“观察、观察、再观察”的字样。生物学家达尔文则直截了当地说：“我既没有突出的能力，也没有过人的机智，只是在观察的能力上我可能在众人之上。”这些学术界巨匠们的话，体现了观察对于学习研究的重要性，也从另一个角度告诉我们，智慧是用心“看”出来的。

观察力训练的具体目标，其实是能够培养直觉的洞察力。更远大的目标是培养如何透过现象看本质，通过细致入微的观察，来达到打开脑力活动的通道，让思维更加严谨和缜密。观察力是智慧练习的外在输入，只有通过观察才能判断和认知事物，从而启发思维，找出答案。因此，平常注意观察力的训练，不仅有助于培养自己对周围事物的细致认知，更能丰富大脑的知识面，扩大大脑思维范围，让大脑得到最大限度的开发。

人们常说“眼睛是心灵的窗口”，其实，眼睛也是大脑的窗口。日常世界的很多事物都是通过眼睛来传输进大脑的，有了这个能随意观看世界的眼睛，我们的大脑才得以接收事物，认识到世界的本质。你的眼力够好吗？快来测测吧！通过我们设置的一系列问题，打开你的“眼界”，为你的智慧开启一扇窗！

测测你的眼力

【一笔穿五环】

观察下图的五环奥运会标，你能用一笔画出来吗？

【哪个圆圈大】

比较下面的两个图片，判断它们中间的圆圈哪个更大一些？

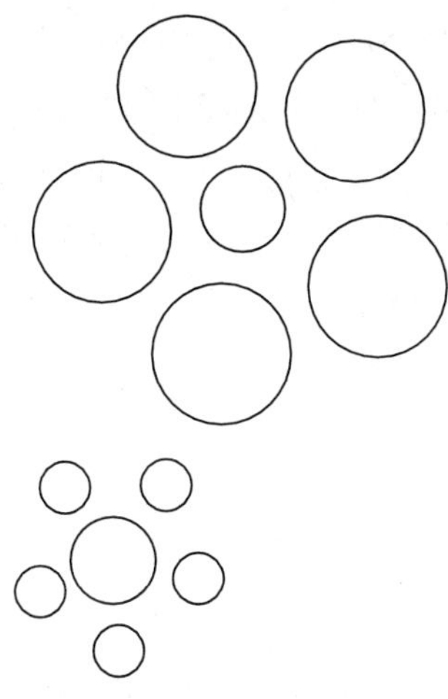

【上升还是下降】

观察下图，如果 A 点的轮子像如图所示的那样转动，下面的货物是上升还是下降呢？

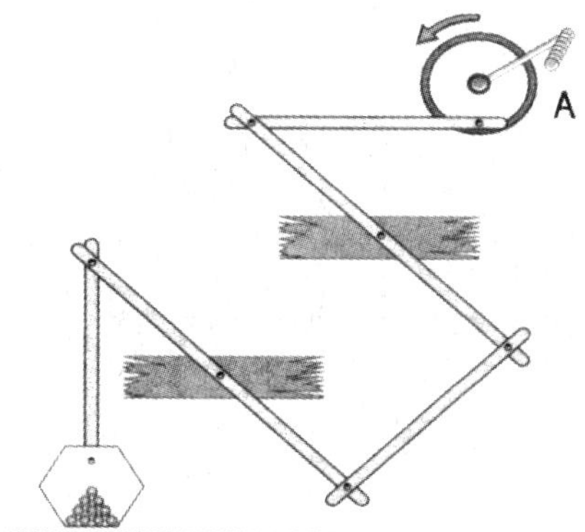

【殊途同归】

观察下图，请问有多少种不同的路线可以从 A 点到达 B 点？

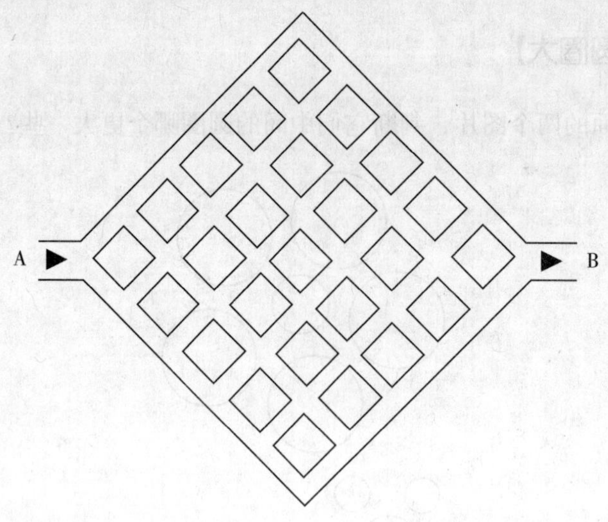

【接画熊猫头】

下面有一些熊猫头像，仔细观察它们的变化规律，在 A~F 的选项中选出一幅正确头像填入圆形里。

【有趣的天平】

仔细观察图形，思考一下，问另外需要放置哪些物品能使第三架天平平衡？

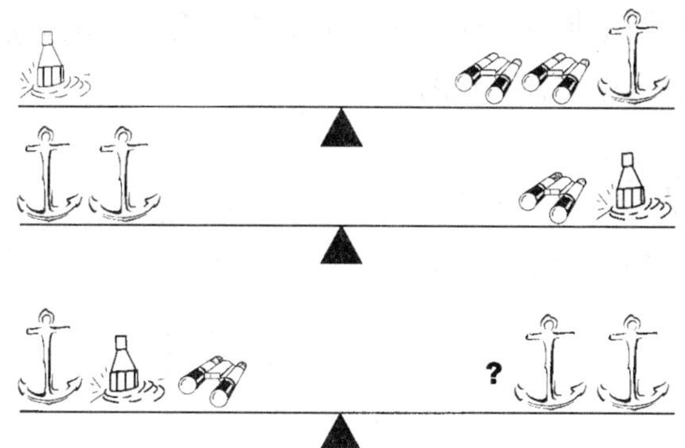

【奇妙套纸靴】

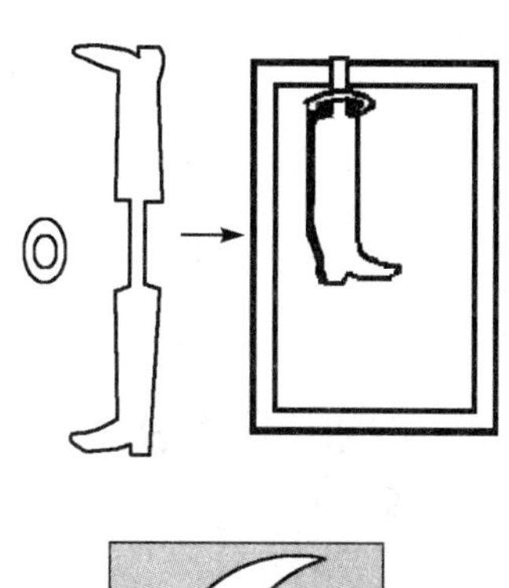

有一个方框和一双连在一起的纸靴，以及一个小圆环。圆环的内径比方框的边宽略大一些，而连接纸靴的纸条长度超过方框边宽的两倍。

想想看，怎样才能把纸靴和圆环套到方框上去（不能把纸靴折细后由圆环内径穿过再套上去）？

【双线分月牙】

两条直线可以把状若月牙的图形分为 6 个部分。不信试试看。

【蚂蚁搬家】

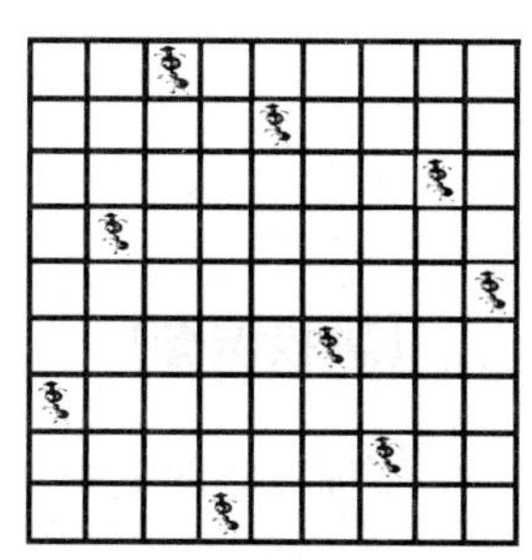

山口先生特别爱下围棋，平时围棋棋盘就铺在桌子上。一天，他不在的时候，棋盘上爬上了 9 只蚂蚁，它们所处的位置恰好都不在同一竖行、横行和同一对角线上（如图）。过了一会儿，有 3 只蚂蚁爬到了邻近的空格里，但是这

9只蚂蚁仍不在同一竖行、横行和对角线的位置上。你知道是哪3只蚂蚁移动了，是向哪几个方格移动的？

【多少只小鸟】

仔细观察下图，图中有几只小鸟？

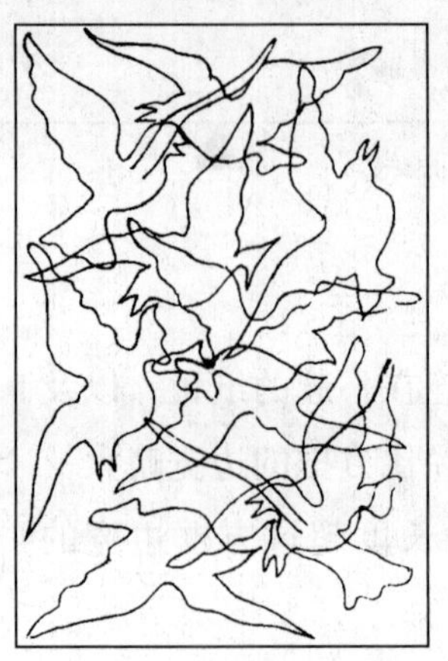

【找出双胞胎】

下面16只小猫中，有两只长得一模一样的双胞胎，你能找出是哪两只吗？

【慧眼识图】

下面五幅图案中，哪几幅与小方格内的图案是相同的？把它们找出来。

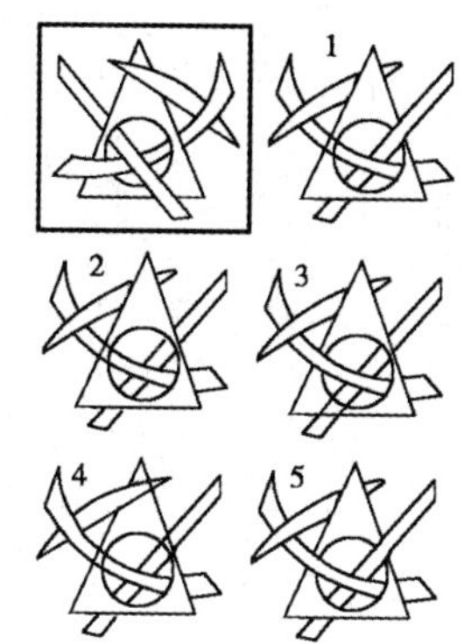

【如何走法】

从 A 处走到 B 处，只准走 10 条直线，直线可以交叉；每个数字 100 要通过 2 次，其他数字只通过一次，也必须通过一次；碰到数字 50 时须转换方向走。观察一下，看看应该怎样走？

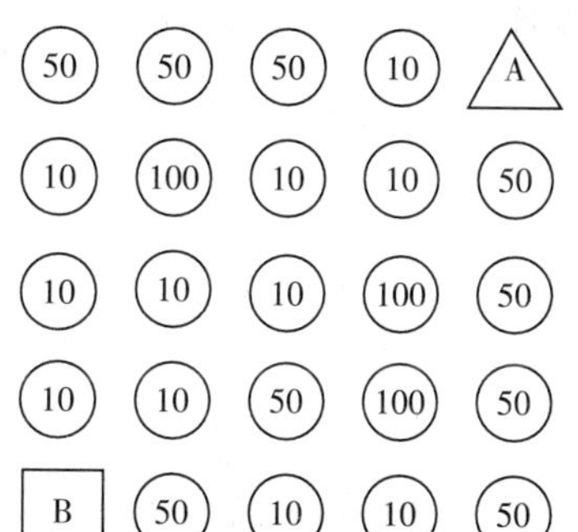

【数字之和】

有两组数字，分别为：

第一组：9　1　2　3　4　5　6　7　8

第二组：8　9　5　3　7　4　6　2　1

你能否一眼就看出哪一组数字之和大？

【找工具】

下面这张图里包含了 7 件工具的平面图，请至少找出其中的 4 件。

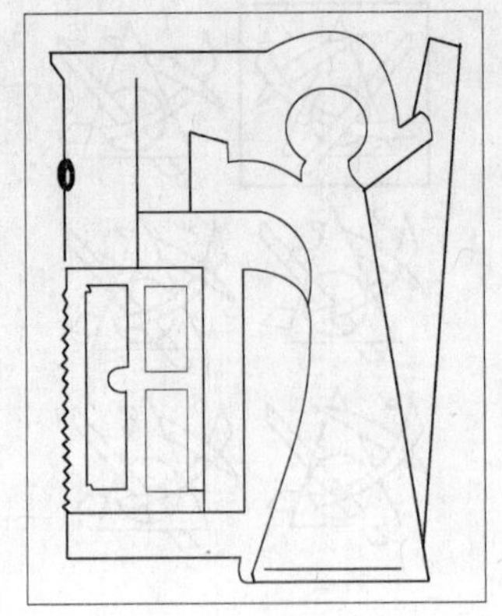

【消失的圆点】

如下图，在不用手和其他工具遮盖的情况下，让图中的圆点消失。

【找袜子】

下图中的 7 只袜子随意摆放，请你观察一下，哪一只袜子是在最下面的？

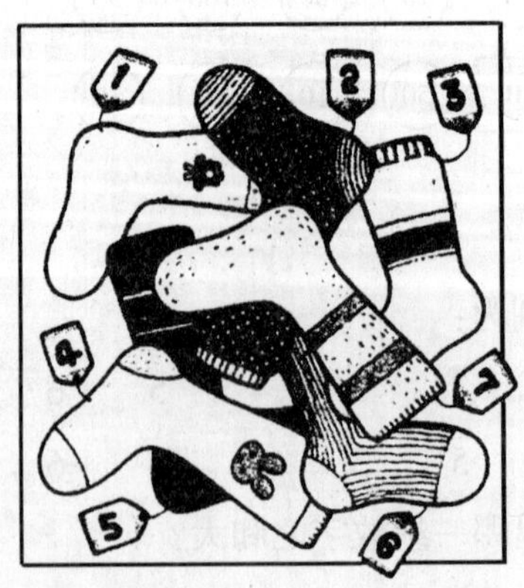

【神秘的字牌】

阿飞在一座山里行走，突然发现，前面一个悬崖上有一个字牌，可字牌上的字却莫名其妙，你能看出是什么字吗？

【聪明的三毛】

财主给三毛出了一道题，只要他能答上来，就给他一顿丰盛的晚餐，题目是这样的：图中的方格子里有 4 个小球，要求在这 4 个球的横、竖、斜 3 个方向上不能同时有两个球。如下图所示，图中的球因为在点线所示的斜线上有两个球，不能算是合格。你能帮三毛想出答题之法吗？

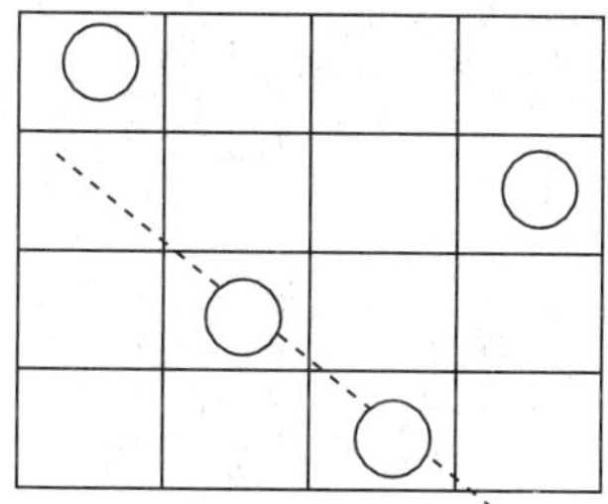

【最长的线】

从下面这些流动的竖线中，你能找出最长的一条吗？

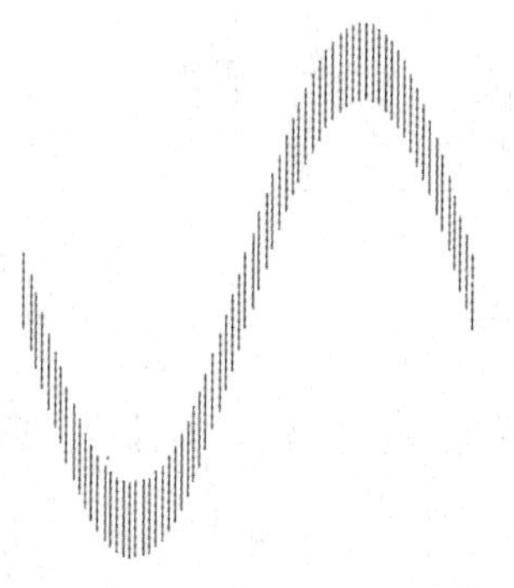

【弯曲的直线】

图中的四条横线是均匀笔直的吗？

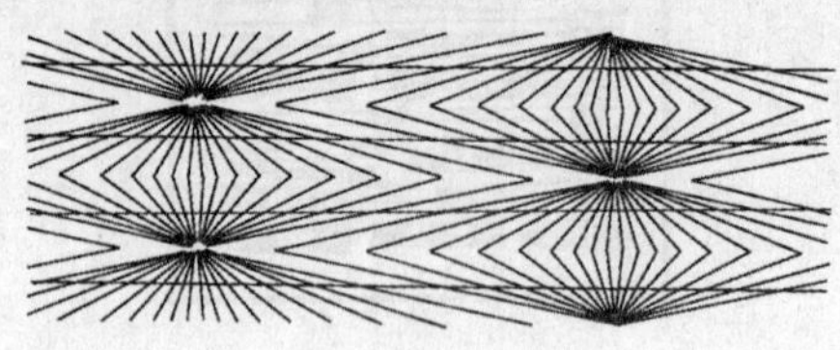

【去伪存真】

如图所示，有 6 张黑桃 9 的扑克牌，其中只有一张是正确的。请你仔细观察一下，在最短的时间内找出正确的一个。

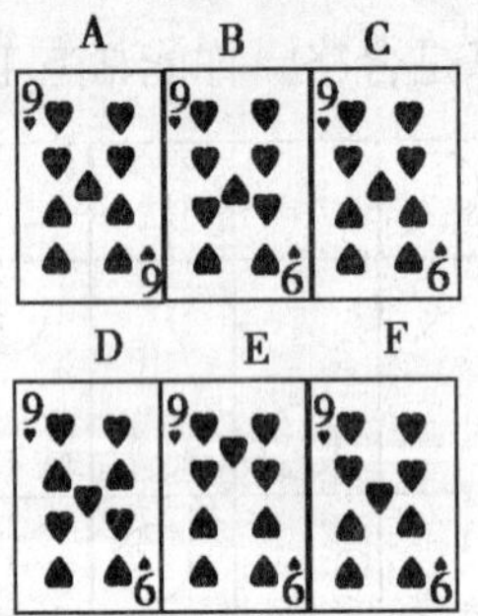

【追本溯源】

图中右边 4 个立方体中，有一个是由左面的平面图折叠而成，你知道是哪一立方体吗？

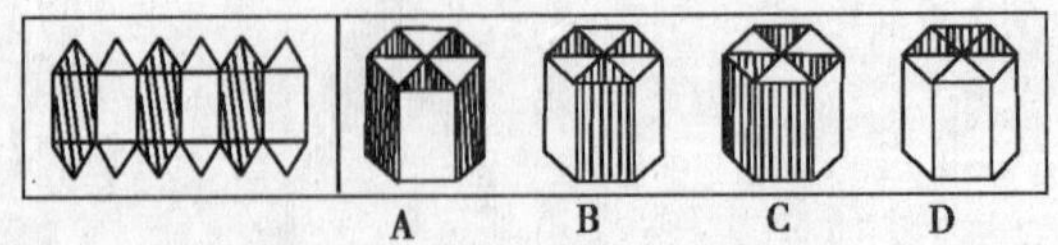

【算式转换】

以下是一道两步的算式，你能移动其中的一根火柴，让这个两步算式变成一个一步的算式吗？

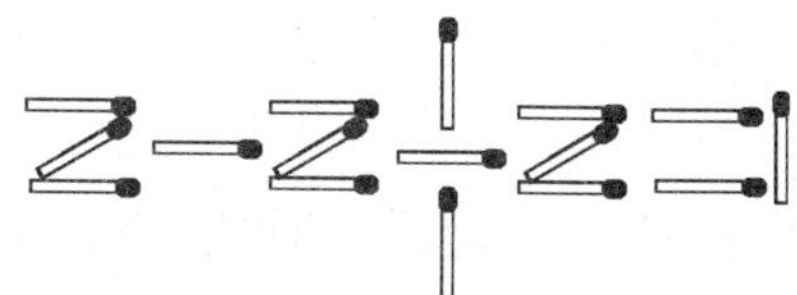

【相同魔方】

下图中，哪个立方体上的图案跟平面图形上的图案完全相同？

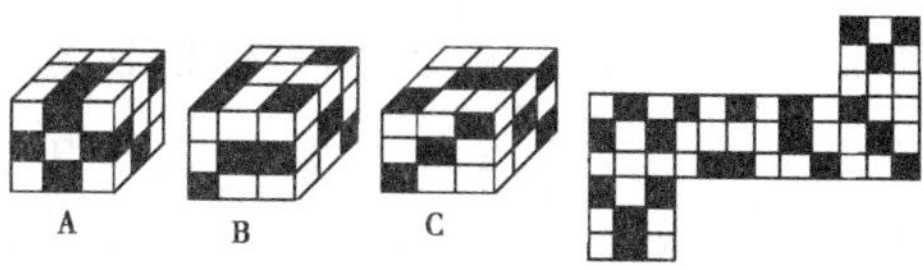

【少女和老太】

细心观察下图，这是一个妙龄少女的肖像还是一幅年迈老太的肖像呢？

【装错的门】

下图中，请你仔细找找，哪一扇门的安装方法是错误的？

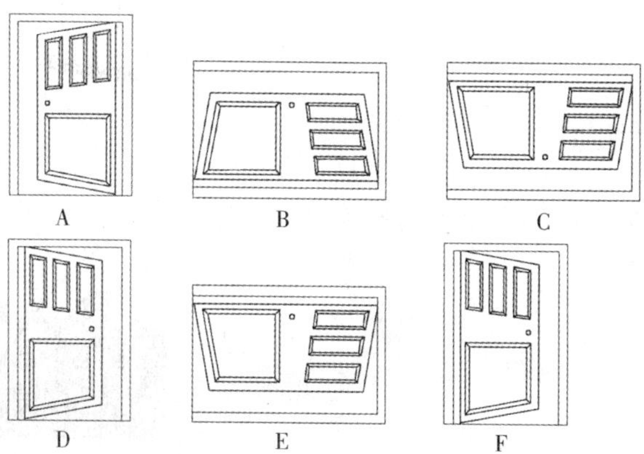

【对对碰】

请在每一排中找出相邻的一对数字，使它们相加得10。以下面这组数字为例：3、4、6、5、2、8、9、3、7，共有三对（4+6，2+8，3+7）。如果有一组数字4、6、4，则算两对。那么，下面每行中有多少对？

1 4 7 3 7 3 5 4 6 2 8 5 4 7 5 5 8 1 9 7

3 6 4 4 5 7 3 7 2 8 2 3 7 6 2 8 6 9 1 8

5 3 7 5 2 4 6 7 2 2 8 7 3 8 2 8 7 3 7 2

8 4 6 4 3 7 5 5 7 3 6 2 8 5 8 9 1 6 4 6

9 0 4 6 3 5 5 1 9 4 5 2 8 2 3 1 9 0 2 8

【小球快跑】

如下图，4个相同的小球沿四条不同的轨道同时下落，在由折线、直线、圆弧和摆线构成的轨道中，哪条轨道上的小球能最快地下落到另一端？

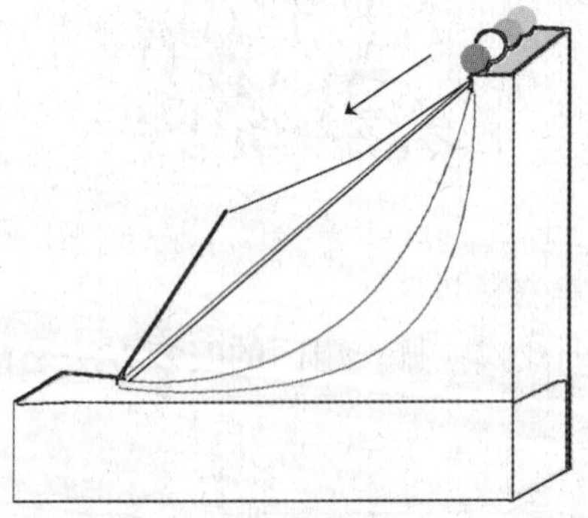

【正确的钥匙】

看下图，哪一把钥匙跟下面的锁完全匹配？

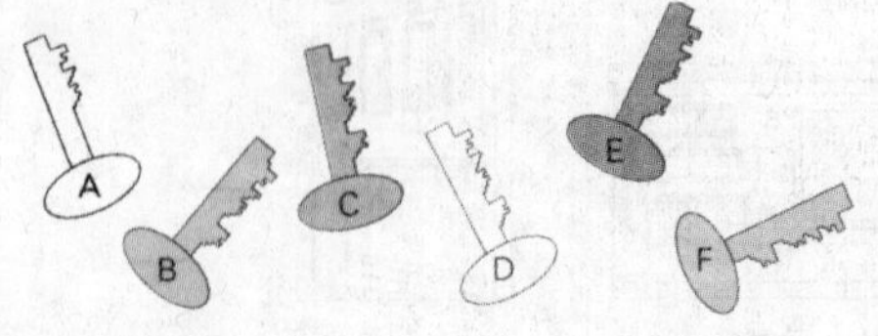

【水牢脱险】

特工麦克被敌人擒获，关在水牢之中，只有一条路是通向大门的，其他的道路都被封死了，如果不逃出去就会丧命，你能帮他找到这条路吗？

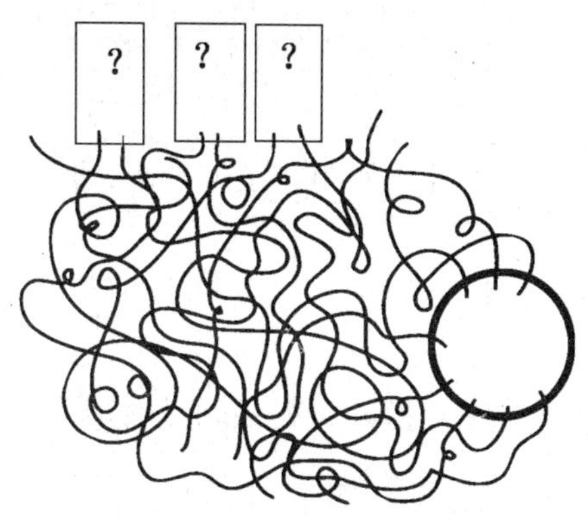

【能否进洞】

这张椭圆桌面上有一个台球，另一个焦点上是一个球洞。球和洞间有障碍物，你有没有可能把球打进洞？

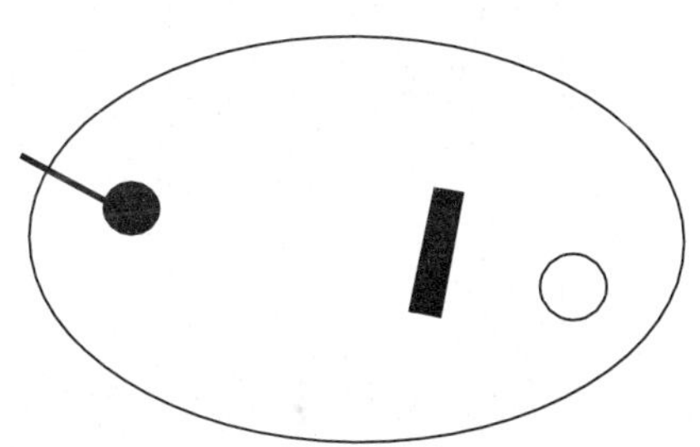

练就火眼金睛

【与众不同的脸】

在下列 12 张图画中，你能看出哪张与众不同吗？

【窗外风景】

下图中左边的 3 幅窗内照片，哪一幅是右边铁门里的那扇窗户？

【破碎的心】

下图中 A—H 共 8 张碎片，只要找出其中 3 块碎片，就可把“碎”心重整，是哪 3 块？

【巧装电线】

刘老师想为自己的卧室装电线。A 处是电灯，B 处是开关，他想沿墙壁（包括天花板和地板）在 AB 之间拉一条最短的电线，请你帮他出个主意。

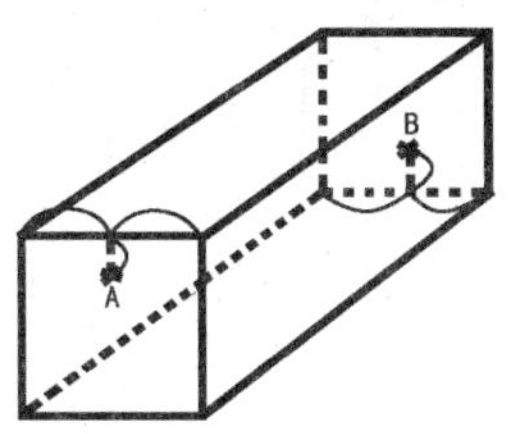

【补地毯】

一幅美丽的地毯缺少了一块，放入下面哪一小块才能使地毯的图案一致？

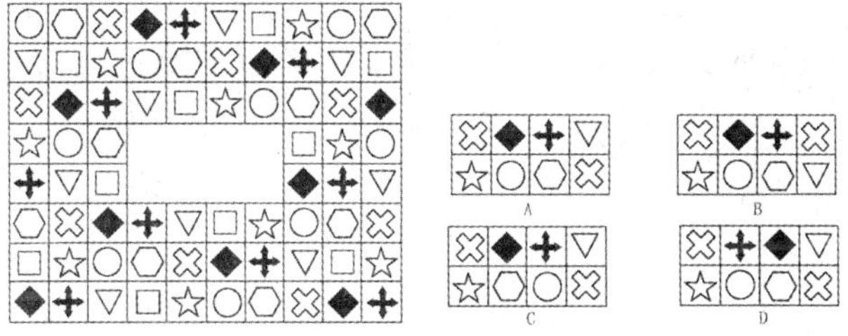

【奇怪的钟表】

帆帆的爸爸喜欢收藏一些稀奇古怪的东西。有一次，帆帆进爸爸的书房，看到桌上的时钟显示 12 点 11 分。20 分钟后，他到爸爸的书房去，却看到先前的钟显示 11 点 51 分。帆帆觉得很奇怪，40 分钟后他又去看了一次钟，发现它这一次显示 12 点 51 分。这段时间没有人去碰时钟，房间里也只有这个钟，爸爸又是用这个钟在看时间，究竟是怎么回事呢？

【难写的箱子】

杨先生准备搬家，打包了 20 个纸箱，堆在一起（如图）。他想在箱子壳上写上里面的物品的名称，但是为了避免箱子倒塌，有些箱子写不到。一共有几个箱子写不到呢？

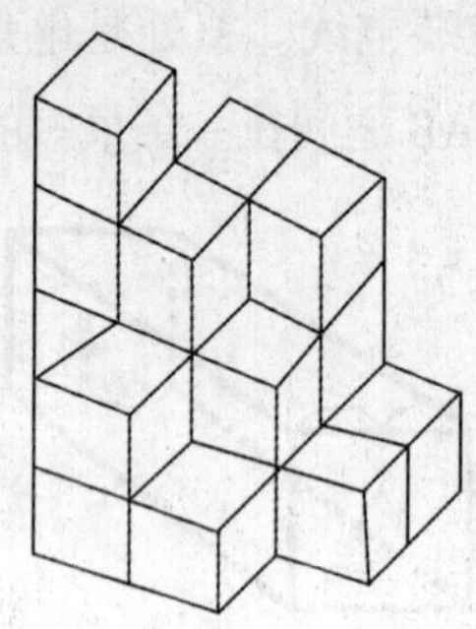

【正方形配对】

观察下面的3个正方形，它们有一个特点，下列只有一组图形具备这一特点，这一特点是什么？哪一组和它相配？

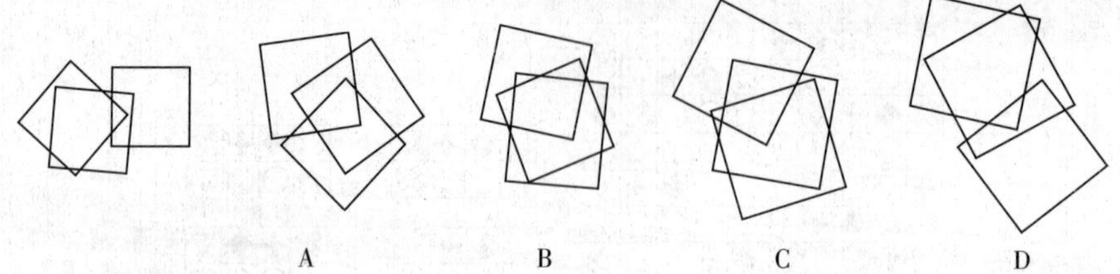

【箱子的困惑】

哪一项不是箱子相同三个面的视图？

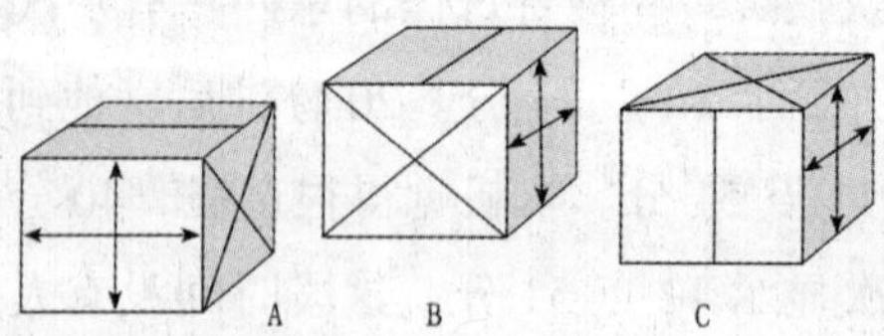

【夺宝奇兵】

甲、乙、丙三人分别沿着三条路出发，请问他们谁能最终到达目的地呢？

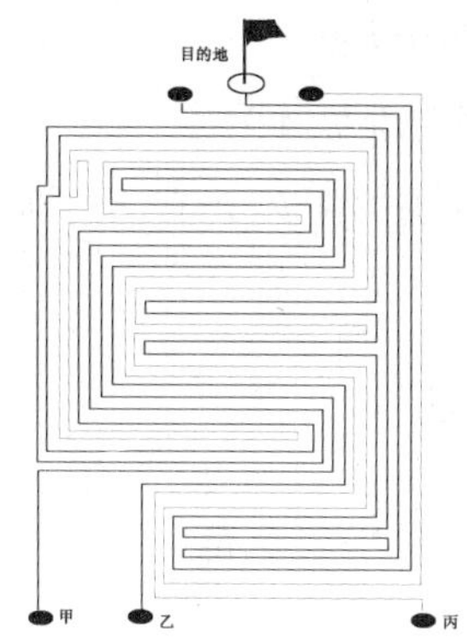

【狂跳的袋鼠】

下图中，共有多少只袋鼠？

【阿凡提的故事】

阿凡提周游世界，这一天来到了一个村庄。村庄里一个地主对他说："传说你很聪明，我有一块地，你要是能把它分成大小相等、形状相同的两份，我就把地送给你。"聪明的阿凡提不慌不忙，用木棍画了一道线，地主傻了眼，只好履行诺言，把地送给了阿凡提。阿凡提高高兴兴地把地分给了最穷的两户人家。你能猜出阿凡提是怎么分的吗？

【寻找镜中人】

镜子前站着 7 个人。只要镜子里有影，哪怕只能看见一只手，都算"能看见"。那么，请问：

（1）有多少人能从镜子中看见1号？

（2）有多少人能从镜子中看见4号？

（3）4号向后退2个方块的距离，有多少人能看见他？

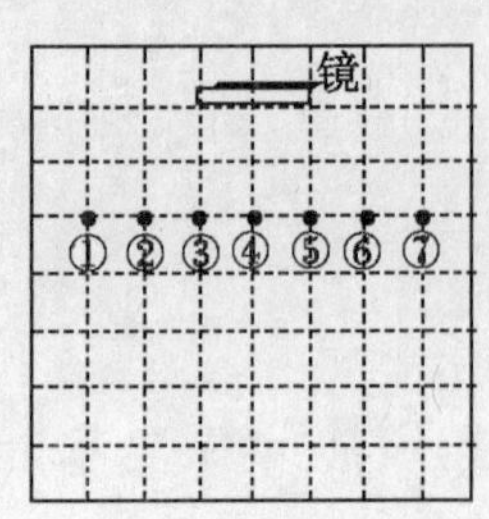

【六角森林】

如图所示，红红要去森林里采草莓，你能帮她穿过这个六角森林吗？

【回家的路】

小张、小李、小龙、小王的家在不同的地方，同时他们也在不同的地方上班，请你为他们分别设计一条能回到家又不相互交错的路线。

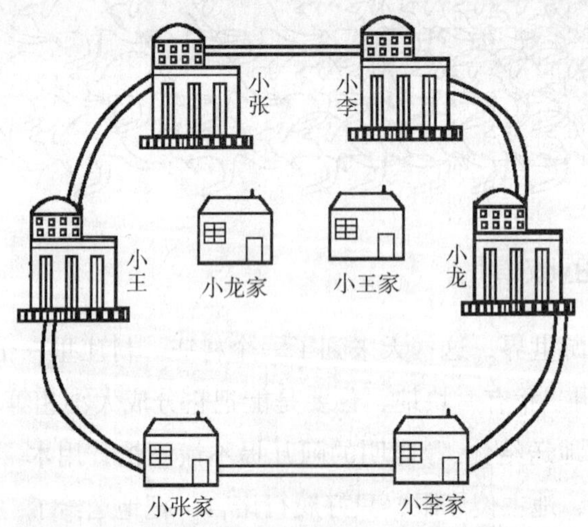

【小岛面积】

如图所示，阴影部分是太平洋上一个不知名的小岛的地图。如果每个小方格的面积为1个单位，那么这座小岛的面积有多少个单位呢？

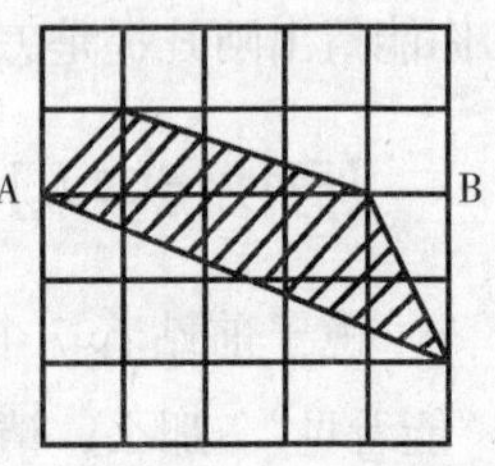

【聪明的士兵】

如图所示，这是一座俯视时呈正方形的城堡，堡主在每面都派了 3 个家兵日夜巡逻，自己在堡内每天都通过四面的窗口视察一下，看家兵是否忠于职守。这差事如此辛苦，12 个家兵叫苦不迭。他们想出一个办法，既可以节省人力，又让堡主视察时看到的仍是每面 3 人。他们是怎样做的？

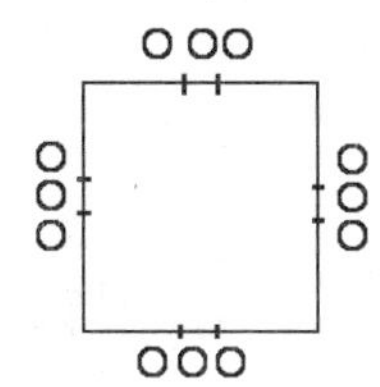

【颠倒硬币】

下图中的 10 个硬币排成了一个三角形，尝试一下，你能否只移动其中的 3 个硬币，就让三角形上下颠倒呢？

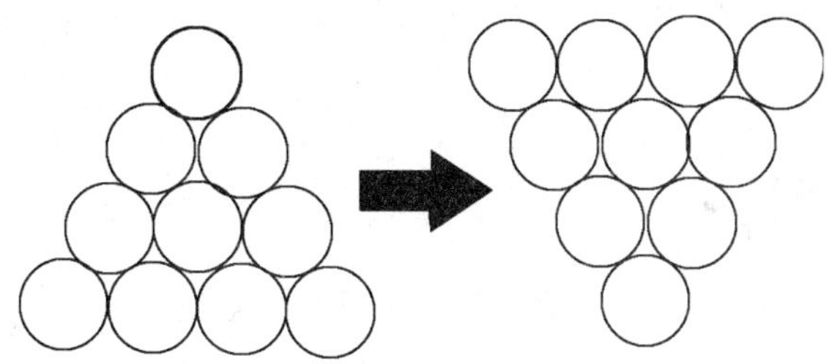

【接力画图】

卡片上有如下四组图案，每组都画出了一部分，请在最短的时间继续画完。

【如何转动】

右图中，如果1号轮顺时针转动，那么6号轮该如何转动？

【Z的颜色】

依照右图所示的逻辑，说说Z应该是黑色还是白色？

A	F	K	P	U
B	G	L	Q	V
C	H	M	R	W
D	I	N	S	X
E	J	O	T	Y

Z？

【蚂蚁回家】

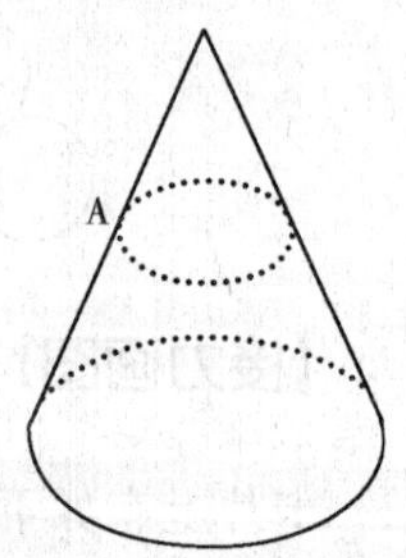

一只蚂蚁从A点出发，绕圆锥一周回到原出发点A。图中圆锥上部的虚线所表示的线路是不是最近的？

【最经济的路线】

威尼斯是世界著名的水城，河网密布，行人出门大多坐船。由于各条河道上的船只种类不同，船费也不一样，每条路线都标明了船费。如果从甲地走到乙地，要求选择一条最省钱的路线。你能将这条路线在图上标出，并算出最节省的船费是多少吗？

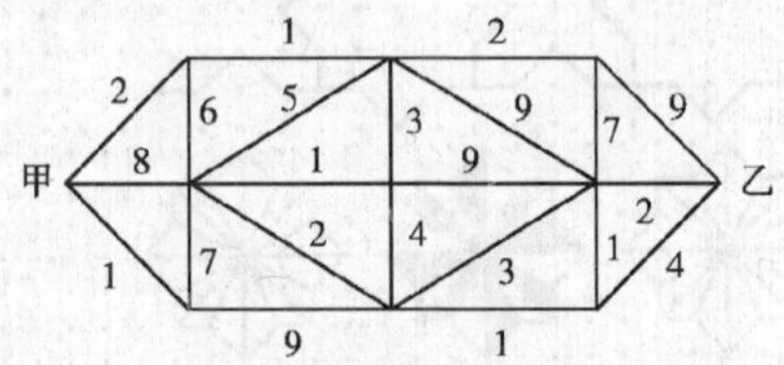

【猜图形】

右面的表格被分成了多个不同的图形，每个图形的中心都有一颗星星，而且所有这些图形都是中心对称的——旋转 180 度，图形保持不变。这些图形分别是什么样的？

【宇宙飞船】

这艘飞船正从月球飞回地球。右图就是指挥舰的平面图。伯肯舰长每个小时都会巡视飞船。他将检查从 A—M 的每一个走廊，而且只检查一次，但是通过走廊 N 的次数不限。同时，进入 4 个指挥中心（1 号、2 号、3 号和 4 号）的次数也不受限制。最后，他总是在 1 号指挥中心结束检查。请你把舰长的检查路线展示出来（起点可以从任意指挥中心开始）。

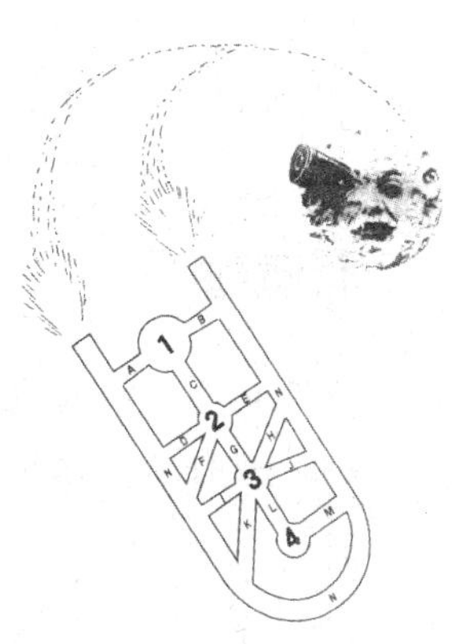

【走马灯谜题】

元宵节上一盏奇妙的走马灯吸引了大家的目光，有 7 层壳，每层壳上都有 7 个五角星的图案，当 7 层壳上的五角星排成一条直线时，这样中心红光可以透出五角星的图案。如果开始时 7 个五角星是对齐的，然后 7 层壳一直转动，但是转速却不一样：每分钟第一层转 1 圈，第二层转 2 圈，第三层转 3 圈，第四层转 4 圈，第五层转 5 圈，第六层转 6 圈，第七层转 7 圈。请问，至少要转多长时间，可以透出五角星图案来？

【谁的利润高】

下图是四家公司的年利润表。根据图中的信息，找一找，从 2003~2007 年这 5 年中，哪一家公司的总利润最高？

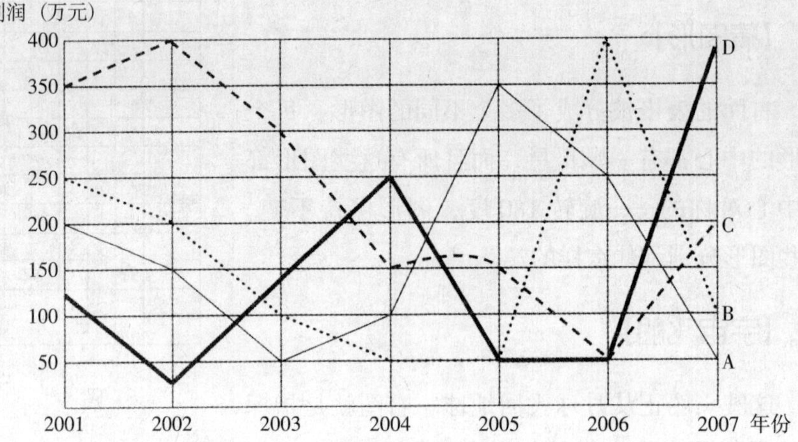

【数星星】

下图是通过望远镜观察到的天空中的星星，你能数清楚吗？

（1）圆形中有多少颗星星（不包括在三角形、正方形和长方形中的星星）？

（2）长方形中有多少颗星星（不包括在三角形、正方形和圆形中的星星）？

（3）三角形中有多少颗星星（不包括在长方形、正方形和圆形中的星星）？

（4）正方形中有多少颗星星（不包括在三角形、长方形和圆形中的星星）？

（5）有多少颗星星是三角形与圆形共有的（不包括在长方形、正方形中的星星）？

（6）有多少颗星星是正方形与圆形共有的（不包括在长方形、三角形中的星星）？

（7）有多少颗星星是三角形与长方形共有的（不包括在圆形、正方形中的星星）？

（8）有多少颗星星是长方形与正方形共有的（不包括在三角形、圆形中的星星)?

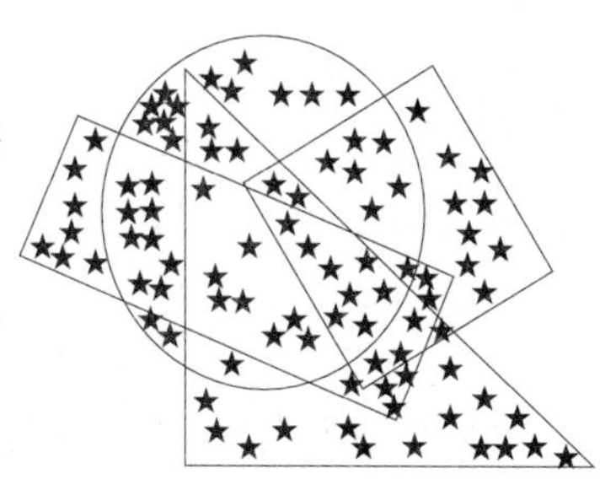

(9) 有多少颗星星是三角形与正方形共有的 (不包括在长方形、圆形中的星星)?

(10) 有多少颗星星是三角形、圆形、长方形和正方形共有的?

【非常迷宫】

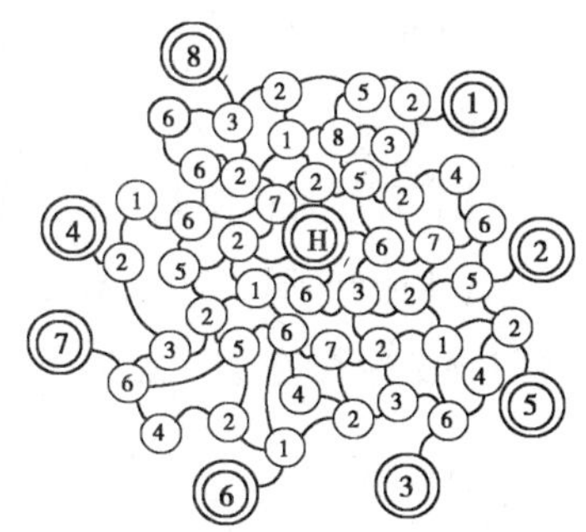

下图是一座由线连接起来的数字圆圈组成的迷宫。要求从外围有数字 1~8 这八个双圆圈开始，沿着黑线走，一直走到中心的 H 圈内。每个小圆圈里的数字，规定了你下一步应该走的“站”数。允许往回走，最后一步必须正好走进中心的 H 圈内。

【交错对角线】

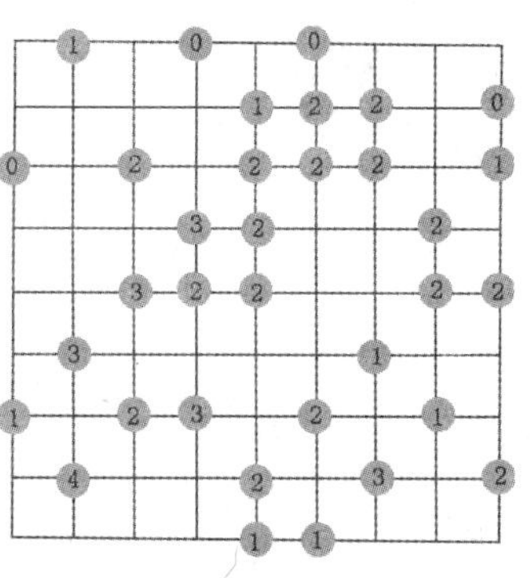

在图形中出现的数字提示，不仅能让游戏充满挑战，还能增加游戏的趣味性。下面这道题就融入了一些数字，要求在每个格子里画一条对角线：图中数字指的是相交于此的对角线数量；这些对角线相互不可以构成任意大小的闭合图形，你能按照要求完成这个游戏嘛?

智慧题解

测测你的眼力

【一笔穿五环】：可以一笔画出来 (如图所示)。

【哪个圆圈大】：两个圆圈一样大。

在看这两个图片时，我们往往是通过它们周围的圆圈，来比较中间的圆圈的大小。所以会得到上边的那个图中的圆圈大的印象。这其实是一个视觉误差。

【上升还是下降】：先上升。

【殊途同归】：一共有 252 种路线。下图中的数字表示所有可能的路线经过该数字所在交叉点的累积次数。

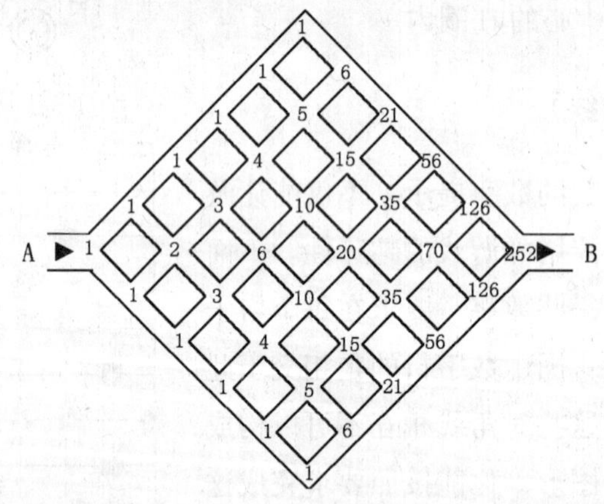

【接画熊猫头】：B。

【有趣的天平】：放 1 只锚，或 3 副望远镜。观察前两个图，可以发现：1 只锚 = 3 副望远镜，1 只浮漂 = 5 副望远镜。

【奇妙套纸靴】：如图所示，把纸靴夹在方框中，再把方框对折起来，从下端套小圆环，然后套在纸靴上。

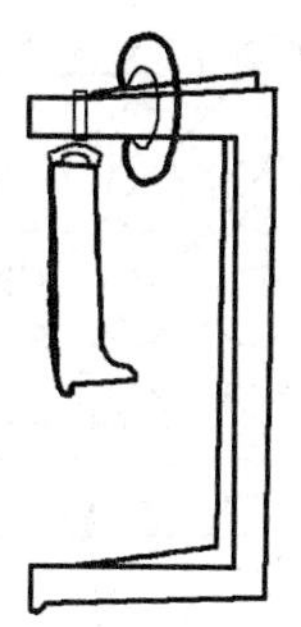

【双线分月牙】：解答方法如图所示。

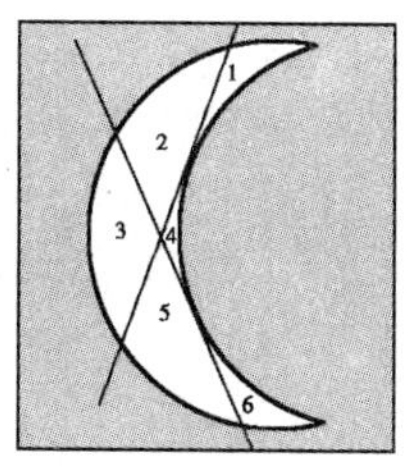

【蚂蚁搬家】：解答方法如图所示。

【多少只小鸟】：10 只。

【找出双胞胎】：4 和 9。

【慧眼识图】：只有一幅，5。

【如何走法】：解答方法如图所示。

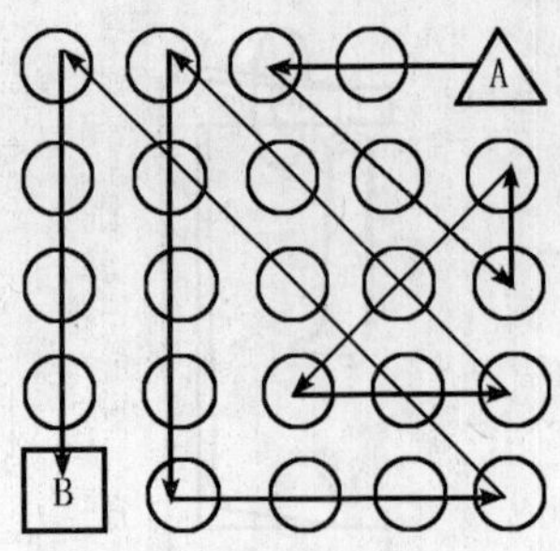

【数字之和】：第一组数字和第二组数字之和相同。仔细观察会发现，两组数字均由1、2、3、4、5、6、7、8、9组成，只是出现的顺序不同。

【找工具】：工具有锯子、榔头（铁锤）、镰刀、电筒、显微镜、刀、电喇叭。

【消失的圆点】：人眼存在视觉盲点，仅用左眼盯住×，改变眼睛与纸面的距离，●就会突然消失。

【找袜子】：1号袜子。

【神秘的字牌】：山顶附近熊出没注意。

【聪明的三毛】：移动两个小球的位置即可。如下图所示。

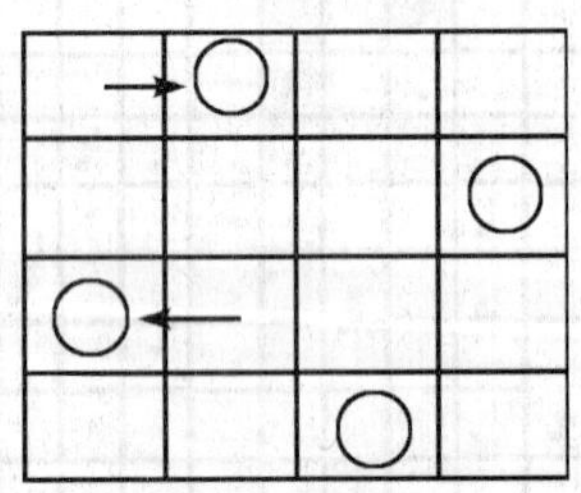

【最长的线】：虽然我们看起来这些线段的长度是有差别的，但所有线段的长度其实都是相同的。

本题之所以有这样的效果，完全是错觉的结果。所谓错觉，是人在认识过程中感官对客观现象的一种错误的反映。错觉标示着一定条件下感官抽象反映客观现象的一种心理状态。只要某种客观条件存在，错觉就必然产生。虽然错觉很难通过感官对其进行消除，但通过观察分析仍然可以尽量减少错觉对思维认知的影响。

【弯曲的直线】：是。如果觉得弯曲那是视觉错觉造成的结果。

【去伪存真】：答案是 C。其他扑克牌桃心的方向都有问题。

【追本溯源】：答案是 B。A、C、D 都有不同程度的错误。

【算式转换】：如下图所示。

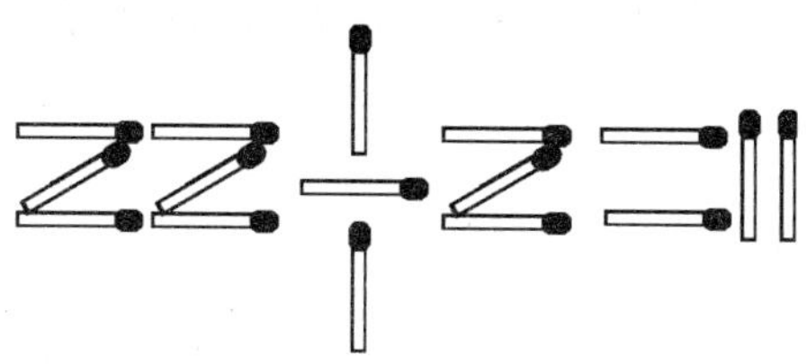

【相同魔方】：C。

【少女和老太】：该题为观察题，观察画像要看读者本身的观察力，答案不固定，所以为略。

【装错的门】：E。门把手的位置是错误的。

【对对碰】：第一行 7 对，第二行 8 对，第三行 8 对，第四行 9 对，第五行 7 对，共计 39 对。

【小球快跑】：最短的路径——直线，并不是最快的。而球沿摆线下落，将最早落到终点。令人惊讶的是，摆线是其中最长的路径。摆线也被叫做“最速降线”。沿摆线移动可以较早地达到一个较快的速度，然后以这个速度最快达到终点。

【正确的钥匙】：D。

【水牢脱险】：如下图所示。

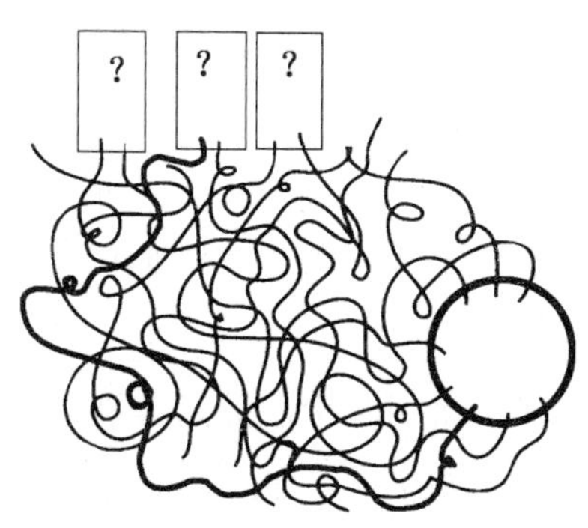

【能否进洞】：无论如何击打放在一个焦点上的球，它都会落进另一个焦点上的洞里（当然别撞到障碍物）。另一方面，如果球放在两焦点之间，那无论如何击球，都不会落进另一焦点的洞里。

椭圆的这种反射特性被利用在一种叫做“回声长廊”的建筑中。这是一间椭圆房间，在一个焦点发出的任何微弱声音都可以在另一个焦点被清楚地听见。

练就火眼金睛

【与众不同的脸】：脸谱4与众不同。其他脸谱都有3个是一模一样的，而脸谱4、6、11大致一样。但脸谱4的嘴型略有不同。

【窗外风景】：2。注意窗户左下角的柱子与右下角的铁栅栏。

【破碎的心】：B、E、F。

【巧装电线】：如图，可以将立体空间展开成平面，找出两点之间的最短距离。

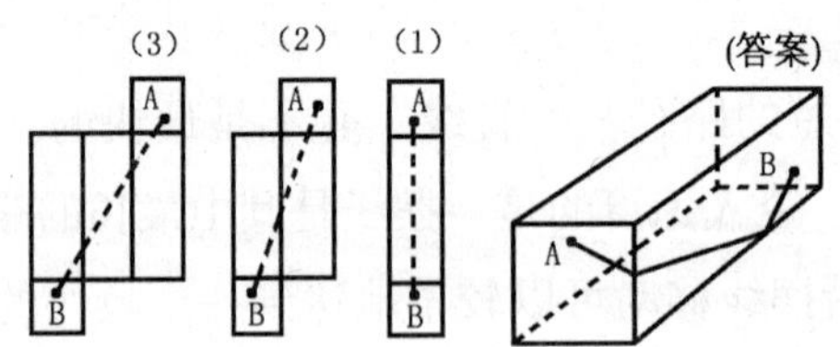

【补地毯】：A。

【奇怪的钟表】：这是一个镜像时钟，需要通过镜子映照看到真实的时间。事实上，如图所示，数字都是反过来的，12点11分是11点51分、11点51分是12点11分、12点51分正好也是12点51分。帆帆是看到了没经镜子映照的数字。

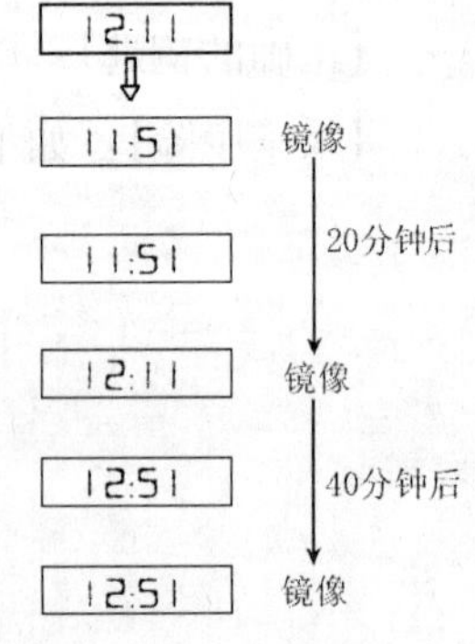

【难写的箱子】：箱子的数目从上层数起分别是一、四、六、九个。写不到的箱子就是没有露出来的箱子，如图，一共有3个。

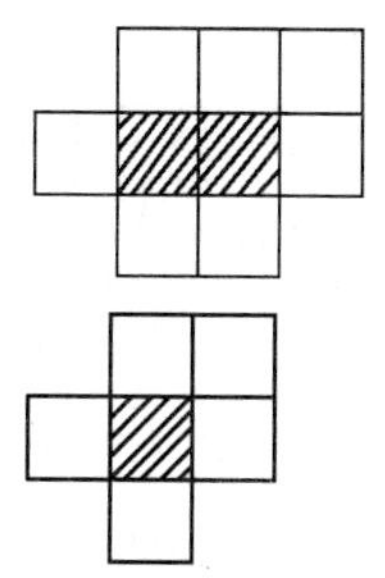

【正方形配对】：这 3 个正方形相交组成了 4 个三角形。如下图所示。

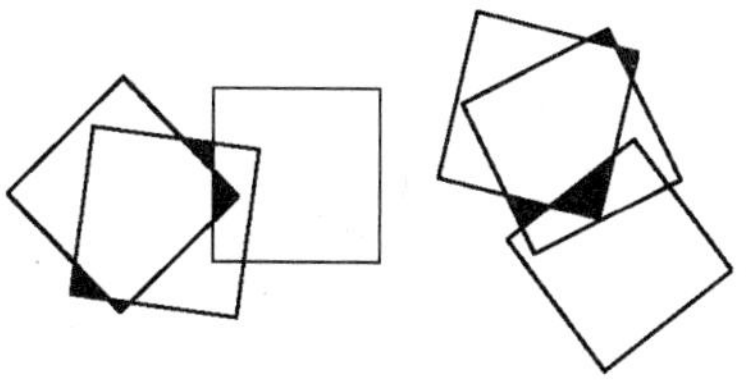

【箱子的困惑】：答案是 B。B 图形的颜色与符号都有误。

【夺宝奇兵】：乙能到达，如下图所示。

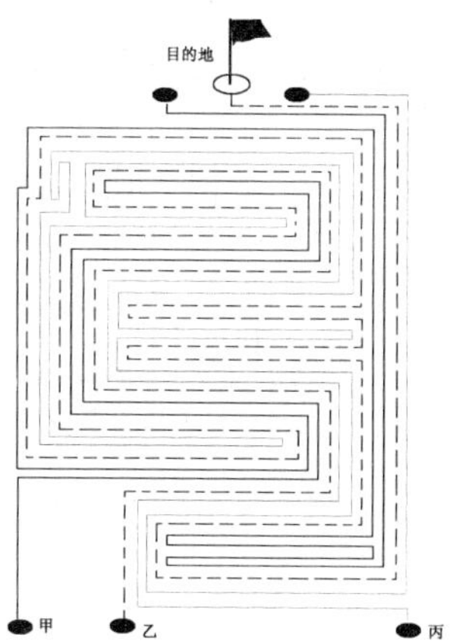

【狂跳的袋鼠】：31 只。

【阿凡提的故事】：如下图所示。

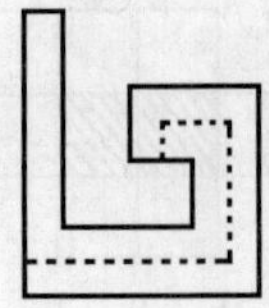

【寻找镜中人】：①3 个人；②5 个人；③3 个人。镜面反射的原理是入射角=反射角。即射入镜子的光，将以同样的角度射向相反方向，再反射进入人眼，人就能看见。

【六角森林】：如下图所示。

【回家的路】：如下图所示。

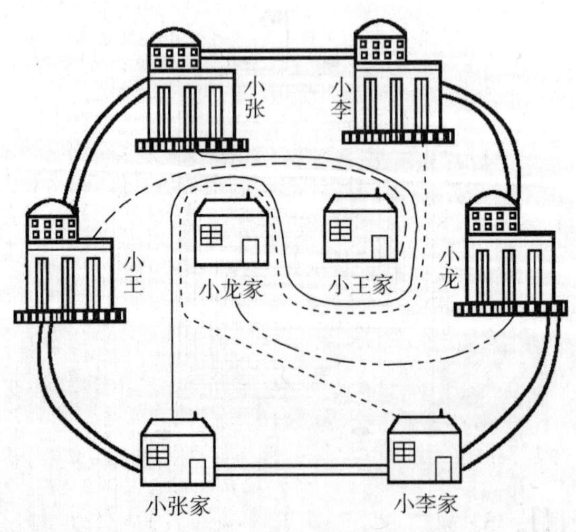

【小岛面积】：把这座小岛水平划分成上下两个三角形，很容易知道小岛的面积是六个单位。

【聪明的士兵】：如下图所示。

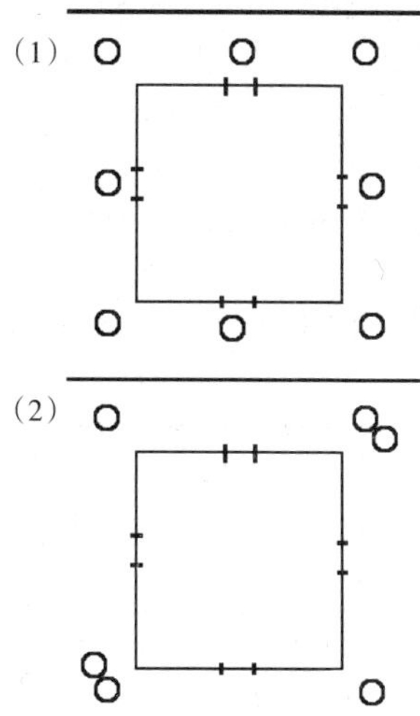

【颠倒硬币】：如下图所示。

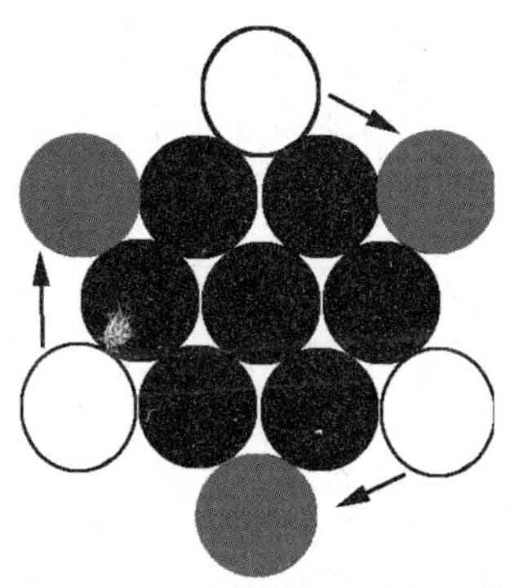

【接力画图】：略。

【如何转动】：答案：当 1 号轮顺时针转动时，6 号轮也沿顺时针方向转动。

【Z 的颜色】：Z 应该是黑色。因为所有的黑色字母都能一笔写完，白色的字母就不能。

【蚂蚁回家】：不是。如图中所示的直线 AA′才是最近的路线。

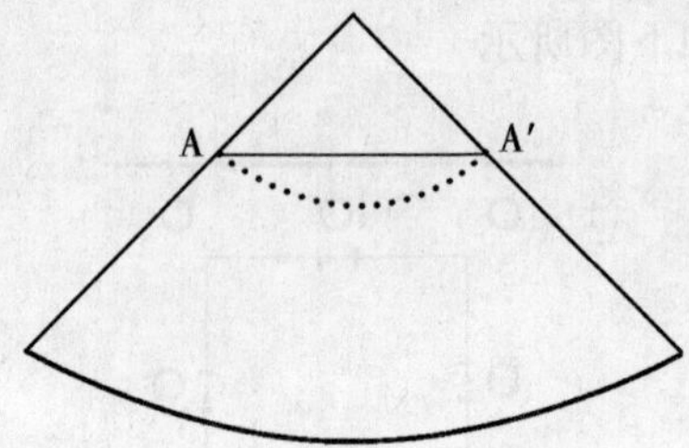

【最经济的路线】：路线如下图所示，所花的船费只有 13 元。

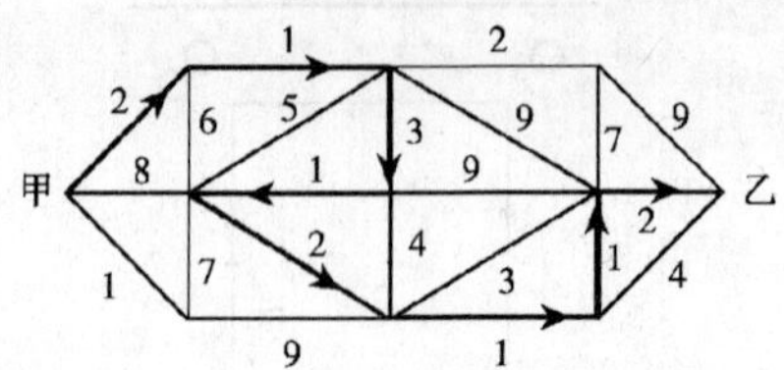

【猜图形】：如下图所示。

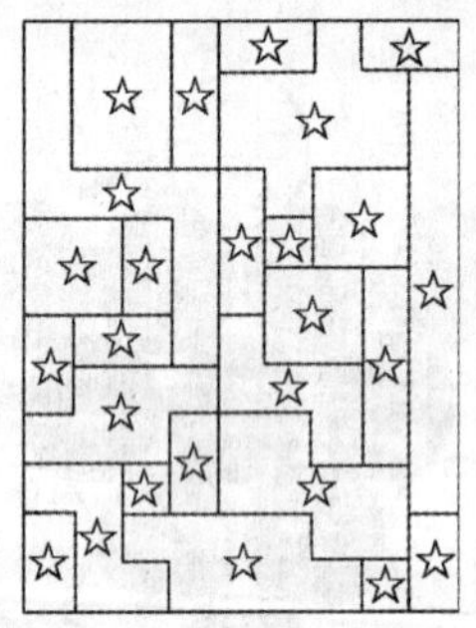

【宇宙飞船】：舰长的检查路线如下：从 2 号指挥中心进去，然后是 E，N，H，3，J，N，M，4，L，3，G，2，C，1，B，N，K，3，I，N，F，2，D，N，A，1。

【走马灯谜题】：给那么多的条件只是为了迷惑你，请你仔细想一下，在一分钟后，它们各自刚好转了整数圈，肯定又会恰好对齐。

【谁的利润高】：C 公司。

【数星星】：（1）14；（2）7；（3）15；（4）9；（5）4；（6）6；（7）4；（8）5；（9）1；（10）8。

【非常迷宫】：唯一的通路是从外围标有“4”字的开口圆圈出发，以后每一步都顺着标有“4”字的圆圈向前走。

【交错对角线】：如下图所示。

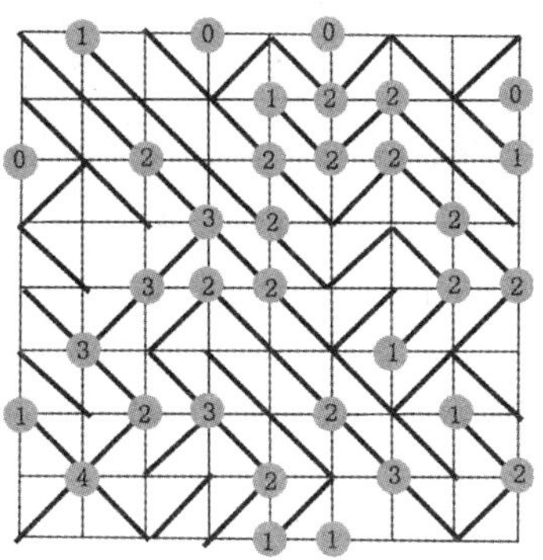

第四章

记忆能力——唤醒沉睡的大脑

发现记忆的生命潜能

一位诗人曾把人的记忆比做一株植物，你细心呵护、精心浇灌时，它便茁壮成长，欣然开放。你爱理不理、无心关照时，它就憔悴衰败，花落叶枯。其实，记忆确实像植物一样，是有生命的。人一出生，便拥有了记忆，随着年龄的增长、少儿学习生活的锻炼，记忆能力逐渐增强。当孩童逐渐长成大人的时候，记忆力也发展得更加完备，甚至当人的身体开始变老时，只要坚持锻炼，记忆力是丝毫不老的，记忆的生命要比人的身体更加顽强。

记忆是我们认识、保持、再认识和重现客观事物所反映的内容和经验的能力。在日常生活中，记忆是一个不可或缺的重要因素，没有记忆就谈不上学习和生活；没有记忆，我们将变成日食三餐饭而不知其味的人，甚至连身边的朋友和同学都不会认得。在韩国电影《我脑中的橡皮擦》中，女主角患上了一种疾病，记忆只能维持一天。晚上她和爱人一起甜蜜入睡，相偎相依，到了第二天早上，她便不再记得眼前的男子是何人。而那个伤心的男子，只能把无尽的伤痛藏在心底，每天都像第一次见面那样去爱护她。故事终归是故事，除了疾病，基本上不会有什么东西可以断送记忆的生命，而只要你加强锻炼，记忆的能力还会越来越强大。

科学研究表明，人的大脑的记忆能力，相当于1500亿台电脑（80G）的存储量，而我们现在利用的，仅仅是其中很小的一部分，其余的大部分潜能都要通过有效的锻炼来开发利用。人各有异，记忆能力也各有差别，但后天的锻炼绝对是很重要的一环。通过生活学习中有意识的记忆锻炼，加强大脑中记忆细胞的使用量，以使大脑的记忆能力得到提升。

英国一位有名的科学家曾专门针对记忆力的后天培养做过实验。他把一群十二三岁的孩子分成四组，让其中的第一组每天花费半个小时来背诵诗歌；第二组孩子每天花费半个小时来背诵散文；第三组孩子每天花费半个小时来背诵历史和地理；第四组孩子作为对照组什么也不背诵。半年之后，他对这群孩子进行了测试，结果发现，第一组背诵诗歌的孩子对有节奏的诗歌的记忆能力比其他孩子要强；第二组背诵散文的孩子对散文的复述能力比其他孩子要强；第三组背诵历史和地理的孩子对历史年代和地名的记忆能力也比其他孩子要强；而第四组，在这三方面的能力都不如其他三组的孩子。由此可见，专项的记忆训练，对记忆力的提升是大有帮助的，只要后天努力合理的锻炼，人的记忆力是可以增强的。

当然，在记忆的过程中，也有一些小窍门有助于加快记忆的速度，比如，适当的联想和开放的想象，把要记忆的内容转化成自己感兴趣的内容等。个人在记忆中，也会找到适合自己的记忆方法。而现在，就请大家准备好打开脑袋，放松大脑深处的记忆层，让记忆细胞在下面这些翔实有趣的题目中驰骋翱翔，为你的记忆之门打开枷锁。

做个速记小天才

【回忆填图】

仔细观察第一组图，然后将图遮住，根据记忆选出第二组图中缺失的图形。

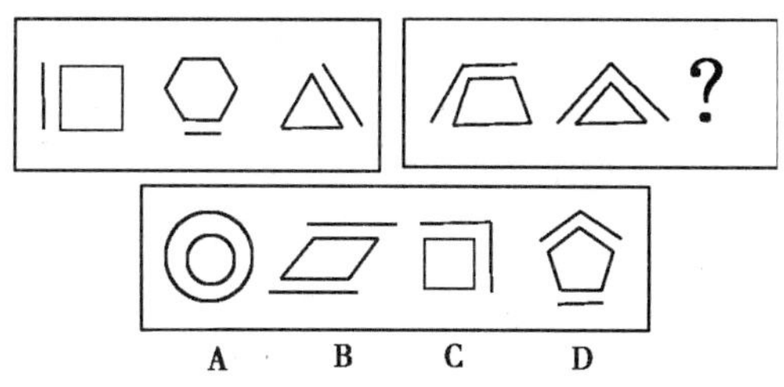

【象形文字】

一片龟甲上刻着如下的符号，每个符号都有特殊的含义。仔细观察它们，你能在3分钟内记住多少？

【图形再现】

观察下面的图形两分钟，然后在方框中找出你看过的图形并打上“√”。

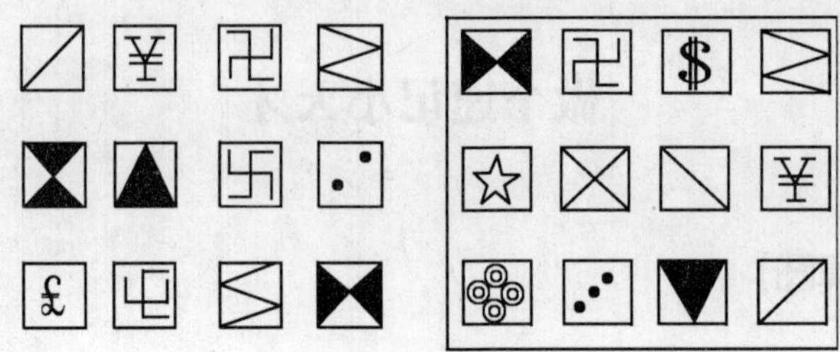

【超强记忆】

仔细观察下图，

从下面的图形中迅速找出刚才见过的图形，并用彩笔把它圈出来。

【震撼记忆】

准备好笔，看一遍下面的词，设法全部记住。看完后盖上它们，按照它们出现的次序写出来，然后进行核对。

（1）花	（8）电脑	（15）书
（2）电灯开关	（9）猫	（16）糖果
（3）大门	（10）桌子	（17）杂志
（4）汽车	（11）拖鞋	（18）篮球
（5）手套	（12）鸡蛋	（19）游泳池
（6）枪	（13）熊猫	（20）香烟
（7）手机	（14）戒指	

【听故事比记忆】

甲、乙两人一个讲故事，一个回答问题。甲把下面的故事讲给乙听，然后向乙提问，乙来回答。两人也可以换角色来做。

这一天是凤凰的生日，森林中所有鸟都来给凤凰祝贺，许多鸟还带来了礼物。

5 只麻雀来得最早，它们叽叽喳喳地叫啊唱啊，可高兴了。它们给凤凰带来了谷子。

2 只百灵鸟来了，它们落在树枝上，尽情地为凤凰唱歌，歌声就是它们送给凤凰的礼物。

啄木鸟只来了 1 只，因为其他啄木鸟都忙着为树木治病。

小燕子来得最多，一共来了 10 只，它们为凤凰带来了美丽的鲜花。

孔雀没有带来什么礼物，但它为凤凰展开了它那美丽的尾屏。

乌鸦是最后一个到的，因为它觉得自己又丑又黑，所以来得最晚，站在最后。

请回答：

（1）什么鸟来得最多？

（2）什么鸟来得最早？

（3）啄木鸟来了几只？

（4）麻雀的礼物是什么？

（5）孔雀带礼物了吗？

【寻找不同】

观察 A 图一分钟后，盖上 A，找出 B 图中与 A 图 12 处不同的地方。

【号码速记】

下面的三个电话号码，请你在半分钟内记住它们。

62823025

62862503

62815765

然后，在下面一组电话号码中，选出上面出现过的那三个号码。

62825764

62862053

62825476

62823025

62815765

62823763

62862503

62814567

【时钟为几点】

观察时钟的时间规律，然后依据记忆说出底部时钟应为几点？

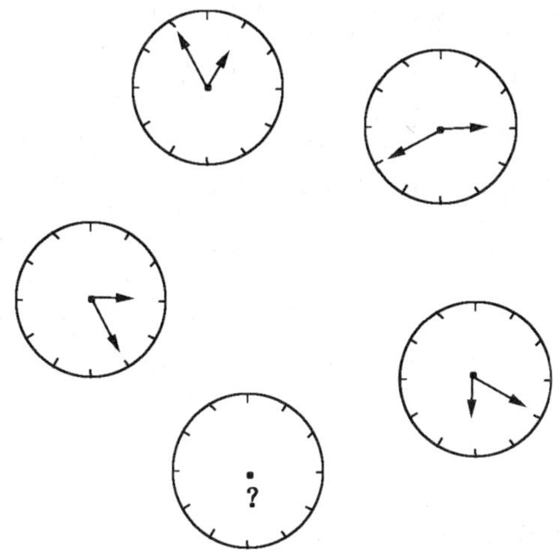

【方格涂色】

图 1 是一个边长为五个单位的大正方形，内分成 25 个小正方形，请仔细观察一分钟，并记住这些正方形的颜色。

时间一到，组织者把图 1 收起来，让大家根据回忆在自己的游戏卡上相应的位置填色。

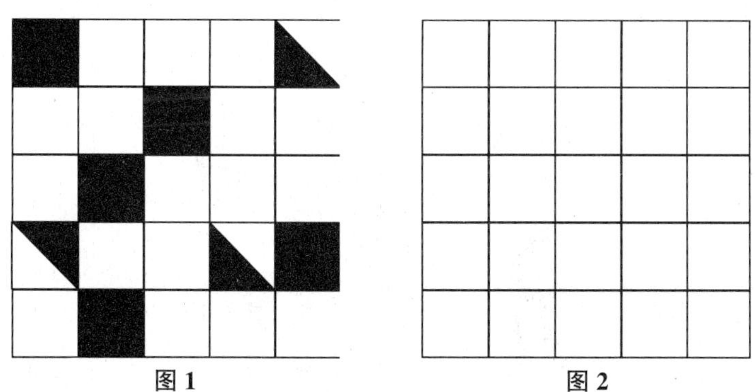

图 1　　　　图 2

【跳跃记忆】

两人一组，A 依次念下列每组的数字和汉字，每隔一秒钟念一个。A 每念完一组，要求 B 只能把数字按顺序回忆出来，而不能回忆汉字。例如，A说："家——4——水——3——风"，B说："4——3"。

第一组：家——4——水——3——风。

第二组：快——走——7——军。

第三组：开——8——寸——5——电——6。

第四组：表——2——多——5——饮——3。

第五组：好——3——坏——9——东——6——手——2。

第六组：嘴——2——书——1——笔——4——飞——9。

【十大名著】

要求在规定时间内记住中国十大名著：

(1)《三国演义》；(2)《好逑传》；(3)《玉娇梨》；(4)《平山冷燕》；(5)《水浒传》；(6)《西游记》；(7)《琵琶记》；(8)《白圭志》；(9)《平鬼传》；(10)《绿云缘》。按次序记忆，不能颠倒顺序。

【动物知多少】

用两分钟的时间迅速记住它们，然后在纸上写下你所记下的名称，看你能够记住多少。

【速记绕口令】

天上七颗星，地上七块冰，台上七盏灯，树上七只莺，墙上七枚钉。

吭唷吭唷拔脱七枚钉。喔嘘喔嘘赶走七只莺。乒乒乓乓踏坏七块冰。一阵风来吹来七盏灯。一片乌云遮掉七颗星。

六十六岁的陆老头，盖了六十六间楼，买了六十六篓油，养了六十六头牛，栽了六十六棵垂杨柳。六十六篓油，堆在六十六间楼；六十六头牛，扣在六十六棵垂杨柳。忽然一阵狂风起，吹倒了六十六间楼，翻倒了六十六篓油，折断了六十六棵垂杨柳，砸死了六十六头牛，急煞了六十六岁的陆老头。

【巧记圆周率】

快速记住圆周率小数点后 60 位，3.141592653589793238462643383279502884197169399375105820974944。

【消失的记忆】

请用 10 秒钟观察 A 图，然后盖住 A 图，说出 A 图中哪些标记从 B 图中消失了。

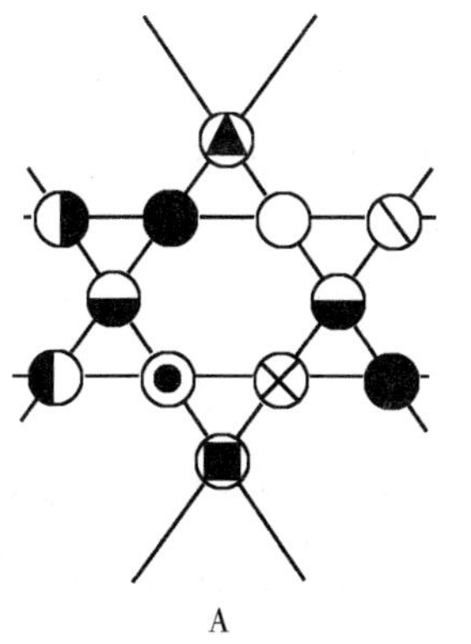

A

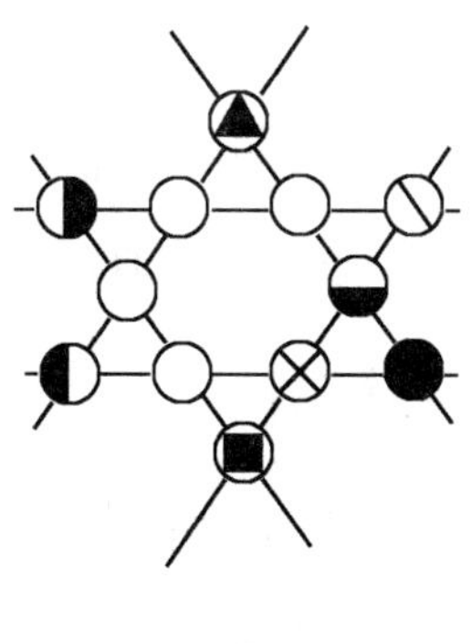

B

【图形重组】

下面这两个图形叠加融合后会产生一个新图形，你知道会是什么样的吗？

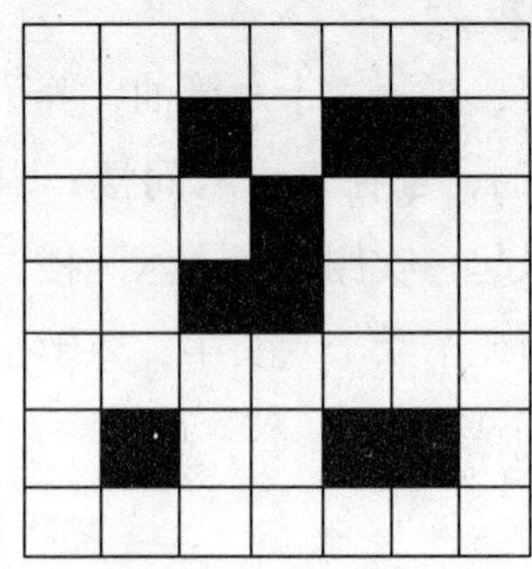
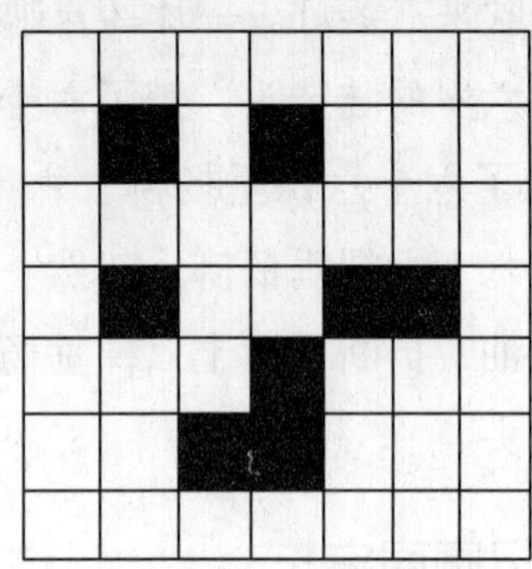

【特殊卡片】

A~E 五张卡片中，哪张卡片是特殊的？

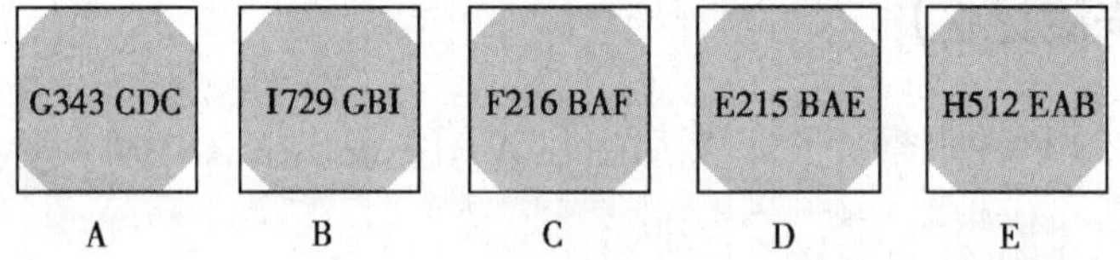

【纸牌风暴】

从一副洗好的纸牌中抽去 6 张，只报一次其余的 48 张，试着在四分钟内凭记忆说出哪 6 张没有报过。

【数字金字塔】

下面是一组数字组成的一个金字塔，请朋友协助你共同做这个游戏。让他以正常说话的速度念一遍，然后你跟着复述，按次序一排排念出来，看看到金字塔的第几排你就无法顺利地说出。

5

36

985

8 134

03 865

173 940

8 377 291

34 820 842

649 320 048

9 385 726 283

83 721 547 497

932 624 499 284

4 872 058 713 339

93 810 492 248 113

837 295 720 488 820

9 285 720 683 004 826

59 275 028 148 532 811

【一气呵成】

观察下面的图形，你能不间断地一笔画出这图形吗？

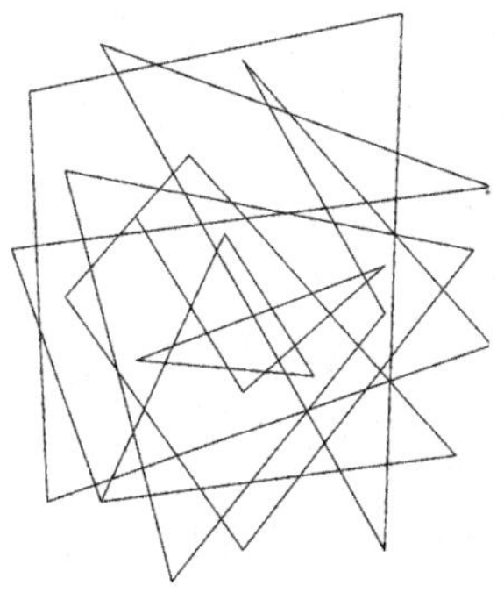

深度记忆大比拼

【寻找底片】

观察图片1分钟，然后盖上图片，说出这张瓷瓶图片的底片是①~⑦中的哪一张？

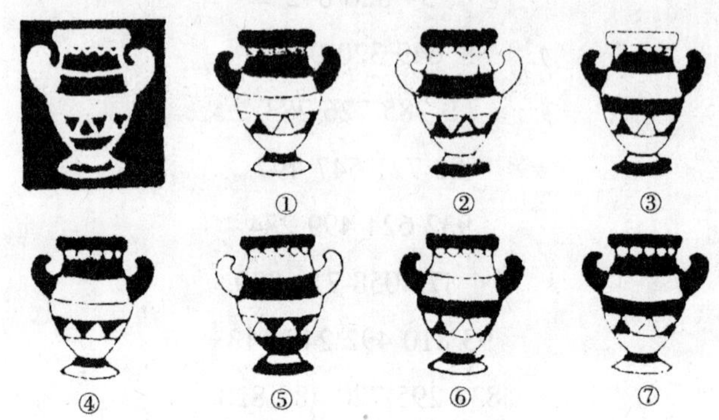

【手势回忆】

两人一组，A首先认真看B做5个手势。看的时候只能认真看不能跟着做。在B把5个手势做完后，让A按顺序重复做出来。

手势1：双手各伸出中指和食指。

手势2：双手各伸出小指。

手势3：双手各伸出5个手指。

手势4：双手各伸出大拇指。

手势5：双手握拳。

第一遍做完后，可以再把手势的顺序倒着做一遍，即第5个手势变成第1个，第1个手势变成第5个。

看谁的记忆力更好，做得又快又准确。

【巧拼瓷砖】

问号处应是 A、B、C、D 中的哪一块瓷砖？

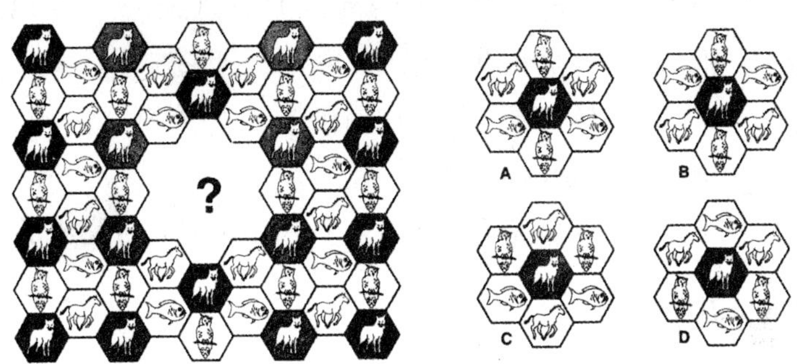

【速记妙招】

请无论采取何种方法，快速记忆以下内容：

（1）“五代十国”名称：五代——后梁、后唐、后晋、后汉、后周。

十国——吴、南唐、吴越、楚、闽、南汉、荆南（又称南平）、前蜀、后蜀、北汉。

（2）常见元素的化合价。

（3）惰性气体通电发光颜色。

（4）道家、儒家、法家、墨家的代表人物及其主张。

【数字测试】

请在规定时间内记忆下列所有格子中的数字。

	A	B	C	D	E	F	G
1	3	8	9	5	7	8	0
2	2	6	0	3	9	4	8
3	9	0	0	2	4	7	6
4	3	7	5	1	0	7	4
5	5	8	3	2	6	9	7
6	8	3	4	3	6	0	2

【课堂小游戏】

老师依次向学生“发布”下面四个命令。有的学生可能不容易记住，老师可以把四个命令说两遍。四个命令都说完后，让学生一个个地去执行。

命令一：把玩具汽车放在桌子上。

命令二：拿出3本连环画并排放在一起。

命令三：把1块糖放在杯子里。

命令四：上面3件事做完后，伸出4个手指说：“任务完成了。”

【数字密码】

仔细观察下图，然后把图片遮起来。

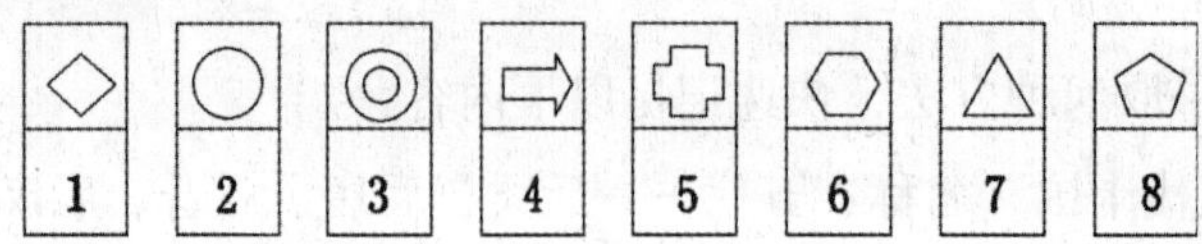

将图片对应的数字填在下面的图形中。要求从左到右按顺序填写，不能跳跃性地填写。

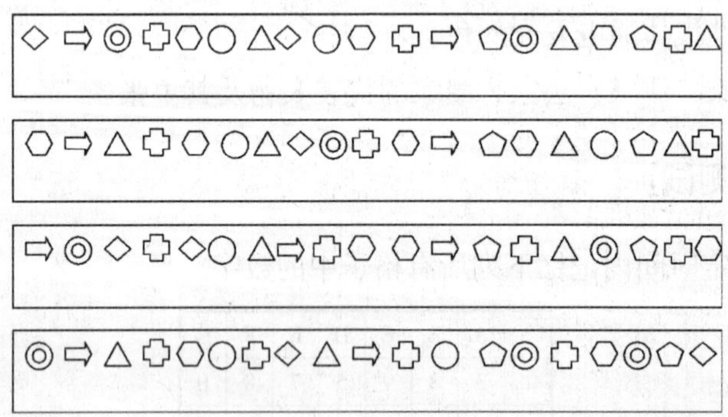

【动物公车】

两人一组，A把下面的内容念给B听，然后让B回答问题。

一辆动物公共汽车从始发站开出时车上有一头大象、两条蛇和一头河马。

第一站：下一头大象，上一头老虎。

第二站：下一头河马，上一匹马。

第三站：下两条蛇和一头老虎，上两只老鼠。

第四站：下一匹马，上一只兔子。

第五站：下一只老鼠，上一只鸡。

第六站：下一只老鼠，上一条狗。

问题：

（1）开车时车上有几种什么动物？

（2）大象在哪一站下的车？

（3）汽车上一共出现过几种动物？

（4）汽车一共经过了几站？

（5）两只老鼠都下车了吗？

【以偏忆全】

下面是一些日常用品，尽量记住。然后完成练习。

影集，电视柜

备用眼镜，放丝巾的抽屉

地址簿，厨房抽屉

手链，毛衣口袋

备用电池，电冰箱

信用卡，书桌抽屉

结婚证书，保险柜

支票，书桌底层抽屉

邮票，文件夹

钢笔，笔记本

练习：

下面有的是给你物品，有的是给你物品摆放的地点，请根据记忆，看看你能填出多少。记住，不要看上面的词组。

电视柜：________________

笔记本：________________

结婚证书：________________

放丝巾的抽屉：________________

支票：________________

地址簿：________________

信用卡：________________

毛衣：________________

电视柜：________________

【倒记数字】

观察下面两组数字，并且记住两行10位数字，若将A行数字与B行数字相加应该等于多少？完成这个题目后，请覆盖住两行数字，完成下面的练习。

A：1880589911

B：5892297130

练习：

（1）请分别写出刚才记住的两行数字的第一位和第十位数字。

____

（2）请分别从最末位写出两组数字。

____

【神奇记数】

记忆下列20个数字，包括其顺序号。

（1）43　（2）57　（3）12　（4）33　（5）81

（6）72　（7）15　（8）44　（9）96　（10）7

（11）37　（12）18　（13）86　（14）56　（15）57

（16）6　　（17）78　　（18）61　　（19）83　　（20）73

练习：

覆盖上表，进行默写。

____

____

____

____

【服务电话】

下面是某个城市的 5 项服务电话，请设法记住并且完成后面的练习。

（1）某服务公司的电话：67026102

（2）某搬家公司的电话：68187470

（3）供电急修电话：67079201

（4）某急救站电话：65155678

（5）公安交通事故处理电话：68337947

练习：

（1）邻居家的电视机坏了，服务公司的电话号码是__________号。

（2）回家的路上，发生了一起交通事故，这时如果要向有关部门报告，应该拨__________号。

（3）晚上，你正在看书，突然停电了，此时应该拨__________号。

（4）路上看见有人突然晕倒，如果要打急救电话，应该拨________号。

（5）你想搬家，需要找一个搬家公司，应该拨__________号。

【目击证人】

下面有一排嫌疑犯，请你用两分钟的时间来仔细观察他们，然后在不看示意图的情况下回答以下问题：

1. 哪个嫌疑犯个子最高？

2. 哪个嫌疑犯穿着西装？

3. 哪个嫌疑犯戴着棒球帽？
4. 哪个嫌疑犯戴着眼镜？
5. 哪个嫌疑犯穿着裙子？
6. 哪个嫌疑犯穿着短裤？
7. 哪个嫌疑犯穿着格子裤子？
8. 哪个嫌疑犯穿着夹克？
9. 哪个嫌疑犯衣服外面系着腰带？
10. 哪个嫌疑犯戴着太阳镜？
11. 哪个嫌疑犯剃着光头？
12. 哪个嫌疑犯穿着格子衬衣？
13. 哪个嫌疑犯的头发是卷曲的？
14. 哪个嫌疑犯上嘴唇留着小胡子，但下巴上没有胡子？
15. 哪个嫌疑犯穿着套头毛衣？
16. 哪个嫌疑犯打着领带？
17. 哪个嫌疑犯把手伸进了衣袋里？
18. 哪个嫌疑犯下巴上有胡子？
19. 哪个嫌疑犯戴着耳环？
20. 哪个嫌疑犯戴着手表？

【瞬间找不同】

1. 请用 10 秒钟观察 A 组图，然后盖住图并回答问题。

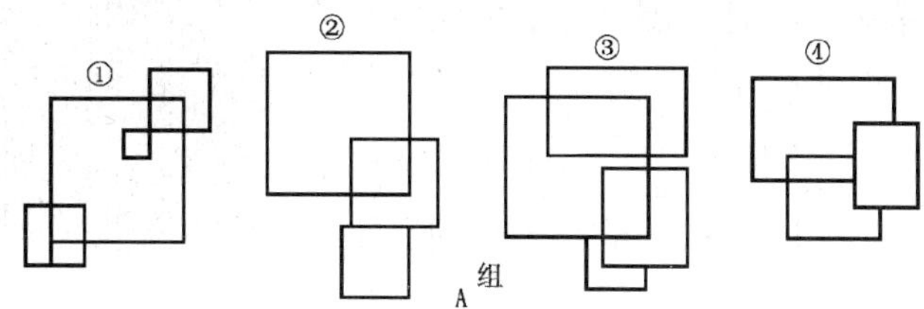

A 组

请从 B 组图之中找出与 A 组图不同的图形。

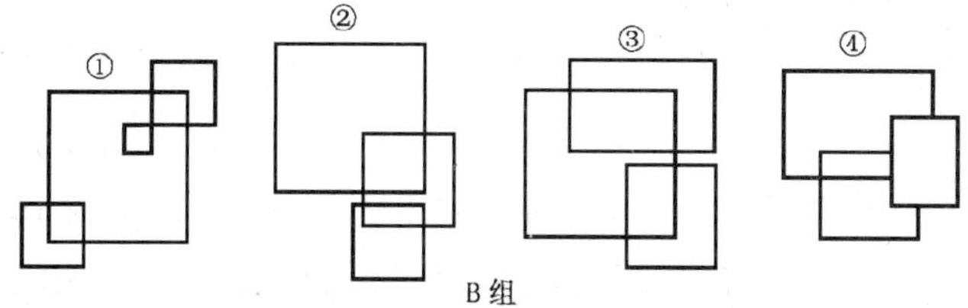

B 组

2. 请用 10 秒钟观察 A 组图，然后盖住图并回答问题。

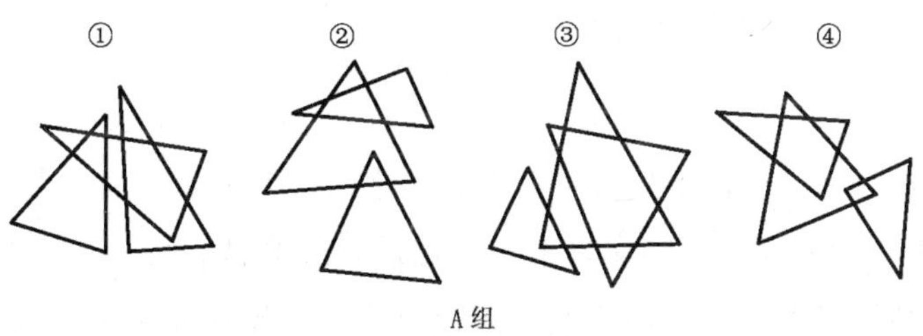

A 组

请从 B 组图之中找出与 A 组图不同的图形。

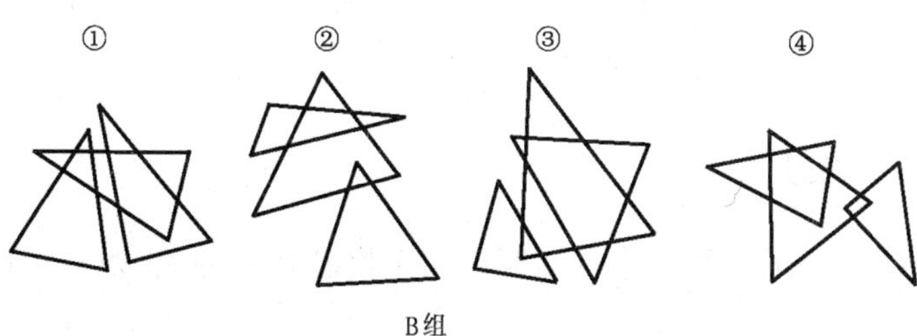

B 组

【专注记忆】

你的注意力能长时间地集中在某种事物之上吗？现在来做一道题，测试一下你注意力的稳定性吧！

不许用铅笔或其他的工具，只用你的眼睛尽可能快地追踪下图中的每一条曲线对应的字母。

【成语再现】

下面有一组成语，请用90秒时间记忆。

望尘莫及　　望眼欲穿　　望穿秋水　　望梅止渴　　望洋兴叹

练习：

覆盖住上面的成语，把上面出现的成语从下面的一组成语中挑选出来。

望而却步　　望尘莫及　　望风而逃　　望洋兴叹　　望闻问切

望子成龙　　望文生义　　望其项背　　望梅止渴　　望穿秋水

望眼欲穿　　望风捕影

【找论点】

在规定时间内记住下列文字，然后凭记忆写出这段文字的主要论点。

"文化"这个词在外国文里本来就是积累的意思。我国古代的读书人，很早就重视循序渐进的学习方法，这是符合一般规律的正确方法。因为学习不但要靠理解力，还要靠记忆力，而理解力和记忆力无论有多强，要理解和记住刚学会的东西，总要有一个过程。哪一个妄人如果想一下子就把什么都学会，其结果必定要吃大亏。

【细节记忆】

仔细观察A图，然后盖上A图，回忆找出B图中15处与A图不同的地方。

A

B

【许特尔图表】

许特尔图表是指在一幅有 5×5＝25 个方格的图表中，无顺序地排列着阿拉伯数字 1~25，请你按照 1~25 的顺序边读边指出每个数字的准确位置。要求用最快的速度找出全部数字。

13	10	17	24	4
5	21	1	8	14
11	6	15	22	19
3	18	12	2	25
16	7	20	23	9

25	4	16	7	20
14	18	21	2	10
23	6	24	13	17
8	1	15	12	3
11	19	5	9	22

6	15	21	1	13
12	4	9	24	8
10	16	18	3	19
7	2	11	20	23
17	14	22	5	25

14	5	11	20	3
23	1	17	9	15
18	4	12	10	24
7	25	2	16	21
19	8	22	13	6

14	11	19	24	2
1	22	7	5	21
10	3	15	13	8
20	16	9	23	4
6	18	12	17	25

13	1	22	6	12
4	7	11	3	25
20	15	19	14	8
5	10	2	21	17
18	23	16	9	24

25	5	9	17	4
3	23	13	21	18
24	20	6	1	14
15	2	11	19	8
12	10	22	7	16

1	19	8	21	11
12	5	16	3	7
4	10	17	24	14
23	13	2	9	22
18	6	15	20	25

24	19	9	16	5
3	6	22	1	14
8	15	12	20	10
4	18	2	25	17
13	21	11	7	23

17	8	24	2	21
3	4	6	11	4
23	10	19	16	13
7	12	5	9	25
20	15	1	18	22

智慧题解

做个速记小天才

【回忆填图】：C。

【象形文字】：略。

【图形再现】：略。

【超强记忆】：略。

【震撼记忆】：略。

【听故事比记忆】：略。

【寻找不同】：如图所示。

【号码速记】：略。

【时钟为几点】：9 点 55 分。从左上角开始，沿顺时针方向进行，每次分针依次后退 15 分、20 分、25 分，等等；而时针依次前进 2 小时、3 小时、4 小时……

【方格涂色】：略。

【跳跃记忆】：略。

【十大名著】：我们可以这样记忆：

首先准备一套定位词：(1) 头顶，(2) 眼睛，(3) 耳朵，(4) 口，(5) 手，(6) 胸，(7) 背，(8) 臀，(9) 膝，(10) 脚。

然后可记为：我头上 (1) 顶着三只锅 (《三国演义》)，在看 (2) 一场精彩的球赛 (《好逑传》)，耳朵 (3) 上挂着三个玉做得非常娇美的梨 (《玉娇梨》)，但那梨太硬不能吃，口 (4) 吃的是平山产的冷炒燕窝 (《平山冷燕》)，手 (5) 上挂着一把水壶 (《水浒传》)，胸 (6) 前抱着 (《西游记》)，背 (7) 上背着一只琵琶 (《琵琶记》)，膝 (8) 盖上爬着一只白色的乌龟 (《白圭志》)，屁股 (9) 下被我坐平了的是一个转来转去的鬼 (《平鬼传》)，脚 (10) 下踏着绿色的祥云 (《绿云缘》)，真是优哉游哉。

【动物知多少】：略。

【速记绕口令】：略。

【巧记圆周率】：这个训练是教给你记忆方法。我们可以用两种方法记忆。前 30 位，用一个小故事记忆，后 30 位用编码法记忆。

前 30 位：山巅一寺一壶酒，尔乐苦杀吾，把酒吃，酒杀尔，杀不死，溜尔溜死，扇扇吧，扇尔吃酒。

第 31~39 位可记为：武林 (50) 中自己的儿子爬 (28) 上巴士 (84)，取药酒 (19)，去救一名党员 (71)。

第 40~49 位可记为：遛狗 (69) 的时候遇到一个卖胃药 (39) 的人，用一把旧伞 (93) 欺负 (75) 一个只会说“是” (10) 的人。

第 50~60 位可记为：我爸 (58) 用耳朵 (20) 去香港 (97) 换了一条死狗 (49)，这是一个事实 (44)。

怎么样，是不是很轻松，只要你愿意，一千位、一万位都不会太费力气的。

【消失的记忆】：略。

【图形重组】：如图所示。

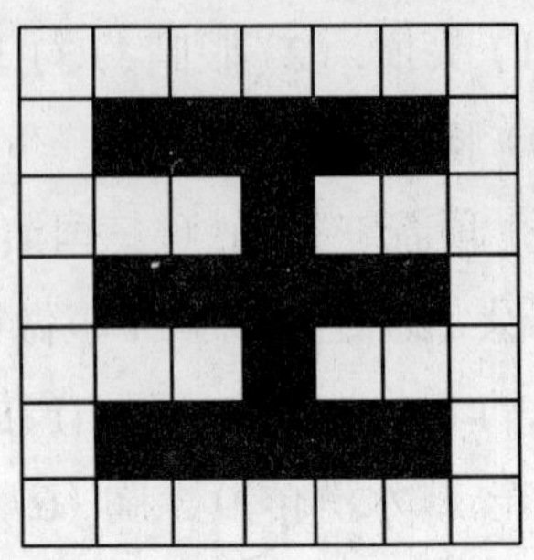

【特殊卡片】：D。其他各组中，按字母在字母表中的正数序号计算，每组第一个字母的立方数即为图中的数字，也是后面的字母序号所示表示的数字。例，G=7，$7^3=343$，CDC=343；H=8，$8^3=512$，EAB=512。

【纸牌风暴】：略。

【数字金字塔】：略。

【一气呵成】：这是有名的一笔画问题。在这个问题中，如果图形的交点，由2、4、6等偶数线条的偶点组成，能从其中任一点开始，不重复地经过所有的线，再回到开始点，那么便能一笔画出图形。这是因为由一条线画到一个点，必须另有一条线，才能不重复地画出来。要是图形有两个奇点，那就从一个奇点开始，另一个奇点结束，同样能一笔画出这种图形。要是图形的奇点超过两个，那无论怎么画，都不能一笔画出来。

深度记忆大比拼

【寻找底片】：③。

【手势回忆】：记忆的过程中不仅要动脑，还要动手，在大脑记忆的区间建立一个动作的影像。注意，一定要仔细观察不能分散注意力。

【巧拼瓷砖】：D。

【速记妙招】：

（1）五代可记为：梁唐晋汉周，前边都有后。

十国可记为：前后蜀，南北汉，南唐、南平曾为伴，吴越、吴、闽、楚十国，割据混战中原乱。

（2）常见元素的化合价。一价氢钠钾银，二价氧镁钙钡锌，铜汞一二，铁二三，碳锡铅在二四寻，硫为负二和四六，负三至五氮磷，卤素负一三五七，三价记住硼铅金。

（3）惰性气体通电发光颜色。氩紫蓝，氦粉红；氖红光，穿雾行；小太阳，是氙灯。

（4）道家、儒家、法家、墨家的代表人物及其主张。孔孟儒，行“仁政”；道“无为”，老庄兴；子墨子，讲“非攻”；韩非子，“法治”行。

【数字测试】：表中的数字杂乱无章，没有规律可言，只能依靠丰富的联想来记忆了。比如，“0”可以看成是一个圆，也可以将其看成一个鸡蛋，或者一只眼睛，采用怎样的形式，需要根据自己的情况而定了。

【课堂小游戏】：略。

【数字密码】：略。

【动物公车】：

（1）3 种。分别是大象、蛇和河马。

（2）第一站。

（3）9 种。

（4）6 站。

（5）都下了。

【以偏忆全】：略。

【倒记数字】：略。

【神奇记数】：略。

【服务电话】：略。

【目击证人】：

1. B；2. A；3. E；4. D；5. C；6. D；7. B；8. E；9. C；10. E；11. B；12. D；13. D；14. A；15. B；16. A；17. E；18. B；19. C；20. C。

【瞬间找不同】：

1. 4

2. 2

【专注记忆】：

1. M；2. G；3. R；4. H；5. D；6. S；7. E；8. B；9. K；10. F；

11. P；12. C；13. I；14. A；15. J；16. L；17. O；18. N；19. Q；20. T

【成语再现】：略。

【找论点】：略。

【细节记忆】：如图所示。

【许特尔图表】：略。

第五章

空间能力——让思考变为立体

让思考立起来跳舞

有这么一个故事：

20世纪的美国，一家大型百货公司做了一个广告牌，上面写着：无货不备，如有缺货，愿罚10万元。当时有一个法国人看了广告之后，很想挣到这10万元，而且他觉得，这个公司不可能什么都有。于是，法国人找到经理，开口就问："我想看看潜水艇，请问在哪儿?"没想到，经理直接带他到了第18层楼，上面果然有一艘潜水艇。法国人又问："我想再看看飞船。"经理又把他带到了第10层楼，一艘飞船果然在那。法国人不甘心，脑袋一转计上心头，又问"你们有肚脐眼生在脚下面的人吗?"这下把经理难住了，他抓耳挠腮，眼看就要把10万元白白送出去。这时，旁边一位店员过来对经理说："我做个倒立给这位客人看看吧！"最终，法国人沮丧地走了。

这个店员的做法可谓跳出了常规的思维，轻松就解决了貌似不可能解决的问题，而这正是空间思维独特的魅力。

空间思维又称“立体思维”、“多元思维”等，是一种反映对象整体及其与周围事物构成立体联系的创造性思维方法。它通常要求人们跳出点、线、面的限制，有意识地从上下、左右、四面八方去考虑问题，让思维在立体的空间中遨游。日常生活中，人们遇到问题时，总是习惯于用常规思维去思考，依附于日常生活的规律和事物的本来面貌去想问题，往往在碰到诸如那个法国人讲的问题时就无计可施。而空间思维，正是要跳出常规思维，以立体的方式去看问题，跳出常规的框架，在更高的层次上去寻求解决办法，视野更开阔，办法更多。

在实际生活中，空间思维也被运用到了很多地方，例如人们现在已经利用楼顶建立“空中菜地”、“空中花圃”等，这是立体思维的具体运用。同时，在研制导弹和卫星时，往往需要几十万个甚至几百万个电子元件。正是运用了空间思维的方法，科学家们研制出了大规模的集成电路，把复杂的线路包含在一块只有30平方毫米的硅晶片上，从而跨出了一大步。以前的交通是平面的，拥挤不堪，如今各城市都发展立体交通，地铁、高速公路、立交桥等相互配合，共同解决了城市的交通问题。

如果把人们习惯的思维方式称为平面思维，是二维的话，空间思维就是站在更高的维度上，是三维的思考方式。就像我们看三维图片一样，更加真实和全面。现在风靡全球的3D电影，就是以其更接近现实的超高真实度受到了人们的追捧。在3D电影中，你看到的世界是立体的，前后左右上下尽收眼底，无一不细。而空间思维——也是这样的一种感觉，它让我们的思考可以像3D电影中的人物一样立体跳舞，更清晰、更全面、更能掌控全局从而想出对策，而一旦遇到问题，四面八方都是路。

下面，就是展现你立起来跳舞的思考本领的时刻了，快快加入，随着思维起舞吧！

跳出常规的思维

【驯犬】

住在伦敦的名流 A 夫人，特地从美国买回来一只长毛牧羊犬的幼犬。为了使这只狗变成世界第一名犬，她便送它到以训练动物闻名的德国哈根别克大学。一年后，长毛牧羊犬学成后返回夫人身边，没想到它连坐、举手等基本动作都没有学会。根据驯犬师信中所写，这只狗能够做出主人所下达的命令和动作。夫人为此百思不得其解，请问这是怎么回事？

【拼头像】

把下面六块图形剪下来，可以拼出四个人物头像，你能做到吗？

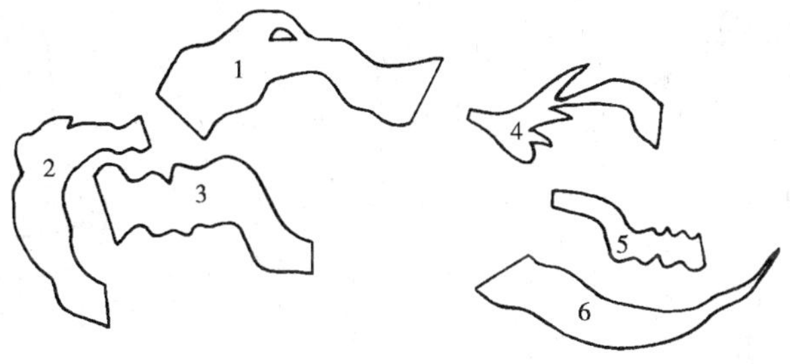

【两对父子】

两个父亲把钱给两个儿子。其中一个父亲给他的儿子 1500 元，另一个父亲给他的儿子 1000 元。但是，这两个儿子所得到的钱，加起来也不超过 1500 元。

请问，聪明的你知道是怎么一回事吗？

【巧摆花盆】

图中画的是一个楼梯，共有 5 个台阶，在每一个台阶上放一盆花，才没有空台阶。现在只有4盆花，要求放在台阶上，仍然每一个台阶放一盆花，不能有空台阶。想想看，应该怎么放？

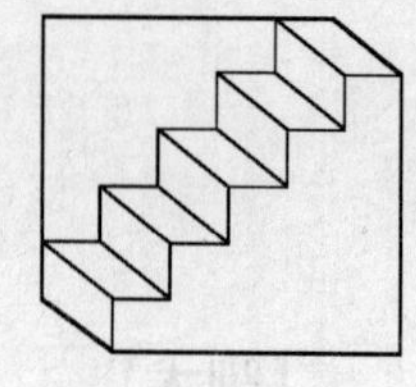

【距离相等】

有4个完全一样的啤酒瓶，你能把它们摆得使4个瓶口之间的距离个个相等吗？

【纸环想象】

用两条宽度和长度相同的纸带做了两个圆圈。把这两个圆圈在P处相互粘在一起，然后沿虚线剪下来（如右图所示）。请问剪下来的形状是什么样子？

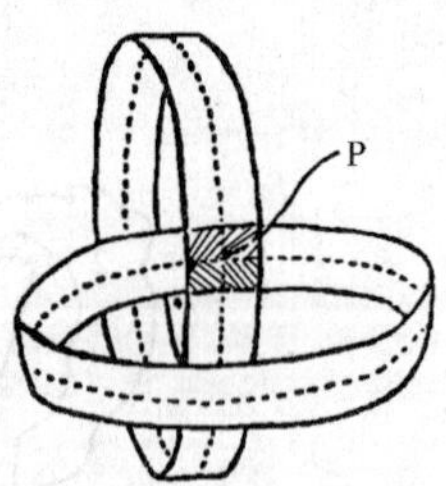

【绳捆圆桶】

现在有5个直径1米的圆桶，想要照图示那样用绳索捆绑起来，打结处需要50厘米绳索，试求应该用多长的绳索来捆。圆周率取近似值3。

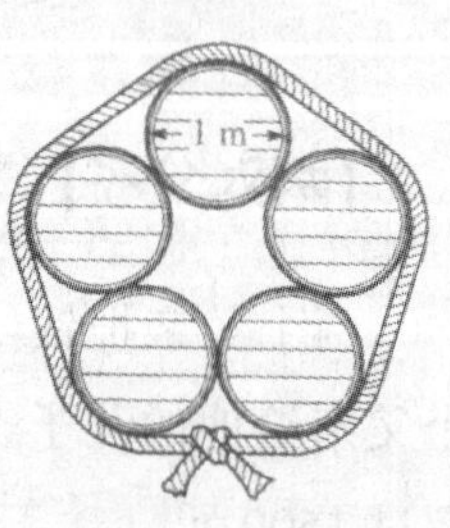

【寻找立方体】

你能在下面这幅透视图中找到几个立方体？

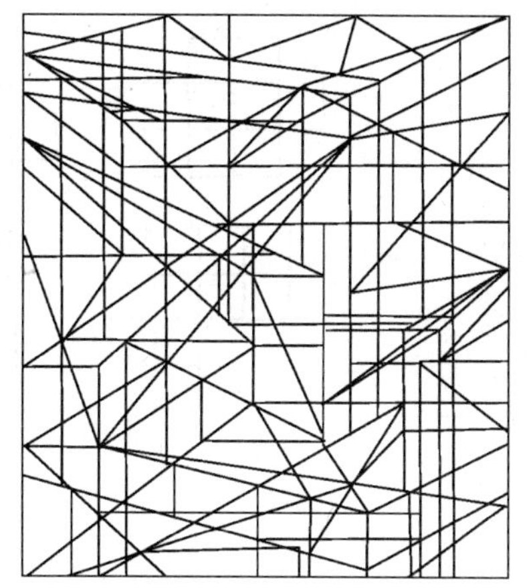

【毛毛虫突围】

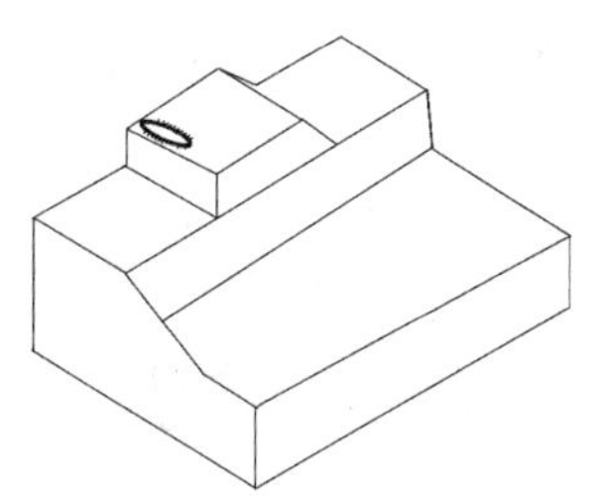

如右图所示，一只毛毛虫停在一个三维立体图形顶部的一角。你能为这条小虫找一条路，使之经过所有的顶点，而且在每条边上最多走过一次吗（注意并不一定要走过所有的边）？

【调皮的积木】

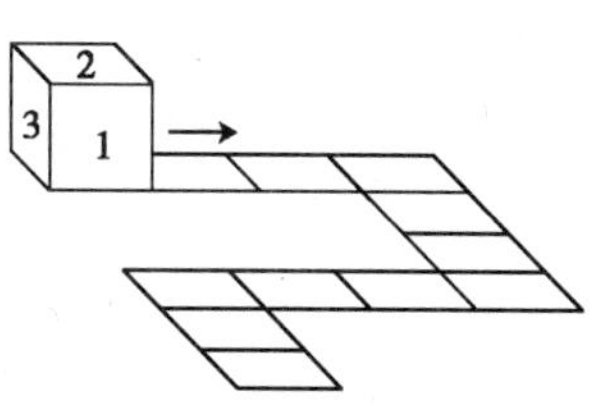

如右图所示是一块正方形的积木，积木的各个面上分别标着 1~6 个数字。1 的对面是 6，2 的对面是 5，3 的对面是 4。沿着箭头的方向翻动，最后朝上的一面是几？

【不可能出现的面】

如下图所示，如果从不同方向进行观察，这四个剖面中哪一个是不可能出现的呢？

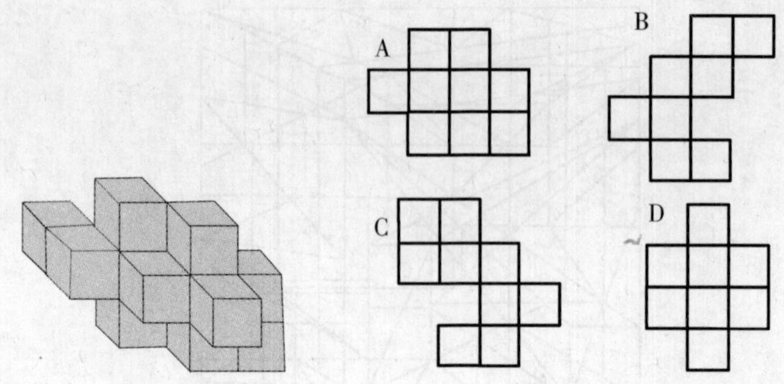

【平行线分割点】

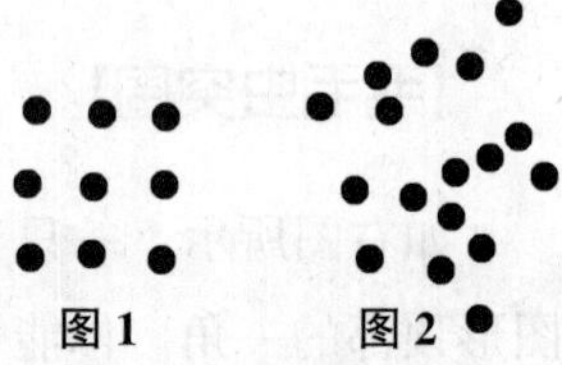

如图1有9个点，现要求用两组平行线把9个点隔开，每格只有1个点，如何分法？又如图2，当遇到分布不均匀的18个点时，要用三组平行线如何分隔呢？

【看图识物】

看下图，猜猜这四个图形各是什么东西？

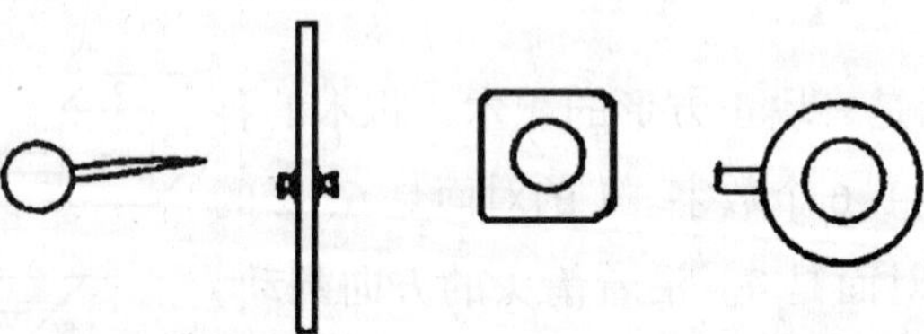

【十人排队】

问10个人要站成5排，每排4个人，怎么站？

【方块有几多】

看右图，图中是六个方块？还是七个方块？

【巧算面积】

一个人有一块边界不规则的土地，已经被人画成了精确的地图。现在他想出售这块土地，按规定，对方是按照面积来付钱，你知道该怎样计算它的面积吗？

【小人接力】

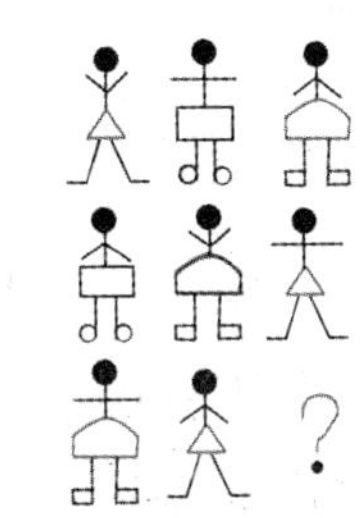

萍萍在学习简单笔画。有一天，她画了右图中的 8 个小人，这 8 个小人按照一定的顺序进行排列。接下来她要画第 9 个小人了，你能猜出第 9 个小人是下边 6 个小人中的哪一个吗？

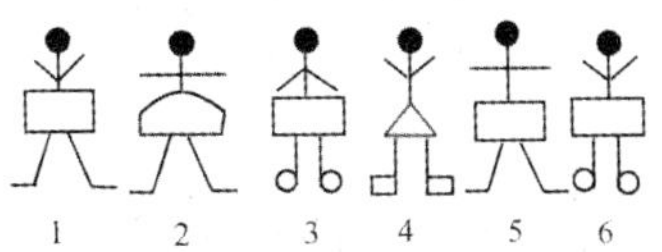

【平面变立体】

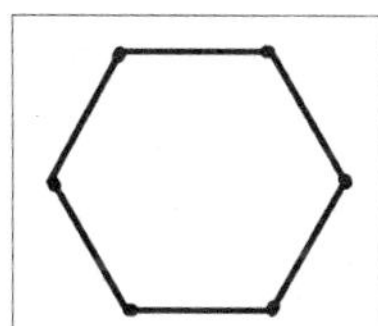

右图中的 6 根火柴组成了一个正六边形，现在要加 3 根火柴，使这个平面图变成立体图，你觉得应该怎么加呢？

【神奇的等式】

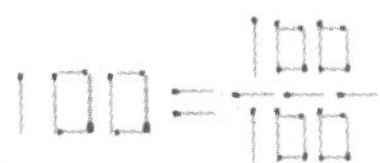

如右图，请加上一支火柴棒，使两边的式子成立。

【慧眼识字】

仔细观看右图，运用你的慧眼，从下面几幅卡通图片中找出包含的阿拉伯数字。

【变脸】

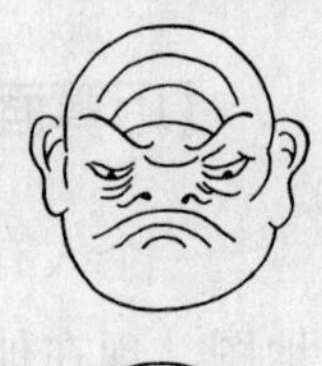

怒气冲天的爷爷，忧心忡忡的孙子，如右图所示，有什么样的办法使祖孙俩人笑逐颜开？

【颠倒上下】

想象你在镜子前，请问：为什么镜子中的影像可以颠倒左右，却不能颠倒上下？

【奇妙的雨伞】

从上方俯视这把雨伞，它会是什么样子的？

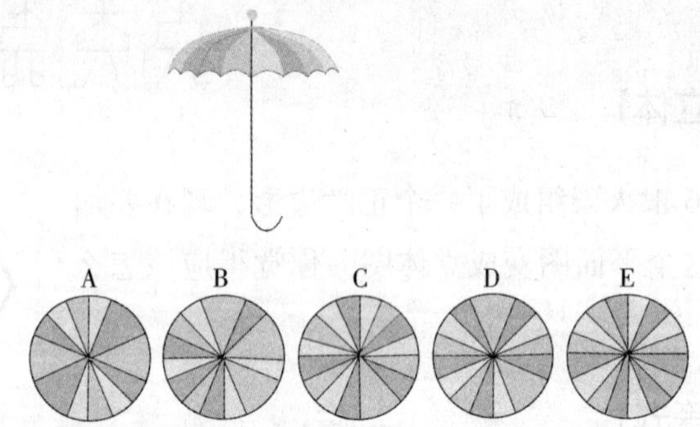

【切割有术】

在一个正方体上切一刀，能切出下列平面中的哪些？

【隐蔽的六边形】

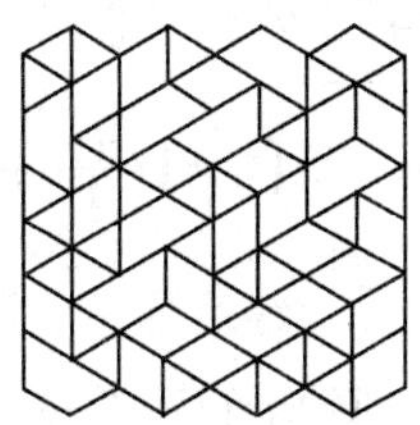

右图是小三角形与菱形的组合。实际上，其中隐藏着一个正六边形，请找出它来。

【蓝色魔方】

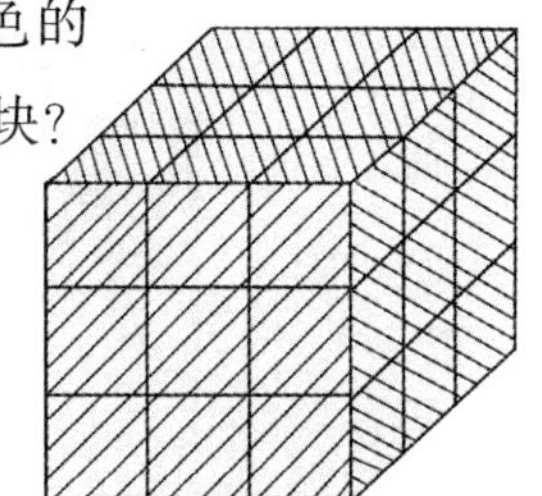

如右图所示，假设现在有一个外表都是蓝颜色的“魔方”。请问现在符合下列条件的小立方体各是多少块？

（1）三面是蓝颜色的小立方体。

（2）两面是蓝颜色的小立方体。

（3）一面是蓝颜色的小立方体。

【女巫的魔法架】

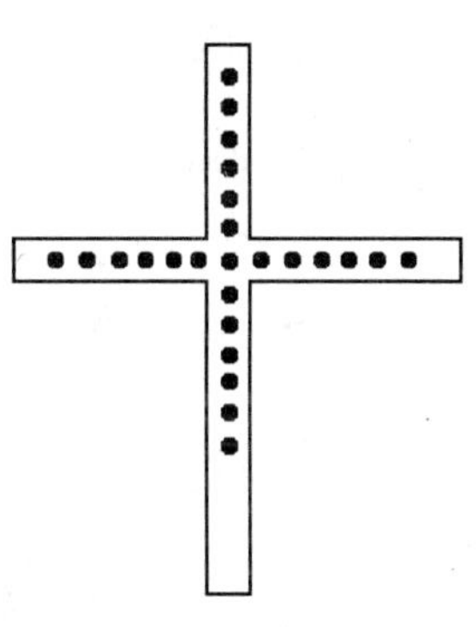

森林里住着一位邪恶的女巫，她有一个魔法十字架，靠着它，女巫肆虐整个森林。这个魔法十字架上面镶着 25 颗钻石，每次女巫数钻石时都习惯从上数到中央，然后分别向左、右、下数去，3 次数完后得数都是 13。森林小精灵知道了整个秘密，就偷偷化装成清洁工，在给女巫擦拭魔法十字架的时候，偷走了上面的 2 颗钻石，而女巫却并未发现。你能够猜出，小精灵是怎么偷的吗？

空间思维大演练

【扩大水池】

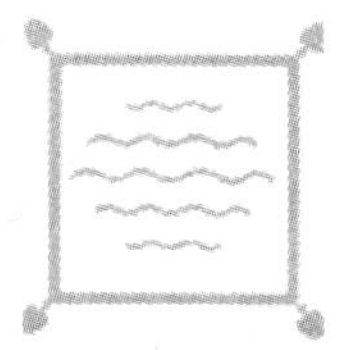

右图中有一个正方形水池。水池的四个角上，栽着四棵垂柳。现在要把水池扩大，使它的面积增加一倍，

但要求仍然保持正方形，而又不移动垂柳的位置。你有什么好办法吗？

【CAD 高手】

建筑师想建造墙上画的八幢大楼，但这些楼的正视或俯视蓝图都因为别的项目而被搞混了。你能把所有图纸和大楼对上号吗？

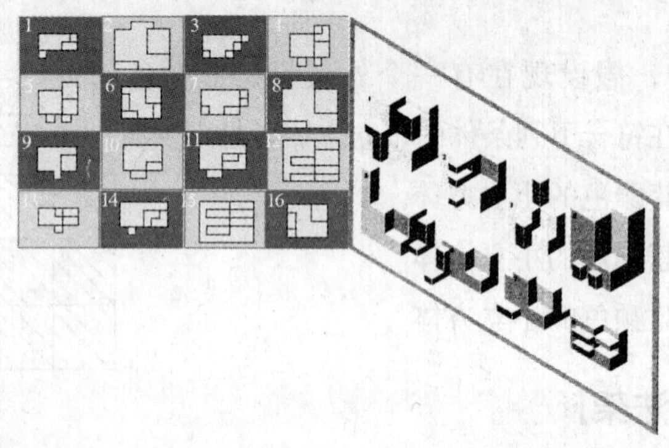

【巧比面积】

如右图所示，有两块不规则大小差不多的同质地铁皮。采用什么方法可以比较出它们面积的大小呢？

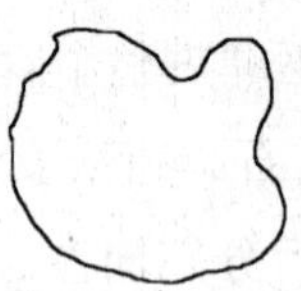
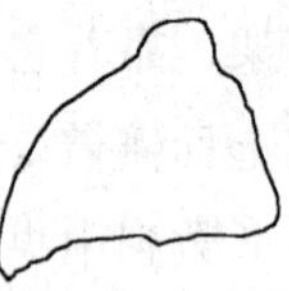

【中间的圆】

将以下图形外面四个圆中出现的线条和符号根据以下规则转移到中间圆中：

A. 出现一次——转移

B. 出现两次——可能转移

C. 出现三次——转移

D. 出现四次——不转移

右面哪个图形为中间的圆？

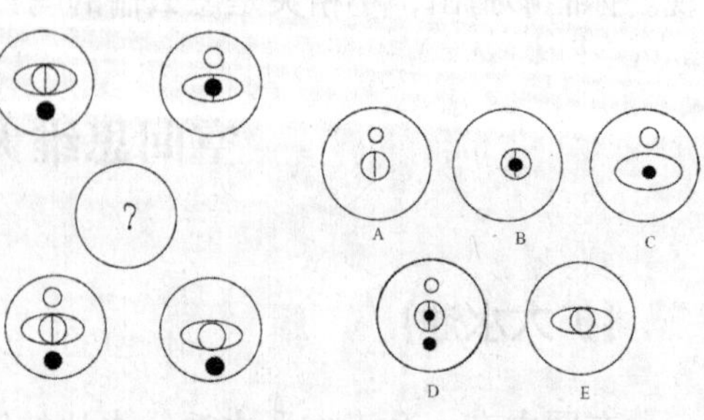

【卡片谜题】

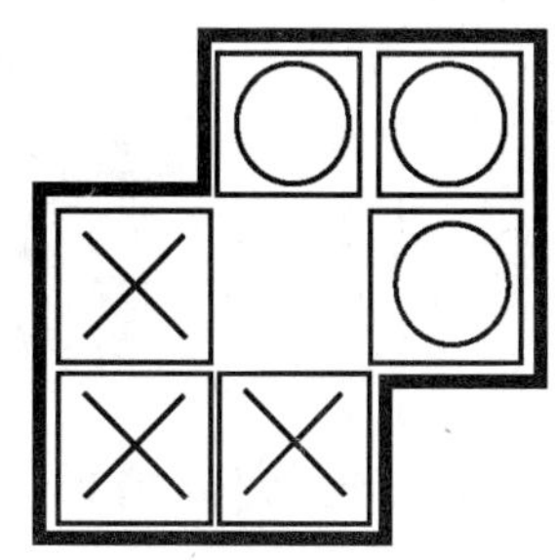

在如右图所示的板盒里放有印着○和×记号的卡片各3张。卡片的形状和大小完全一样。板盒当中空出一张卡片的位置，卡片可在此空位上，上下左右地自由滑动。请问，你能否将6张卡片的位置完全对调一下呢？移动时不许把卡片从盒内取出，也不许把卡片拿起跳过中央的位置，放到对方的位置。

【独特的蝴蝶结】

下面几幅蝴蝶结哪一个与众不同呢？请找出来。

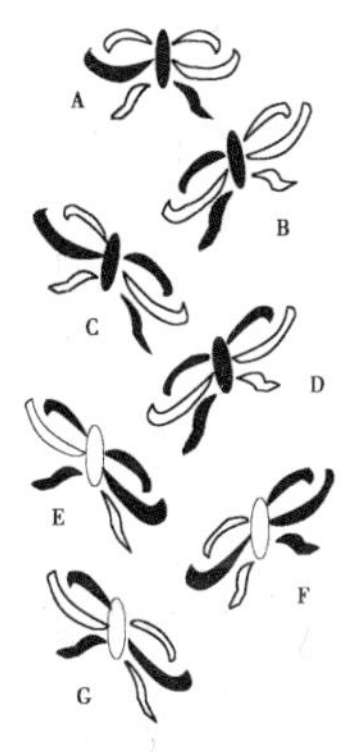

【名片的宽度】

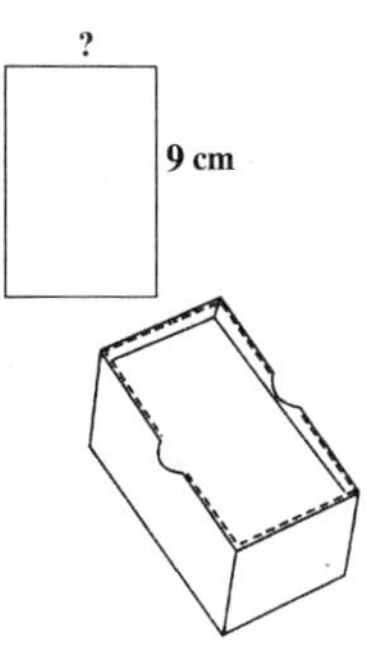

订购的名片做好了。现在只知道名片的长度是9厘米，在不使用任何工具的情况下，如何得知名片的宽度是多少呢？如右图所示，名片不能折也不能剪断。

【反影照片】

a、b两女孩的反影照片是属于下面右图①~⑥幅中的哪一幅呢？

【神奇火柴桥】

要用4根火柴在4个杯子上架起4座桥，使之四通八达，每根火柴只能有一头搭在杯子上，该怎么架？

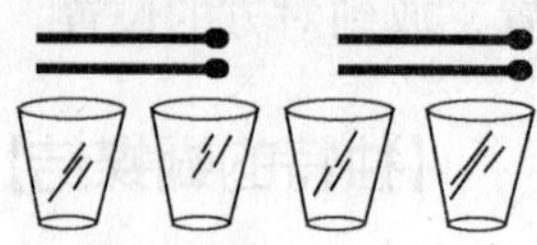

【木板变十字】

将右图的木板做成一个十字标志，应该怎样做呢？

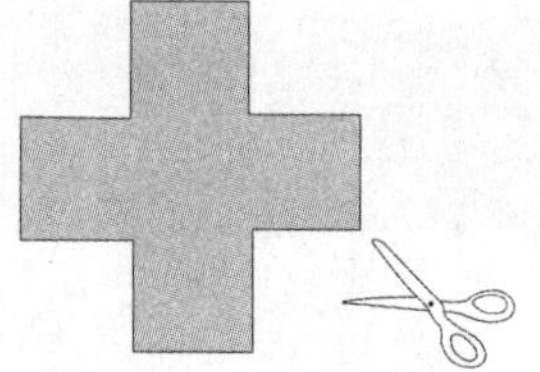

【画像难题】

上美术课，老师给同学们出了一道题：“现在，我手里有一张50厘米的白纸，要求你们画一幅1米高的人物图像，10分钟交卷。”同学们一听傻眼了，心里想50厘米的白纸怎么能画出1米高的人呢？最后还是有一位同学按时交了卷。

你知道他是怎样画的吗？

【火柴拼字】

用8根火柴可排成数字10，其实，用9根火柴也可排成10。仔细想一想其中的奥妙吧。

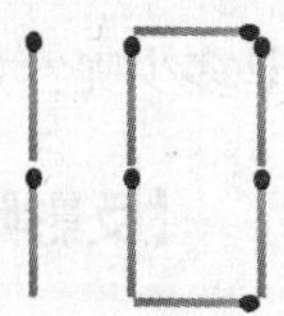

【等分图形】

将下图分为大小和形状均相同的四等份。

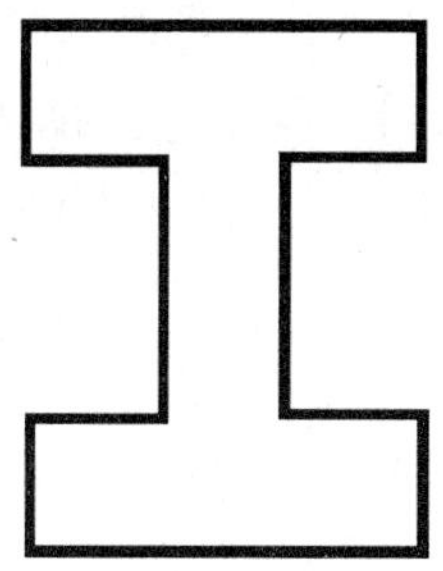

【格拉斯哥谜题】

如下图所示：有 8 个圆圈，其中 7 个圆圈上面依次标着字母 G、L、A、S、G、O、W，连起来读作“格拉斯哥”，这是苏格兰西南部一个城市的名字。

按照现在的排列，这个地名是按逆时针方向拼读的。

解题的要求是，每次移动一个字母，使 GLASGOW 这个地名最后可以按照正确的方向（顺时针方向）拼读。移动字母的规则是：

如果旁边有一个圆圈空着，可以走一步；

可以跳过一个字母走到它旁边的空圆圈里去。这样，按照 L，S，O，G，A，G，W，A，G，S，O，S，W，A，G，S，O 的顺序移动字母，就可以达到目的，但一共要走 17 步。

你能少走几步来实现上述目标吗？这个词从哪个圆圈开始读都可以，只要是顺时针方向就行。

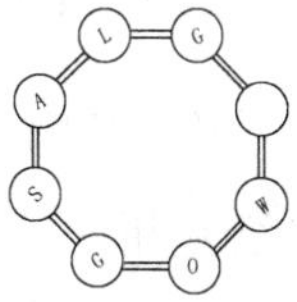

【寻找金蛋】

在这个正方形里有几个数字，每个数字表明了它周围几个格子里有金蛋的格数，你能根据所给出的数据判断出金蛋在哪里吗？

1	2			1
		4		2
	2		3	
	2	2	2	

【巧算距离】

在一片平地上，一支高度为 10 米的木杆和另一支高度为 15 米的木杆之间有相当的距离，如果从每支木杆的顶点拉一根绳子到另一支木杆的底部，其交点之高为 6 米，请计算两杆之间的距离。

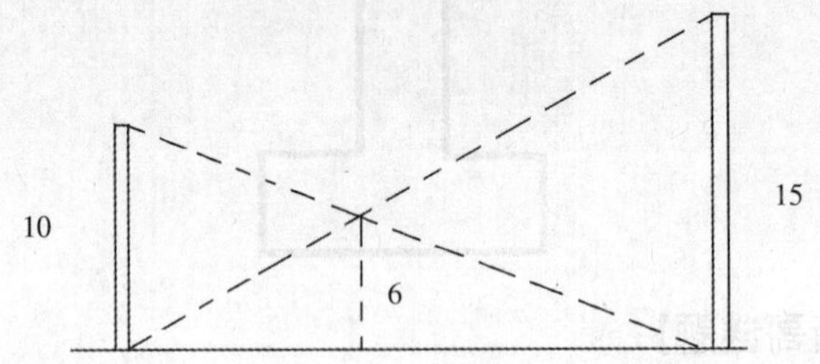

【旋转立方体】

用金属丝折出连接立方体上 A、B、C、D 四点的折线，然后，再令折线以 CD 为轴旋转，请问旋转出来的立体是下图中的哪个？

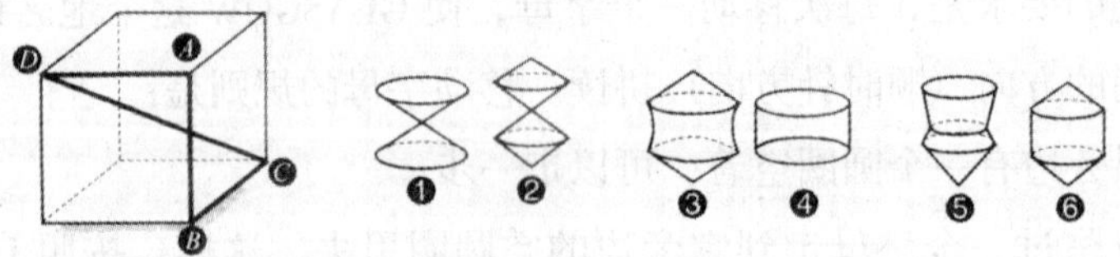

【拼“口”】

你能用 17 块面积相同的正方形黑纸块在一张白纸上拼出一个正方形的“口”字吗？（纸块不能重叠）

【牛皮圈地】

在很久以前，欧洲一个国家灭亡了，国王和王后以及王子都被杀害了，只有小公主妮莎带领一些士兵突出包围，逃到了非洲的海岸。

妮莎公主带着一些金币登上海岸，拜访了当地的酋长，友好地对酋长说：“我们都是失去祖国的逃难人，请允许我们在您神圣的领土上买一块土地生活吧。”

酋长见妮莎公主只有几枚金币，便轻蔑地说：“才这么一点金币就想买我们的土地？那你只能买下用一张牛皮所圈出的土地。”

大家听了这话都很沮丧，以为肯定买不成土地了，可是妮莎公主却说：“大家不必丧气，我有办法用牛皮圈出一块面积很大的土地。”

妮莎公主果然做到了。你知道她是怎么办到的吗？

【阴影占几何】

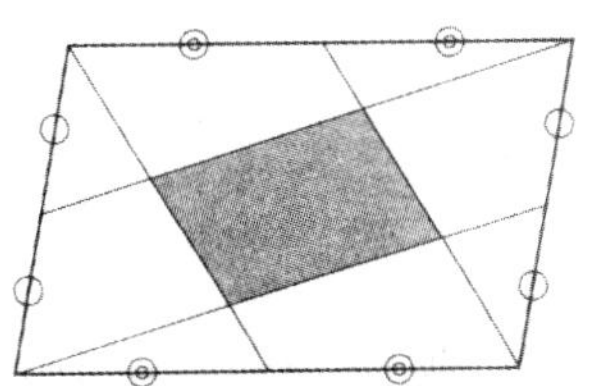

在平行四边形中将各顶点与各边中点按右图连线，那么，阴影部分的面积是原来那个平行四边形面积的几分之几？

【巧移黑白棋】

有十粒棋子排成一行，五粒黑、五粒白。现在两粒连在一起移动，移动四次，棋子就会黑白交错开来，那么应该如何移动呢？

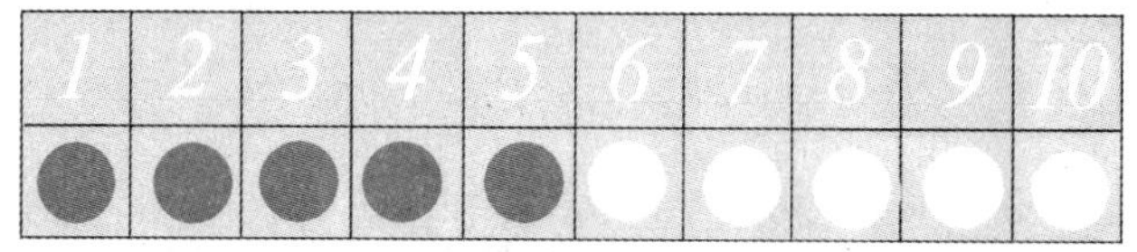

【七桥连岛】

一条河流中有两个小岛，有 7 座桥将两个小岛和河岸连接起来，如图所示，你能否将所有的桥都只走一遍，最后又回到原来的位置？

智慧题解

跳出常规的思维

【驯犬】：因为这只狗受的是德语教育，它听不懂夫人所说的英文。答案是不是跟你思考的不一样呢？

【拼头像】：如图所示。

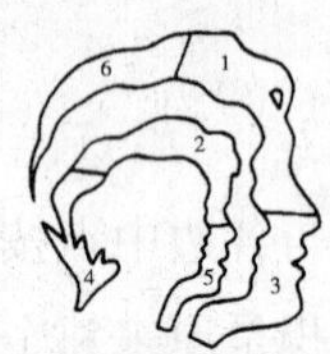

【两对父子】：所谓两个父亲、两个儿子，实际上是祖父、父亲、儿子三个有血缘关系的男子。因为只有这样才能满足题中的条件。祖父给了他自己的儿子1500元，儿子又从中拿出1000元给了自己的儿子。因此两个儿子的钱加起来也没有超出1500元。

【巧摆花盆】：将题干中给出的图向左旋转90度，就会惊奇地发现，台阶变成4个了。

【距离相等】：如图所示。

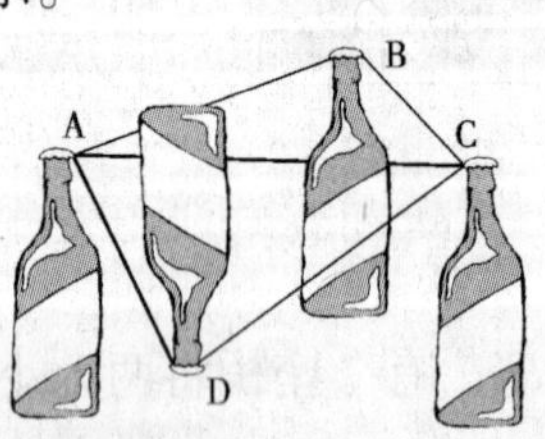

【纸环想象】：形状如图所示，是一个正方形。

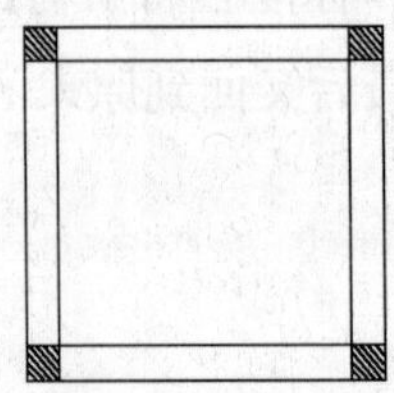

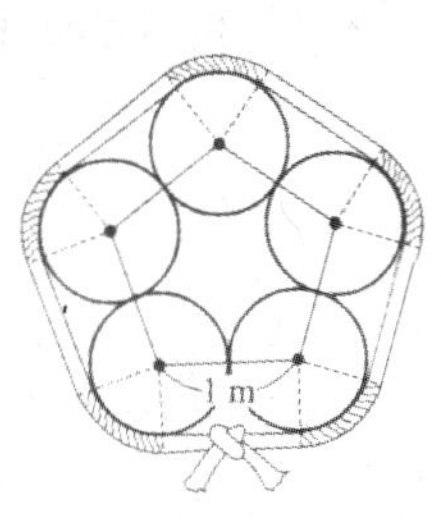

【绳捆圆桶】：请记住：不管捆多少个圆桶，图中绳索上画斜线的部分加起来都刚好是一个圆周。在本题中，画斜线部分约为 3 米。另外，直线部分则是所有圆的圆心间的距离，等于圆的直径。所以，直线部分总长 5 米。以上两个长度再加上打结的长度即可。

【寻找立方体】：如图所示。

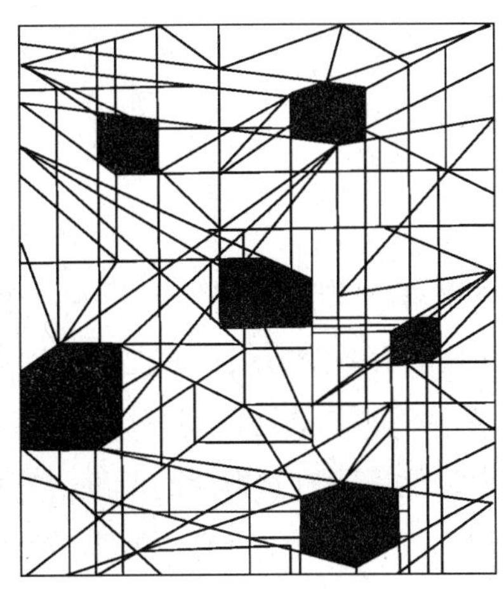

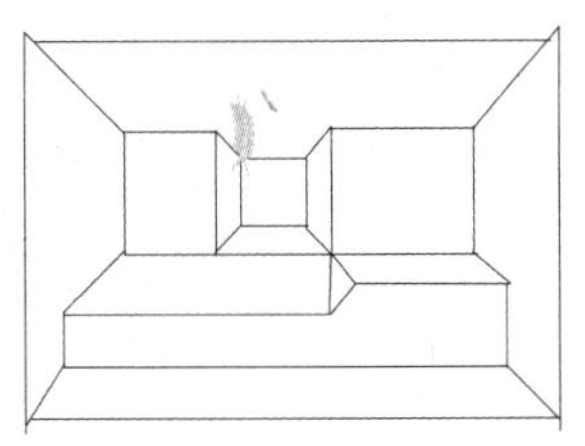

【毛毛虫突围】：要直接通过观察三维情况解决这个问题有一定困难，因为有一些边和角总会被遮住。你可以建立一拓扑等价的二维图（比如右图）以解决这个问题。

【调皮的积木】：最后朝上的一面是 5。

【不可能出现的面】：C。

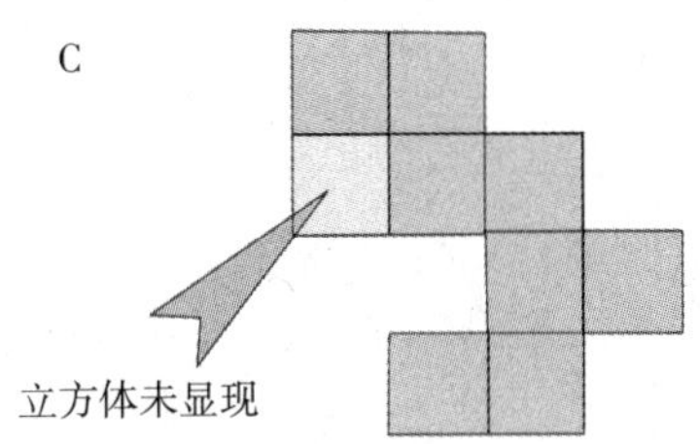

【平行线分割点】：如图所示。

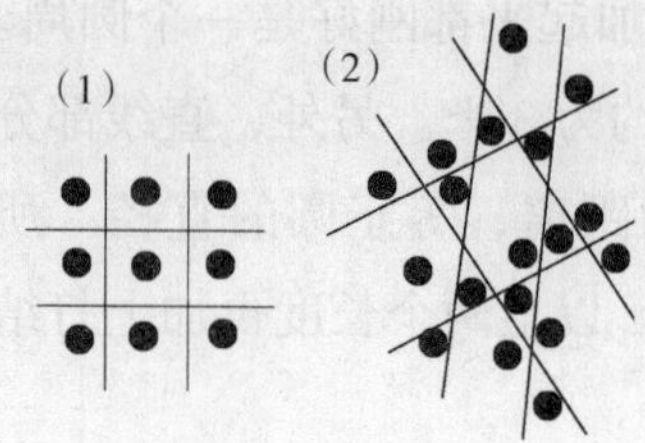

【看图识物】：如图所示。

【十人排队】：站成五角星的形状。5个顶点和5个交叉点各站一个人。

【方块有几多】：正面看有6个方块；若把图倒过来则有7个方块。

【巧算面积】：制造一个凹陷的地图塑料，凹陷部分的高度是一样的，放入水中，算一下体积，然后除以塑料块的厚度，然后通过地图上的比例尺得出这块土地的面积。或者，可以把地图复本盖在木板上，作出相应的木板地图，然后画一个任意面积的正方形木板，算一下正方形的面积，然后在天平上称出这两个木板的重量比，列等式：重量比等于面积比，求出面积。

【小人接力】：6号。

【平面变立体】：如图所示。

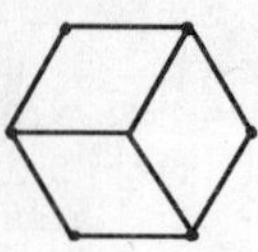

【神奇的等式】：如右图所示（把火柴棒竖起来当做小数点）。还可以将一根火柴棒放在等号上，变成“不等于”。

把火柴棒竖起来当小数点

【慧眼识字】：略。

【变脸】：把书倒过来看。

【颠倒上下】：因为人的影像与人是关于镜子对称的，而镜子是立着放的，所以镜子中人就是颠倒左右。而颠倒上下只要将镜子横着放，人站在镜子上就是上下颠倒了。

真正能解决问题的方法并不一定是唯一的，当我们沮丧于又一次走入死胡同的时候，不妨改变一下观念，从高处综观整个问题的概貌，或许能找到一条捷径，找到另一种更合适、更有效的方法。

【奇妙的雨伞】：D。

【切割有术】：除五边形外，其他形状都能由正方体截出。

【隐蔽的六边形】：如图所示。

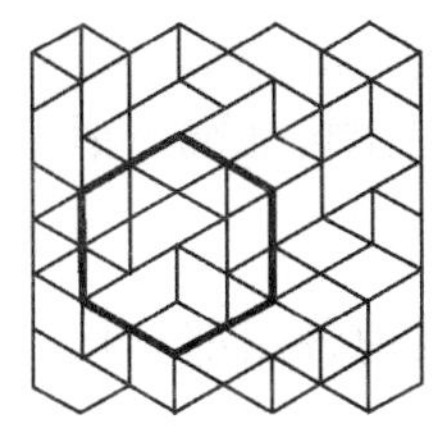

【蓝色魔方】：

符合条件的小立方体分别有以下几块：

（1）三面是蓝颜色的小立方体有 8 块。

（2）两面是蓝颜色的小立方体有 12 块。

（3）一面是蓝颜色的小立方体有 6 块。

【女巫的魔法架】：

小精灵从横排位置的两端各偷走一颗宝石，然后将下端的一颗宝石移到顶端。女巫按老习惯去数，三次的得数仍然是 13。

空间思维大演练

【扩大水池】：如下图所示。

【CAD高手】：略。

【巧比面积】：将这两块铁皮放在天平两端称一称，即可比较出它们的面积大小。重量大的面积也大，重量小的面积也小，重量相等则面积相等。

世界是多维的，思维也应当是多维的。我们应及时改变思维的视点，从其他的角度分析问题，培养对问题的洞察力，进而形成一种认识上的突变和飞跃。

【中间的圆】：D。

【卡片谜题】：移动卡片是不可能的，但是连盒一起转180°方位，可实现题中的要求。

【独特的蝴蝶结】：D。其他各图都有相对应的图形：A和E，B和F，C和G。它们只是黑色和白色相反。

【名片的宽度】：在思考中，不墨守成规、不拘泥于传统，才能使人的思路不受已有知识和经验的束缚，克服心理定式，跳出“常识”的框架。用前所未有的新视角去观察、分析事物，探求新颖的解决问题的方法，得出新的创意。

本题中，费心去想如何测量当然是很笨的方法，而稍微思考一下已知条件就会有惊喜的发现。依照下图所示的方法，把横摆的名片对着竖摆的名片排成两排，等到两者都刚好吻合的时候，再算算各自的张数。比如，由下图来看，上列3张的长度刚好等于下列5张的宽度，因此$9\times3=27$，27厘米刚好是5张竖的名片的总宽度，所以$27\div5=5.4$。也就是说，名片的宽度是 5.4 厘米。

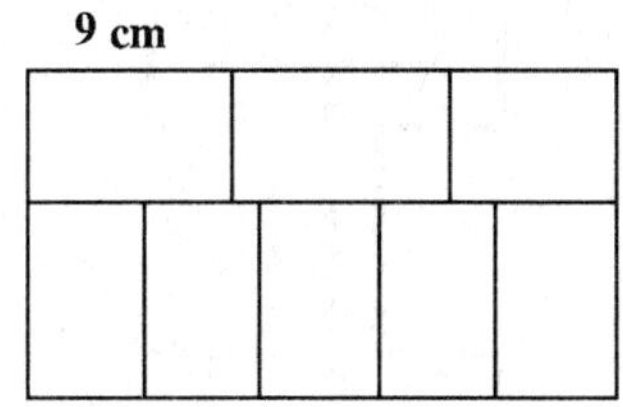

【反影照片】：a：⑤；b：②。

【神奇火柴桥】：如下图所示，把 4 根火柴一头分放在杯子的边缘上，另一头互相交叉即可。

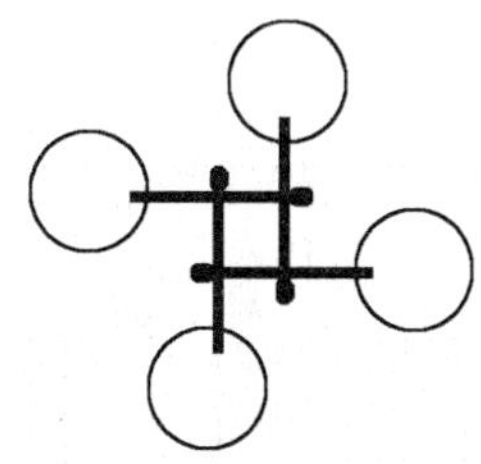

【木板变十字】：沿虚线锯开。

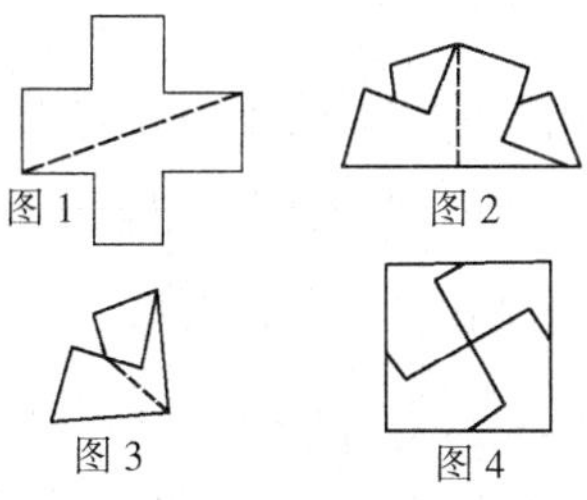

【画像难题】：这位同学画的人正蹲在地上玩，要是他直起腰来，就有 1 米高了。

【火柴拼字】：如下图所示。

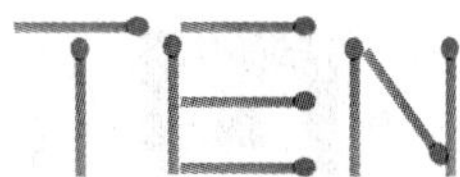

【等分图形】：如下图所示。

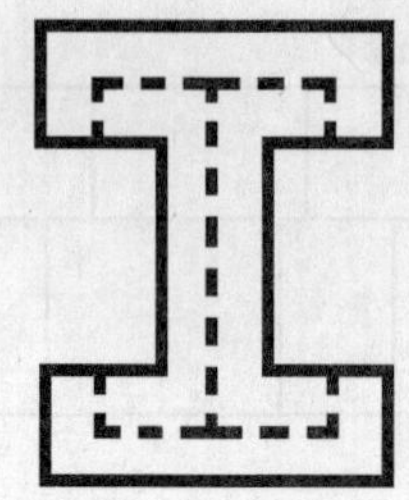

【格拉斯哥谜题】：只需要走 8 步。两个 G 哪个作字头都可以。如用下面的 G 作字头，按下列顺序移动字母就可以达到目的：G、A、S、L、S、A、G、O。

【寻找金蛋】：如下图所示。

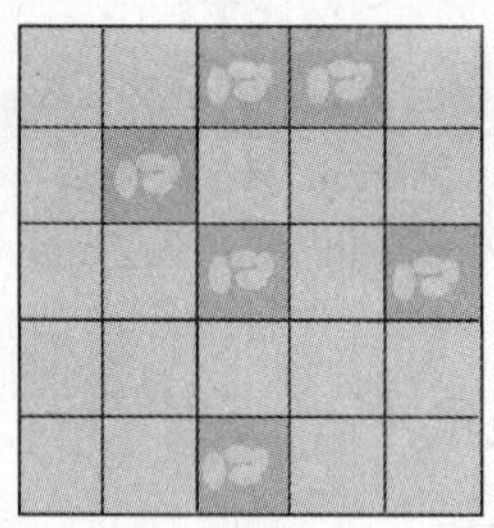

【巧算距离】：相交点的高度等于两根杆子高度的乘积除以高度之和，与两根杆子之间的距离无关，所以两根杆子之间的距离可以是任意长度。

【旋转立方体】：只有③的侧面是凹进去的。

由于金属丝除折点外都是直的，所以，可能有人怀疑侧面能否是凹进去的，但正是直线形成了这种曲面。由无数条直线构成的曲面称为“线织面”。

【拼“口”】：如图。每边有 5 块纸块，中间再放上一块就形成了一个白色的“口”字。

【牛皮圈地】：妮莎和大家上岸后，向酋长买来一张野牛皮，用小刀把它割成细细的牛皮条，然后把这些牛皮条一个个都连接起来。接着，在平直的海岸上选好一个点作圆心，以海岸线作直径，在陆上用牛皮绳圈起了一个半圆来。酋长一看，大吃一惊，自己部落的一半领土都被妮莎圈起来了。他只得表示同意。

【阴影占几何】：如图所示，移动小三角形，就得到了一个斜着的十字架。这个十字架的面积与原来那个平行四边形的面积相同，并且刚好包含5个待求面积的小平行四边形。

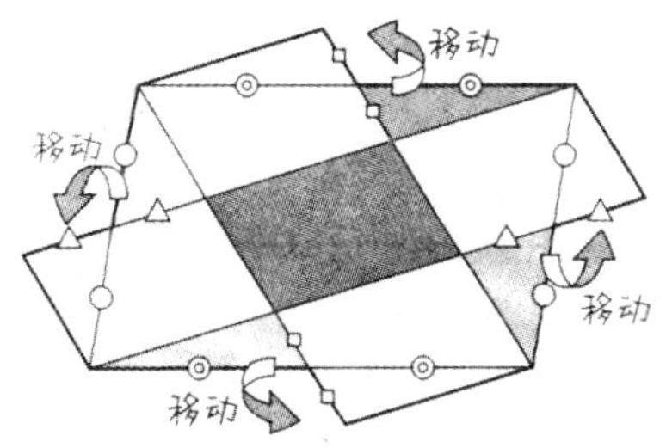

【巧移黑白棋】：首先将棋子标上号码，黑1、黑2、黑3、黑4、黑5、白6、白7、白8、白9、白10，然后开始移动。

第一步：黑1黑2黑5白6白7黑3黑4白8白9白10

第二步：黑1黑2黑5白6黑4白8白9白7黑3白10

第三步：黑5白6黑4白8黑1黑2白9白7黑3白10

第四步：黑5白6黑4白8黑2白9黑1白7黑3白10

【七桥连岛】：不能。这是著名的哥尼斯堡七桥问题，欧拉把这个问题首先简化，他把两个小岛和河的两岸分别看做四个点，而把七座桥看做这四个点之间的连线。那么这个问题就简化成，能不能用一笔就把这个图形画出来。经过进一步的分析，欧拉得出结论：不可能每座桥都走一遍，最后又回到原来的位置。

第六章

逻辑能力——找出世界的规律

逻辑是个什么玩意儿

一队考古学家发现了一个墓穴，里面挖出了许多类似于人骨的骨架，于是，接下来发生了一系列的事情：他们先对骨架进行了研究、对比，得出是人的骨架；然后通过史书记载和历史推测，得出这个骨架距今有三千年了；之后通过对骨架的细致观察，他们判断出这是一副女人的骨架，大概有多高、多重；再接着，通过对墓穴的研究，他们得出了女人的大概身份。于是，一起较为完整的考古发现被记录在册。

逻辑是什么，上面这个考古发现的整个过程就是逻辑。逻辑是一种抽象的思维，是人通过概念、判断、推理、论证来理解和区分客观世界的过程。日常生活中小到吃饭睡觉，大到上学工作等一系列事情，都离不开逻辑。你对陌生人的判断和对高考志愿的填写，都离不开逻辑思考，当你开始思考，开始说“首先……”的时候，逻辑就已经跟着你了。

逻辑最初来源于古希腊哲学家亚里士多德，但迄今为止，从哲学层面来讲，逻辑还没有本质的定论。而由逻辑得来的逻辑思维，作为人们认识世界的通道，则对人们的生活和工作起到了决定性的作用。

逻辑思维，是人们在认识过程中借助于概念、判断、推理等思维形式能动地反映客观现实的理性认识过程，又称为理论思维。只有经过逻辑思维，人们才能达到对具体对象本质规定的把握，进而能够认识客观世界。这是人的认识的高级阶段，是理性认识阶段。逻辑思维是一种确定的、前后一贯的、有条理、有根据的思维，在逻辑思维中，要用到概念、判断、推理等思维形式和比较、分析、综合、抽象、概括等方法。对这些思维形式和方法的掌握能力，就是逻辑思维的能力。一个人聪明不聪明，指的就是逻辑思维的能力强不强，逻辑思维是智力的核心，是考察一个人智力高低的主要指标。

随着教育体制的不断改革和深化，对于优秀人才的定义也在改变。进入21世纪，许多西方国家普遍认为，一个优秀的人才，应该不是知识掌握得如何丰富，而是思维能力非常突出。有着独特思维能力的人，势必会在各种环境中发挥出更强的思考力和创造性，更易于未来社会的需求。因此，国际上选拔优秀人才的通行方法就是推行能力型考试模式，以逻辑思维能力测试作为一个核心内容。因此，新世纪，注重对逻辑思维能力的培养，将是“人才”的首要之选。

作为逻辑思维中最重要的两个环节，判断和推理有着决定性的作用。如何基于客观事实和观察得出最准确的判断，是认识事物本质和为人处世的关键。只有作出了准确的判断，才能决定后面的路要怎么走。判断过后就是推理，推理作为从古代就扬名显赫的一门科目，在古今中外的悬疑侦探小说中屡见不鲜，也成就了许多行之有效的推理方法。要提高自己的逻辑思考能力，无疑要提高自己的判断力和推理能力，从简单的观察判断入手，做生活中的小小侦探，由浅入深推导出正确的方向和结论。以下，就是我们精心挑选的一系列侦探题目，赶快擦亮你的眼睛，转动你的思维，加入小侦探行列吧！

你的判断力有多强

【今天星期几】

一男一女两个骗子结婚了，两人商定在一星期里有几天说真话，有几天说假话。男人说真话的日子是星期四、五、六、日，说假话的日子是星期一、二、三；女人说真话的日子是星期一、二、三、日，说假话的日子是星期四、五、六。有一天，两人在聊天。

男人说：“昨天是我说假话的日子。”

女人说：“昨天也是我说假话的日子！”

那么今天是星期几？

【诸葛亮算天气】

一日，诸葛亮对鲁肃说：“我将前天做的天气预报改了一下，如果你能听得明白，我可以将后天的天气情况如实相告。”

诸葛亮接着说：“今天的天气与昨天的天气不同。如果明天的天气与昨天的天气一样的话，则后天的天气将和前天的一样。但如果明天的天气与今天的天气一样的话，则后天的天气与昨天的相同。”

诸葛亮的天气预报果然很准，因为今天和前天都下了雨。那么昨天的天气如何呢？

【球赛得分】

甲、乙、丙三个足球队，两两比赛一次，一共比赛了三场球，其中没有一场是踢平的。每个队的比赛结果及进、失球如下表。根据这张表，请你判断出三场球赛的具体比分。

	胜	负	进球	失球
甲	2		6	2
乙	1	1	4	4
丙		2	2	6

【事故真相】

某煤矿发生了一起事故。现场的事故分析专家有以下断定：

甲：发生事故的原因是设备问题。

乙：确实是有人违反了操作规范，但发生事故的原因不是设备问题。

丙：如果发生事故的原因是设备问题，则有人违反了操作规范。

丁：发生事故的原因是设备问题，但没有人违反操作规范。

如果上述断定中只有一个人的断定为真，则以下哪项可能为真？

A. 甲的断定为真。

B. 乙的断定为真。

C. 丙的断定为真，有人违反了操作规范。

D. 丁的断定为真，没有人违反操作规范。

【司令有多大】

在训练的过程中，你是司令。你手下有两名军长、五名团长、十名排长和十二名士兵，那么请问你能猜到司令今年的年龄吗？

【帽子的破绽】

一天晚上，海边的某市受到了台风和暴雨的袭击。

第二天早晨，附近的公园里发现一具男尸，浑身湿淋淋地趴在地上，旁边还有一顶死者的帽子。现场没有留下任何痕迹，更找不到目击证人。

经验尸，死亡时间已经超过20个小时。警员断定，这不是凶杀现场，死者是被人由别处搬运来的。你能得出这个判断吗？为什么呢？

【别在我家门口】

“别在我家门口”综合征让某国政府决策者大费脑筋。例如，尽管民意测验一次又一次地显示公众大多数都赞成建造新的监狱。但是，当决策者正式宣布计划要在某地建造一座新的监狱时，总遭到附近居民的抗议，并且抗议者总有办法使计划搁浅。

以下哪项也属于上面所说的“别在我家门口”综合征：

A. 某家长主张，不能不允许感染了艾滋病病毒的孩子进入公共学校。当知道一个感染了艾滋病病毒的孩子进入了他孩子的学校时，他立即办理了自己孩子的退学手续。

B. 某政客主张所有政府官员必须履行个人财产公开登记，他自己则递交了一份虚假的财产登记表。

C. 某教授主张宗教团体有义务从事慈善事业，但自己拒绝捐款资助索马里饥民。

D. 某汽车商主张国际汽车自由贸易，以利于各国经济，但要求本国政府限制外国制造的汽车进口。

E. 某军事战略家认为核战争足以毁灭人类，但主张本国保持足够的核能力以抵御外部可能的核袭击。

【职业判断】

四个好朋友住在小镇上，名字叫小宝、小帆、小亮和小刚。他们各自从事不同职业，一个是警察，一个是木匠，一个是农民，一个是大夫。一天，小宝之子腿断了，小宝带他去见大夫；大夫的妹妹是小亮的妻子；农民尚未结婚，他养了许多母鸡；小帆常在农民那里买蛋，警察和小亮是邻居。现在请你判断，他们四个人的职业各是什么？

【神秘数字】

小亮在 99 和 999 之间随意想一个数字。小洁问这个数是否小于 500，小亮回答是；小洁问这个数字是否可以开平方，小亮回答是；小洁又问这个数字是否可以开立方，小亮回答是。

但是，在这三个问题中，小亮有两个回答是正确的。最后，小亮告诉小洁，这个数字的第一个数字和最后一个数字是5、7或者9。

这个数字是多少？

【左撇子】

左撇子的人比右撇子的人更经常患免疫功能失调症，比如过敏。但是左撇子也具有优势，比如在完成由大脑右半球控制的任务上，并且大多数人的数学推理能力都受到大脑右半球的强烈影响。

如果以上的信息正确，它最能支持下面哪个假设：

A. 大多数患有过敏或其他免疫功能失调症的人是左撇子而非右撇子。

B. 大多数左撇子的数学家患有某种过敏症。

C. 数学推理能力强于平均水平的人中，左撇子的人的比例，要高于数学推理能力弱于平均水平的人中的左撇子比例。

D. 如果一位左撇子患有过敏症，他很可能擅长数学。

E. 比起左撇子的人或者数学推理能力不寻常的好的人所占的比例来讲，患有过敏等免疫功能失调症的人的比例要高一些。

【卸西瓜】

载西瓜的船停在岸边，没有系缆绳就开始卸西瓜了。工人从船尾将西瓜向岸上的人抛去，这样会发生什么事情？

【兄弟姐妹】

哈里的弟弟点了点兄弟姐妹的人数，发现自己拥有的兄弟人数比姐妹的人数多一人。那么，哈里拥有的兄弟比姐妹多几人呢？

【谁的照片】

有一个人正在看照片。当有人问这个人在看谁的照片时，这个人回答说："照片上的人的丈夫的母亲，是我丈夫的父亲的妻子的女儿，而我丈夫的母亲只生了他一个孩子。"

请问：这个人在看谁的照片？

【谁是司机】

车上担任乘务员、售票员和司机的三个人是姓张、李、王（不一定按此顺序排列）。有一天，车上只有三位乘客，他们分别来自三个不同的城市。很凑巧，这三位乘客的姓也是张、李、王，暂且称他们为张先生、李先生和王先生。另外还知道：

①王先生住在乙市。

②乘务员住在甲市和乙市之间。

③住在甲市的乘客和乘务员同姓。

④乘务员的一位邻居也是一位乘客，他挣的工资正好是乘务员工资的三倍。

⑤李先生一年只挣 2000 元，他的生活要靠朋友救济。

⑥张先生的台球打得比售票员好。

你知道司机姓什么吗？

【投射效应】

投射效应是指在认知或对他人形成印象时，以为他人也具备与自己相似的特性，即推己及人的情形。由此，请你判断下列不属于投射效应的是：

A. 富有攻击性的人，认为别人也生性好斗。

B. 本性善良的人不相信有人要加害他。

C. 疑心重的人，认为别人也不怀好意。

D. 小明上次考试得了 100 分，而这次却没有及格，老师认为他作弊了。

【死亡游戏】

一场真枪实弹的决斗，首先在可以放6颗子弹的左轮手枪弹匣中，放进一颗子弹，放在哪个位置则不得而知。然后两个人开始轮流朝自己的头开枪。6次射击的其中一次，实弹会被发射出来，而玩家就性命不保了。

请问：在这个游戏中是先开枪的人有利，还是后开枪的人有利？

【三世同堂】

小丽的舅舅家三世同堂，她对同学说："舅舅家有三代人，有一个人是祖父，有一个人是祖母；有两个人是爸爸，有两个人是儿子；有两个人是妈妈，有两个人是女儿；有一个人是哥哥，有两个人是妹妹；有四个人是孩子，有三个人是孙子或孙女。"

根据这些，你能判断出这家到底有多少人吗？

【凶手的谎言】

侦探小说作家Z先生，有一晚在家里写小说时，被人用棒球的球棒从背后杀害。书桌上的一盏台灯亮着，窗户紧闭。

报案的是住在对面公寓里的李某。他向赶到现场的警方所作的说明是这样的："当我从窗户向外看时，无意间发现Z先生书房的窗户有个影子高举着木棍，我感觉不妙，所以赶紧给你们打电话。"

但聪明的警官听了以后，却说："你才是凶手！"说罢便将张某逮捕归案。

警官怎样判断出李某说谎？

【冒牌的医生】

傍晚，一位男士冲向马路中间拦车，原来是他母亲心脏病突然发作。一辆救护车从东向西飞驰而来，那男士拦下了车，可司机却说他们要去接一名生命垂危的病人，没时间救他母亲。这位男士便同司机大吵起来。

这时，一辆去城西堵截三名抢劫银行歹徒的警车正好经过，见这里交通堵塞，他们便去疏通。最后，司机只好让车上的两名医生下去，将昏迷的患者抬上担架。

当警长看到患者被头朝外、脚朝里地抬上救护车时，立即下令将司机和医生抓了起来，并从车上的急救箱中搜出了整捆的钞票。原来他们就是那三名抢劫犯。

事后，警员们问警长："你怎么知道他们就是歹徒呢？"

警长微笑着说："这是一个常识性的问题，你们自己去想吧！"

聪明的读者，你知道原因吗？

【奇怪的主谋】

星期二的早上，一位作家被发现死于家中。他是在和经纪人王先生通电话时被自己养的狗咬死的。在此之前，因作家外出，这只狗曾委托王先生代为照顾。

于是，王先生成为嫌犯，但无确凿证据。因为作家被狗咬死时，王先生在 5 公里外的研究所实验室里。即使他在照顾狗期间将狗训练成咬人的工具，也不可能在 5 公里以外发号施令，指挥狗咬人。

因此，一般人都推断是狗兽性突发，将作家咬死的。

但负责这件案子的探长却有不同见解，而且断定主谋就是王先生。

那么，探长是怎样判断的呢？

【座位的排列】

小王去老刘家做客，问道："你们一家人平时吃饭时怎么坐座位呢？"却得到了有趣的回答：

妈妈："我坐女儿旁边。"

爸爸："我坐儿子旁边。"

女儿："妈妈是在弟弟的左边。"

儿子："那我右边是妈妈或姐姐。"

请问：他们一家人到底是怎么坐的？

【变脸罪犯】

米歇尔从自家的窗户缝里目击到邻居家发生的一起凶杀案。

因为凶手透过窗户向外窥视了好几次，所以米歇尔清楚地记住了他的长相。米歇尔在向来调查的刑警描述时说凶手是一个细长脸的男人，而后去自首的罪犯却是圆脸，并非细长脸。难道米歇尔看到的不是凶手吗？这里面有着什么样的玄机？

【血型追踪】

兄弟两人因争夺家产而反目成仇，一天，哥哥被发现死在街头，而弟弟从此失踪。警方在现场侦查，发现了以下一些资料：

死去的哥哥的血型是A型，而在他身上，还发现另外一些血液，是属于凶手的，则为AB型。

警方发现死者父亲的血是O型，母亲的血是AB型，但失踪的弟弟血型却不清楚。

凭以上的资料，你认为失踪的弟弟会不会是凶手呢？

【来自何方】

某大学请了5位外籍教授分别来自罗马、新德里、费城、华盛顿和巴西利亚。

甲：我曾到过北美洲，但还没有去过南美洲。下个月，我准备去罗马。

乙：去年我曾在费城旅游过，下个月我也要去罗马。

丙：我去过费城，它是我去美国的第一站。

丁：我从没有去过费城，我第一次出国旅游。下个月，我要去欧洲或者南美洲。

戊：……

你知道他们来自何方吗？

【奇特的碑文】

在一块墓碑上刻着特别的碑文，它曾吸引了无数人前来推测和祭奠。这块墓碑的碑文如下：

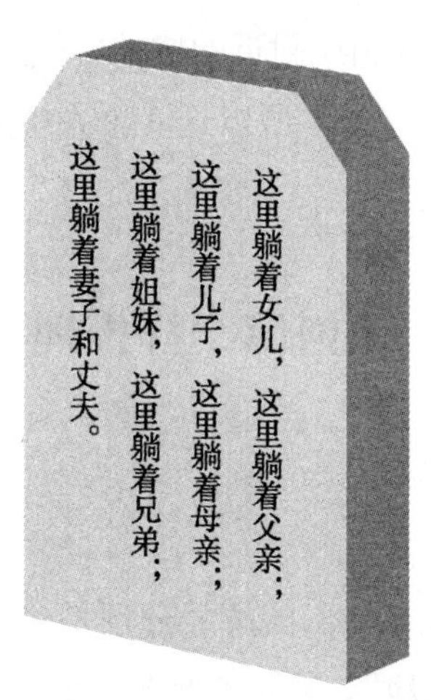

如果包括同母异父或同父异母的关系，埋葬在墓地里的最少有几个人？

【雪山凶杀案】

登山家 A 的尸体于 2 月 23 日下午 5 时 30 分被人在雪山上的一间小木屋里发现。赶到小木屋的警察，除了检验尸体外，也搜查凶手的行踪！

根据尸体的解剖，其死亡时间在当日 1 时 30 分至 2 时 30 分。而山庄的老板 B 表示 2 时整曾和 A 通过电话，这样一来，其死亡时间范围更缩小了！

经过调查，涉嫌者有 C、D、E 三人。他们也都是登山好手，和 A 同在一家登山协会。听说最近为了远征喜马拉雅山的人选及女人、借款的关系，分别和 A 发生过激烈的冲突。为了避免火爆场面，三人都换到山庄去住，只留 A 一人在木屋里。C 服务于证券公司，正午时离开小屋，沿着山路下山，5 时多到达旅馆。走这段路花 5 小时 20 分算是脚步相当快的人，最快的纪录是 4 小时 40 分。另外，服务于杂志社的 D 和贸易公司的 E 于

1时30分一同离开小屋子。到一条分岔路时，D就用制动滑翔往下滑，4时整到达山庄。E利用制动滑翔一段距离后，本打算再滑雪下去，怎奈滑雪工具不全，只好走下山，到达山庄已经8时多了。他在上一次登山中，弄伤了腿，所以从滑雪处走到山庄行动不便，全程计算起来至少要花6小时！E说遗失的滑板后来在山庄附近的树林中被发现。

他们都和死者一起来登山，所以这3个人中必定有一个是凶手，到底是谁呢？

像柯南一样推理

【对号入座】

有五个嗜酒如命的人，他们的绰号分别是“威士忌”、“鸡尾酒”、“茅台”、“伏特加”和“白兰地”。某年圣诞节，他们之中的每一个人，都向其他四个人中的某一个人赠送了一瓶酒：没有两个人赠送的是相同的礼品；每一件礼品，都是他们中某个人的绰号所表示的酒；没有人赠送或收到的礼品是他自己的绰号所表示的酒。“茅台”先生送给“白兰地”先生的是鸡尾酒；收到白兰地酒的先生把威士忌酒送给了“茅台”先生：其绰号和“鸡尾酒”先生所送的礼品名称相同的先生把自己的礼品送给了“威士忌”先生。

“鸡尾酒”先生所收到的礼品是谁送的？

【真假门铃】

某个名人家的门铃声整天不断，令其苦不堪言。于是，他请一位朋友想办法帮忙。这位朋友帮名人在大门前设计了一排六个按钮。其中只有一个是通门铃的。来访者只要摁错了一个按钮，哪怕是和正确的同时摁，整个电铃系统将立即停止工作。在大门的按钮旁边，贴有一张告示，上面写着：“A在B的左边；B是C右边的第三个；C在D的右边：D紧靠着E；

E 和 A 中间隔一个按钮。请揌上面没有提到的那按钮。”

这六个按钮中，通门铃的按钮处于什么位置？

【死亡真相】

亚马孙河是世界第二长的河流，经巴西流入东方的大海。在亚马逊河上游，有一片神秘的热带雨林。

这天，一个昆虫学家来到这里采集蝴蝶标本。在这片热带雨林里，他忍受不了酷暑的炎热，决定到河里洗个澡。

他脱光了衣服跳进河里，正当他痛痛快快地游泳时，突然一声惨叫，全身瘫软，当即身亡。经勘验，他是因触电而死。

然而，这里是尚未开发的“处女地”，既无发电机，也无输电线路。当时天空晴朗，万里无云，不可能是遭受雷击。

究竟是怎么回事呢？

【数字推理】

下列各题中的问号分别用什么数字代替？

1.	7	9	16	25	41	?			
2.	4	14	34	74	?				
3.	2	3	5	5	9	7	14	?	?
4.	6	9	15	27	?				
5.	11	7	–1	–17	?				
6.	8	15	26	43	?				
7.	3.5	4	7	14	49	?			

【两个自然数】

一位教授在纸上写了两个自然数（请注意：在此题中 0 不是自然数），然后把这两个数的积告诉了学生甲，把这两个数的和告诉了学生乙。然后，教授问甲：“你知道是哪两个自然数吗？”甲回答说：“我不能确定是哪两个数。”乙对甲说：“我知道你会这样说。”甲恍然大悟：“现在我知道了。”乙笑着说：“现在我也知道了。”教授高兴地点点头。

甲、乙二人都是有很强逻辑推理能力的，并且都说了实话。

请根据以上信息，通过你的推理找出这两个自然数。

【为难的来客】

某国有一个城镇里的人特别爱好休闲。这个城镇只有一家便利店、一家打折商场和一家邮局，每星期中只有一天全部开门营业。

（1）每星期这三家单位各开门营业4天。

（2）三家单位没有一家连续3天开门营业。

（3）星期天这三家单位都停止营业。

（4）在连续的6天中：

星期一，打折商场停止营业；

星期二，便利店停止营业；

星期三，邮局停止营业；

星期四，便利店停止营业；

星期五，打折商场停止营业；

星期六，邮局停止营业。

有一个人初次来到这个城镇，他想在一天之内去便利店里买东西，又要去打折商场买衣服，还要去邮局寄信。

请问：他该选择星期几出门？

【真假自杀案】

一天，刘警官接到报案，说有人在家里自杀了，于是他与助手很快赶到案发现场。死者全身盖着毛毯躺在床上，头部中了一枪，使用过的手枪滑落在地上。床头柜上放着一张纸，上面写着：“我赌输了钱，负债累累，只有一死了之……”助手没有发现什么可疑的迹象，便说：“看来这人是自杀的。”

刘警官没有作声，又走近床边，揭开盖在死者身上的毛毯，看了看说：“他不是自杀。”

刘警官为何断定这不是自杀？

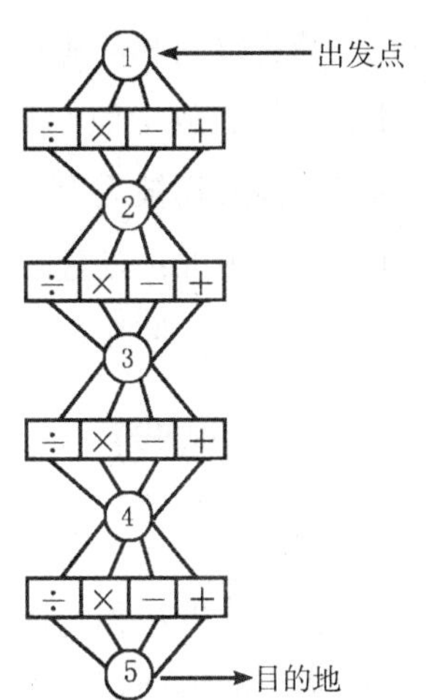

【游戏闯关】

甲为乙设计了一道游戏题，如右图所示。要求是由出发点开始，经过每一关时，从+、−、×、÷中选一个符号，对相邻的两个数字进行运算，到达目的地时，答案恰好是 1。乙想了半天，也不明白该怎么前进。你知道该怎样过关吗？

【蚂蚁作证】

一个星期前，B 城的第一大街陆续发生了恐怖的枪击事件。凶手躲在大厦上，用红外线步枪瞄准街上的行人，并且当场打死三个无辜的人。凶手在行凶后迅速离开大厦，而附近的大厦实在太多，警方根本不可能对所有大厦的窗口实施监控。

经分析，凶手杀人完全是为了发泄，他还有可能继续作案。为了早日抓住凶手，警察装扮成路人、小贩、大楼管理员等，日夜监控整条大街的数十座大厦。可是，狡猾的凶手一连两个月都没有作案，他好像空气一般消失了。大街上的一切又恢复了往日的和谐与美好。

这天中午，突然从银行大厦发出一声沉闷的枪声，正在过街的一位黑衣男士应声倒下。凶手又出现了！

警察在最短的时间里封锁了大厦，但是凶手还是混进了人群。经过调查，警察在十楼发现了弹壳和被丢弃的步枪，可以确定凶手是在十楼开的枪。

嫌犯共有五个人：第一个人是拳击教练，他是个枪械爱好者；第一个人是银行职员，他曾经是一名小口径步枪项目的射击运动员；第三个人是来银行办理业务的客户，他患有严重的糖尿病；第四个人是银行保安，但他的枪没动过；最后一个人是海员，他说自己是旅游的。他们五个人都坚持说自己是无辜的。

警长感到非常棘手，如果找不出证据，要逮捕这五个人是完全没有道理的；但要放走他们，万一凶手就是他们中的某个人呢？警长低头沉思。忽然，他发现被丢弃的步枪枪柄上有好多蚂蚁爬来爬去。警长立刻明白了什么，大声说："逮捕他，他就是罪犯！"

这个人是谁呢？

【花瓣游戏】

有两个女孩摘了一朵有着13片花瓣的圆形的花。两人可以轮流摘掉一片花瓣或者相邻的两片花瓣。谁摘掉最后的花瓣谁就是赢家，并以此来预测未来的婚姻是否幸福。实际上只有掌握一定的技巧，就能让自己永远都是赢家。

你知道怎样才能在这场游戏中取胜吗？先摘还是后摘，应采取什么样的技巧呢？

【推测符号】

○	×	△	○	○
△	×	△	×	×
×	○	○	△	△
○	△	×	○	○
?	×	○	△	×

如右图所示，将○、△、×符号填入25个空格中，每格一个。最后一格应该是什么符号？

【被冤枉的狗】

有一天，雷姆正在家里看书，突然响起一阵急促的门铃声，他赶紧去开门。进来的是隔壁的索菲太太，她是个远近闻名的刁妇。只见她气势汹汹地指着雷姆嚷道："你太可恶了！自己的狗也不管好！把我咬了！"

雷姆莫名其妙，因为他的狗从来不咬人，而且今天一直都蹲在他脚边。于是，雷姆问索菲太太："什么时候咬的？咬在哪里？我怎么没看到伤口？"

索菲太太说："就在刚才经过你家门口时。"说着她把裤子拉得高高的。雷姆这才看到，索菲太太膝盖处有一处被咬伤的伤口。

当雷姆看过索菲太太的伤口后，十分肯定地说："荒谬！你在撒谎！伤口不是我的狗咬的。"

接着雷姆说出了证据，索菲太太哑口无言。

【聪明的梅森】

海格收藏了许多油画，都是价值连城的艺术珍品。为防止万一，他为这些油画投了巨额保险。

一天，海格来保险公司报案，说他家中所有的油画都被强盗抢走了，并拿出警方开具的证明，要求赔偿。保险公司因赔偿金额巨大，怀疑其中有诈，便高薪请来著名侦探梅森。

梅森和助手来到海格家中，请他讲述一下抢劫的经过。海格叫来仆人替他说。仆人讲道："那天，我和主人在房间里，突然闯进来一伙强盗。他们用枪托将主人打昏，又用枪指着我的头，让我面朝墙站着，然后就动手抢画。"

"这么说，你没有看清强盗的长相？"梅森的助手问道。

仆人说："不，我从墙上油画镜框的玻璃上看到了歹徒的长相。为首的那个满脸凶肉，左额头上还有一块刀疤。他们抢完画后用枪托把我也打昏了。"

梅森问道："海格先生，你的仆人说的都是事实吗？""千真万确！我俩的脑袋上还留着疤痕呢！"助手查看了他俩的脑袋，果真都有一道愈合不久的伤疤。

梅森笑着说："你们想用苦肉计来行骗吗？"接着指出海格主仆二人谎言中的一个破绽，二人无可抵赖，只得交代他们妄图骗取保险金的罪行。

你知道破绽在哪里呢？

【外星来客】

有一天，在广阔的西伯利亚地面上降落了一艘子弹头式的宇宙飞船，随后从里面下来五个穿着奇异服装的稀客，有两个人是火星人，其余的是水星人。

面对新闻媒体的热烈采访，五人的发言如下。其中的四个人说了真话，有一人撒谎。

菲尔德说：“奥尼尔和卡思两者之中只有一个是火星人。”

奥尼尔说：“卡思和杰森之中有一个是水星人。”

卡思说：“帕萨斯和杰森之中有一个是水星人。杰森和菲尔德来自不同星球。”

杰森说：“比尔和韦伯之间至少有一个是火星人。”

韦伯说：“菲尔德和奥尼尔之中有一个是火星人。”

请问：他们之中哪几个是火星人，哪几个是水星人？

【狼爪脱险】

一个探险家有一次分别从 3 只凶狠的狼爪下救出 3 个姑娘。现在只知道：

（1）被救出的姑娘分别是凯瑞、农夫家的女儿和从白狼爪下救出来的姑娘。

（2）琳达不是书店家的女儿，玛丽也不是开宾馆家的女儿。

（3）从黑狼爪下救出来的不是书店家的女儿。

（4）从红狼爪下救出来的不是琳达。

（5）从黑狼爪下救出的不是玛丽。

根据上面的条件，说说这 3 个姑娘分别来自哪家？又是从哪种颜色的狼爪下被救出来的？

【陶渊明趣事】

这是一个古老的题目，据说出自我国晋代文学家陶渊明之手。题目如下：

公鸡每只值 5 文钱，母鸡每只值 3 文钱，小鸡每 3 只值 1 文钱。现在用100文钱买100只鸡。问100只鸡中，公鸡、母鸡、小鸡各多少只？

【郁金香谜案】

一家豪华酒店的大厅里，正在举行盛大的派对。忽然，人群里传来一声尖叫："天啊，我的钻石不见了！"

原来是玛丽。她大声叫道："我的一颗价值连城的钻石不见了！我看到小偷跑到楼上去了，可是只看到他的背影！"

一些年轻人立刻沿着楼梯往上搜。敲开的第一个房间里住的是位商人，他看上去风度翩翩。

"先生，你刚才在哪里？"有人问他。

"我不喜欢吵闹，所以就在房间里看书。"商人说道，"我一直在看桌子上放着的那本书呢！"

大家顺着他指的方向一看，果然看到桌子上放着一本厚厚的书。书的旁边还放着一盆黄色的郁金香，郁金香闭合的花瓣在灯光下显得异常美丽。

"玛丽小姐的钻石被偷走了。"一个人向商人解释，"我们要把这个小偷找出来！你刚才有没有听到什么？"

"我刚才听到一阵脚步声，然后隔壁的房间响起了开关门的声音，会不会……"商人说，"我并不是怀疑隔壁的客人，但是我确实听到有动静。"

正当大家都急着要去隔壁房间察看时，一个眼尖的年轻人忽然叫起来："快看！郁金香的花瓣张开了。"他指着商人，"哈，原来你在说谎！看来你就是小偷！"

年轻人说得对吗？为什么？

【神秘代号】

日本一名私家女警探在泰国调查一起黑帮凶杀案时，在她所住的饭店里被枪杀。附近警长带助手赶到现场，只见女警探倒在窗下，胸部中了两枪，手里紧握着一支口红。

警长撩起窗帘一看，在玻璃上留着一行用口红写下的数字：809。他又从女警探的提包中找出一张卷得很紧的小纸条，纸条上写着："已查到三名嫌疑犯，其中一人是凶手。这三人是：代号608的光，代号906的岛，代号806的刚。"

警长沉思片刻，指着纸条上的一个人说："凶手就是他！"根据警长的推断，警方很快将凶手缉拿归案。

你知道是怎么回事吗？

【密室杀人案】

金教授在某大学任教。有一次，他约好友切斯到他家做客。

二人见面后，金教授和切斯在书房里谈话。金教授沉重地对切斯说："我有一张设计图，在昨天被人抄袭了，我想对方会找你替他制造机械部分的，所以……"

讲到这里，一位仆人端着咖啡壶走进来，金教授没有再讲下去。仆人把咖啡壶放在火炉上，转身离开了。

这时，金教授从椅子上站起来，细心地把门锁上，又坐回椅子，端起咖啡慢慢喝着，同时，把设计图被抄袭的始末告诉切斯。

不一会儿，切斯就感到昏昏欲睡……当他醒来的时候发现金教授死在椅子上，脖子上刺着一根长约5厘米的毒针，针的根部有一小木塞。切斯冷静地察看了周围，门是反锁着的，所有的窗子都关着。

突然，切斯看见一样东西，他立刻明白了凶手是谁以及凶手是如何杀害金教授的。

你知道答案是什么吗？

【午夜凶铃】

午夜，爱丽斯已经进入了梦乡。突然，

"铃铃铃……"电话铃响起来。

"喂，是谁呀？"爱丽斯拿起电话听筒问道。

"你是爱丽斯小姐吗？"电话中传来一个十分嘶哑的声音。

“是呀，你是哪位？”爱丽斯问。

“你别管我是谁，10 分钟以后，你就要死了。哈哈！”爱丽斯听到这恐怖的笑声，不知所措。可是这恐怖的声音又响起来了：“我警告你，如果你打电话报警，那就会死得更快！我已经在你家安装了窃听器。”接着便挂了电话。

爱丽斯定了定神，赶紧跑到不远的公用电话亭拨打 110 报警。当警察赶到时，发觉爱丽斯已经中毒，死在公用电话亭中。

这真是一件奇怪的事情，原因何在？

【巧搬五碗】

如下图所示，现在有 5 个碗，按次序叠好放在甲盘里，一次一只往丙盘搬（如图），大碗不能压小碗，试试应该怎样搬？

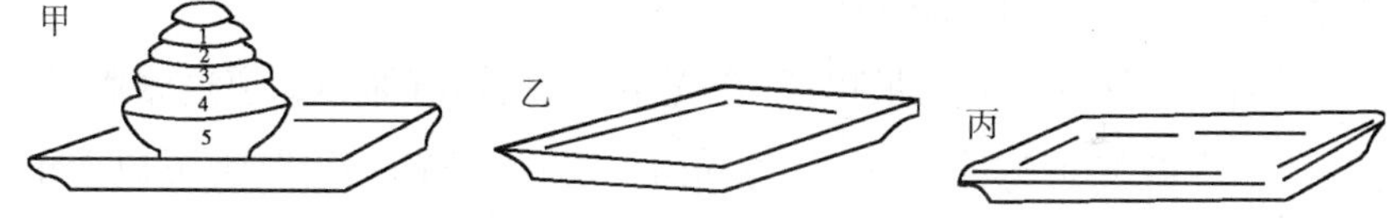

【装可乐的瓶子】

如图所示，有四个不透明的瓶子分别装入糖水、盐水、白水、可乐，而且每个瓶子上贴了不同的标签。但是在装可乐的瓶子上的标签内容有假，其他的瓶子上的标签内容都是真的。

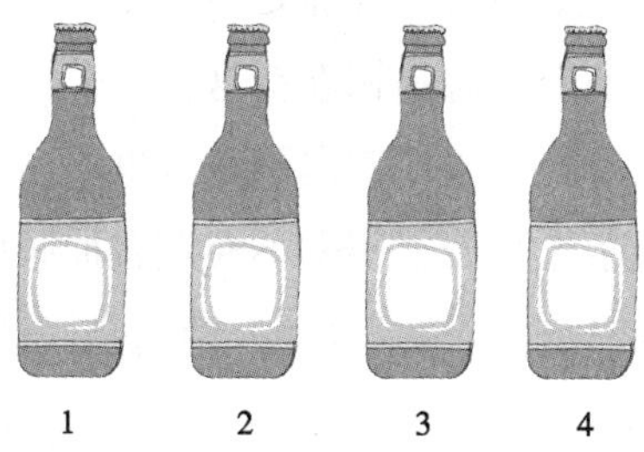

那么请问每个瓶子里分别装着什么呢？

1 号瓶子的标签内容：“2 号瓶子里装的是糖水。”

2号瓶子的标签内容："3号瓶子里装的不是糖水。"

3号瓶子的标签内容："4号瓶子里装的是白水。"

4号瓶子的标签内容："这个标签是最后被贴上的。"

【趣味扑克】

张先生、王先生、李先生都有很强的推理能力。这天，他们正在接受推理面试。他们知道桌子的抽屉里有如下16张扑克牌：

红桃A、Q、4；黑桃J、8、4、2、7、3

梅花K、Q、5、4、6；方块A、5

麦克教授从这16张牌中挑出一张牌来，并把这张牌的点数告诉王先生，把这张牌的花色告诉李先生。这时麦克教授问王先生和李先生："你们能从已知的点数或花色中推知这张牌是什么牌吗？"

于是张先生听到如下的对话：

王先生："我不知道这张牌。"李先生："我知道你不知道这张牌。"王先生："现在我知道这张牌了。"李先生："我也知道了。"听罢以上的对话，张先生想了想，就正确地推出这张牌是什么牌。

请问：这张牌是什么牌？

【找钥匙】

空空是个马大哈，经常找不着钥匙。这天姐姐想故意刁难他一下，就把钥匙放在书桌的抽屉里，并在3个抽屉上各贴了一张纸条。

（1）左面抽屉的纸条上写着：钥匙在这里。

（2）中间抽屉的纸条上写着：钥匙不在这里。

（3）右面抽屉的纸条上写着：钥匙不在左右抽屉里。

姐姐说："3张纸条只有一句是真话，两句是假话。你能只打开一只抽屉就取出钥匙吗？"

【佛珠案】

唐僧师徒西天取经，这一天来到了江陵城外的佛光寺，而寺中碰巧出了一件谜案，案情如下：

原来这寺里有座宝塔，塔顶上有一颗闪闪发光的大佛珠，寺庙也是因此而得名。这年中秋节，寺院的老和尚要外出化缘，便留下两个徒弟看守寺院。

半个月后，老和尚化缘归来，发现塔顶上的佛珠被人偷换走了，便叫来两个徒弟询问。大徒弟说："昨晚我上厕所，借着月光，看见师弟爬上塔偷走了佛珠。"小徒弟争辩道："我昨晚整夜都睡在禅房里，从没起来过，佛珠不是我偷的。好像自从师傅走后，佛珠就没有发过光。"孙大圣听完，马上就判断出了谁在说谎，很快便帮老和尚破了案。

你知道是谁吗?

【鸡蛋杀人案】

王刚准备生吞十枚鸡蛋。他这样表演，是因和朋友打赌引起的，可惜他不知道其中一个朋友赵三对他有谋害之心。

王刚打开第一枚鸡蛋，仰起头猛吞下去，接着又吞下两枚，赢得了全场的掌声。

第四枚鸡蛋被打开，一口吞下时，只见王刚面色一变，吐了一口鲜血，话也说不出来了。

在场的人大惊，忙把他送进医院，经抢救才脱险。

警官接手调查此案，查到鸡蛋是赵三提供的，里面有钢针，于是逮捕了他。

你知道赵三是如何把钢针放入鸡蛋的吗?

【消失的弹头】

一天晚上，一声枪响之后，富翁马克死在了别墅的花园里。警方到现场调查，发现马克胸口有一处伤痕，是被子弹射中造成的。解剖发现，子弹击中了心脏，伤口有10厘米深。但是，找不到弹头。

经过警员努力侦查，发现凶手是一名职业杀手。为了使自己杀人后不留下任何线索，因而采用了一种特制的弹头。这种子弹头射进人体后会自动消失，而不被警方发现。

这种特制的弹头你知道是用什么做的吗？

逻辑思考总动员

【相似逻辑】

“世间万物中，人是第一个可宝贵的。我是人，所以，我是世间万物中第一个宝贵的。”这个推理中的逻辑错误，与以下哪项中出现的逻辑错误最为类似？

A. 作案者都有作案动机，某甲有作案动机，所以某甲一定是作案者。

B. 各级干部都要遵纪守法，我不是干部，所以我不必遵纪守法。

C. 群众是真正的英雄，我是群众，所以我是真正的英雄。

D. 人贵有自知之明，你没有自知之明，所以，你算不得是人。

E. 想当翻译就要学外语，我又不想当翻译，何必费力学外语。

【关系判断】

甲、乙、丙、丁、戊聚到一起，开始谈论他们和其他人的关系，他们所谈论到的人，都在这五个人中间。有四个人分别说：

(1) 乙是我父亲的兄弟。

(2) 戊是我的岳父。

(3) 丙是我的女婿的兄弟。

(4) 甲是我兄弟的妻子。

那么，你知道这话分别是谁说的吗？各人的关系又如何呢？

【比体重】

甲、乙、丙、丁四人特别注意各自的体重。一天，她们根据最近称量的结果说了以下的一些话。

甲：乙比丁轻。

乙：甲比丙重。

丙：我比丁重。

丁：丙比乙重。

有趣的是，她们说的这些话中，只有一个人说的是真实的，而这个人正是四个人中体重最轻的一个（四个人的体重各不相同）。请将甲、乙、丙、丁按各人的体重由轻到重排列。

【预测机】

人工智能专家发明了一个预测机，任何一个人都可以问它：一小时之内会不会发生某件事。如果预测机预知这件事会发生，就亮绿灯，表示“会”。如果亮红灯，就表示“不会”。这个机器已经推出就受到了很多人的欢迎，特别是警察局的警员。因为这样可以减轻他们的工作任务。只有局长不高兴，因为他知道预测机根本就不可靠，用一句话就可以验证。

那么，你知道局长想到了一句什么话吗？

【蜘蛛的启示】

一年冬天，拿破仑的法兰西帝国军队排列整齐，开始向荷兰的重镇出发。荷兰的军队打开了所有的水闸，使法兰西军队前进的道路被滔滔大水淹没，法兰西帝国的元帅立即下令让军队向后撤退。正在大家感到焦虑的时候，忽然元帅看到一只蜘蛛正在吐丝，于是果断地命令部队停止撤退，就在原地做饭，操练队伍。两天过后，漫天的洪水并没席卷而来。后来在法兰西军队元帅的带领下，荷兰的重镇被攻破了。

你知道是什么使法兰西军队的元帅改变了主意，并取得最后的胜利吗？

【小魔女的眼睛】

小林子、小欢子、小安子、小丹子4个小魔女每人都养了小狗，但数量各不相同，并且她们眼睛的颜色和她们中意的魔女服饰颜色都各不相同。

小狗的数量有：1只、2只、3只、4只。

眼睛颜色分别是：灰色、绿色、蓝色、红色。

服装颜色分别是：黑色、红色、紫色、茶色。

请根据以下条件判断她们每个人眼睛的颜色、魔女服装的颜色、饲养小狗的数量。

(1) 灰色眼睛的魔女和黑色服装的魔女和小欢子3人共有8只小狗。

(2) 绿色眼睛的魔女和红色服装的魔女和小安子3人共有9只小狗。

(3) 红色眼睛的魔女和茶色服装的魔女和小丹子3人共有7只小狗。

(4) 紫色服装的魔女的眼睛不是灰色的。

(5) 小安子的眼睛不是蓝色的。

(6) 小欢子的眼睛是红色的。

【唐唐吃面包】

唐唐是一个非常可爱的女孩子。这个星期从周一到周四爸爸妈妈都出差了，剩下她一个人在家。幸好妈妈准备了足够的面包给她当做干粮。唐唐在周一到周四的4天中每天都吃了一些面包。她每天都吃椰蓉面包和豆沙面包。每天吃的椰蓉面包的数量各不相同，是1~4个。而且，吃的豆沙面包的数量每天也不一样，是1~5个。

根据以下条件，回答唐唐每天分别吃了哪一种面包，吃了多少个？

(1) 一天中吃掉的面包总量随着日期的增加而每天增加1个。

(2) 星期一吃了3个椰蓉面包，星期二吃了1个椰蓉面包，星期四吃了5个豆沙面包。

(3) 四天中吃的每种面包的各自的数量也都是不一样的。

【拿破仑的保镖】

拿破仑身边有 A、B、C、D、E、F、G、H 这 8 个保镖。一次，有个凶手谋杀拿破仑未遂，正在逃跑的时候，8 个保镖都开枪了。杀手被其中一个人的子弹击中了，但是不知道是谁击中的，下面是他们的对话：

A：“或者是 H 击中的，或者是 F 击中的。”

B：“如果这颗子弹正好击中凶手的头部，那么是我击中的。”

C：“我可以断定是 G 击中的。”

D：“即使这颗子弹正好击中凶手的头部，也不可能是 B 击中的。”

E：“A 猜错了。”

F：“不会是我击中的，也不是 H 击中的。”

G：“不是 C 击中的。”

H：“ A 没有猜错。”

事实上，8 个保镖中有 3 人猜对了。你知道是谁击中了杀手吗？假如有 5 个人都猜对了，那么又是谁击中了凶手呢？

【五秒断案】

一天上午，杰克和约翰去看望住在郊区别墅的金姆森太太。平常他们要进去都要按门铃，可奇怪的是，今天的门却是虚掩着的。杰克和约翰推开门进去，在一楼餐厅里发现了金姆森太太的尸体，看上去，她已经遇害十多天了。

她是在用餐的时候遭到突然袭击的，一柄尖刀刺穿了她的胸口，瞬间夺去了她的生命。凶手随后洗劫了整栋别墅。

杰克和约翰伤感地坐在别墅前面的台阶上，送来的报纸堆满了整级台阶，而订阅它的人永远不会再读报了。别墅的台阶下，还放着两瓶早已经过期的牛奶，也是金姆森太太的。聪明的杰克看到后，花了 5 秒钟时间就知道凶手是谁。你知道吗？

【唯一的指纹】

托蒂向安冬尼借了很多钱买了一栋豪华的别墅，可现在都快半年了，托蒂还没有还一分钱。安冬尼实在是无法忍受，就按响了门铃，到托蒂的新家要钱。两人在争吵过程中动手打了起来。高大的安冬尼用两只手死死地掐住托蒂的脖子，托蒂在挣扎中左手摸到一个锤子朝安冬尼的头砸去，安冬尼随即倒地停止了呼吸。

杀死安冬尼后，托蒂马上把安冬尼的尸体拖到后院掩埋起来，然后擦拭干净所有的血迹，再认真清理了沙发、地板和安冬尼所有可能碰过的东西，不留下一个指纹。正当他做完这一切的时候，门外响起了急促的敲门声——是安冬尼的两位警察朋友。安冬尼曾交代，如果他在下午还没有回到家的话，就让他的警察朋友来这里找他。尽管托蒂十分镇定，但警察还是不费吹灰之力就找到安冬尼唯一的一个指纹。你知道这个指纹在哪里吗？

【神秘的外甥】

一天，汤姆叔叔和他的妹妹尼萨一起在街上散步。突然汤姆叔叔想起来了：“对了，小外甥在前面那家店打工，我去看看他，顺便买点东西。”

“噢，我可没有外甥。”说完，尼萨就先回家了。

请问，尼萨和那位神秘的外甥究竟是什么关系呢？

【聪明的罪犯】

古时候，一个国王想处死一个罪犯，为了表现自己的聪明，他制定了一条规定：“罪犯可以任意说一句话，而且这句话马上能被验证真假。如果他说的是真话，那么就处以绞刑；如果说的是假话，那么就砍头。”

这个罪犯非常聪明。他说了一句话，结果无论国王想按照哪种方式处死他，都将违背自己的决定，所以最后只得放了他。你知道这句话是什么吗？

【谁在说话】

三个朋友在做游戏时打赌。游戏结束时，其中一个人作了下面的总结：

（1）第一次游戏结束时，甲从乙那里赢了相当于甲手头原有数目的款额。

（2）第二次游戏结束时，乙从丙那里赢了相当于乙手头原有数目的款额。

（3）第三次游戏结束时，乙从丙那里赢了相当于丙手头原有数目的款额。

（4）现在我们三人拥有的款额一样多。

（5）游戏开始前我有 50 元。

请你思考一下，说上述话的是甲、乙、丙中的哪个人？

【墨镜杀手】

市郊的一座公寓里住着两个小伙子，一个姓方，一个姓叶。这天，大雪纷飞，刘警官和助手接到小方报案，说刚才小叶被人枪杀了。他们赶到现场，只见小叶头部中了一枪，倒在血泊中。

小方说："我刚才正与小叶吃火锅。忽然闯进来一个戴墨镜的人，对准小叶开了一枪后逃走了。"刘警官看到桌上摆着还冒着热气的火锅，于是说道："别装了，你就是凶手！"

你知道这是为什么吗？

【谁是老实人】

A、B、C、D、E 这 5 个人当中，有 2 个人是从来不说谎的老实人，但是另外 3 个人是总说谎的骗子。下面是他们所说的话：

A："B 是骗子。"

B："C 是骗子。"

C："E 是骗子。"

D:“A和B都是骗子。”

E:“A和B都是老实人。”

根据以上的对话，你觉得老实人是哪两位？

【神奇六胞胎】

在下面的照片中，是六胞胎，他们看起来很相似，但名字是不一样的。

(1) 叫做“大毛”的是在上面一排里。

(2) 叫做“二毛”和“三毛”的在同一排里

(3) 叫做“二毛”的（不是D）在“大毛”的左边。

(4) “二毛”的左边是“B或E”，“四毛”在中央位置（B或E）。

(5) 叫做“五毛”的在“六毛”的右侧。

请问：这六胞胎的名字分别是什么？

【精灵与魔人】

精灵族与魔人族的长相相似，精灵族是诚实的人，魔人族都是骗子。当你问一个问题时，精灵会告诉你正确的答案，而魔人给你的答案都是错误的。一天，甘道夫独自登上了两国中的某个国家。他分辨不清这个国家是精灵国还是魔人国，只知道这个国家的人既有本国的居民又有别国的来客。他想问这里的人“这是精灵国还是魔人国”，却又无法判断被问者的答案是否正确。甘道夫动脑筋想了一会儿，终于想出一个办法，他只需要问他所遇到的任何一个人一句话，就能从对方的回答中准确无误地断定这里是哪个国家。

你知道他所问的是什么问题吗？

【鲸鱼的深度】

有5条鲸鱼在海面冲浪后聚到一起聊天。这5条鲸鱼分别居住在不同的海洋深度（800 米、900 米、1000 米、1100 米、1200 米），关于居住深度比自己浅的鱼的叙述都是真的，关于比自己深的鱼的叙述都是假的，而且，只有一条鲸鱼说了真话。它们的对话如下：

甲："乙住在 900 米或者 1100 米的地方。"

乙："丙住在 800 米或者 1000 米的地方。"

丙："丁住在 1100 米或者 1200 米的地方。"

丁："戊住在 1000 米或者 1200 米的地方。"

戊："甲住在 800 米或者 1000 米的地方。"

那么，每条鲸鱼究竟住在哪个深度？

【火柴魔术】

有 3 堆火柴共 48 根，现从第一堆里拿出与第二堆根数相同的火柴并入第二堆里；再从第二堆里拿出与第三堆根数相同的火柴并入第三堆里；最后，从第三堆里拿出与这时第一堆根数相同的火柴并入第一堆里。经过这样的变动后，三堆火柴的根数恰好完全相同。问原来每堆火柴各有几根？

【毫无证据】

杰克经过深思熟虑想出了一个报复吉利的办法。

"还下着雨……今晚就是个好机会。呵呵呵！"

夜深后，杰克爬上吉利家正后方的建筑物顶上。没过多久，随着"咣"的一声巨响，吉利的房子就倒塌了。

第二天早上，吉利从昏迷中醒过来。

虽然侥幸逃过一劫，可是吉利已经浑身是伤，而且还得了感冒，浑身疼痛。吉利报了警，把事情从头到尾跟警察说了一遍。

"昨天晚上，不知是谁从高处扔了什么东西下来把房顶砸烂了……"

"可是，我们没有找到任何的证据。如果有什么东西砸下来的话总该有碎片吧。"

警察摇着头作出无奈的表情。

“请你们一定快点抓住罪犯，好吗？”

“我们当然会尽力的，可是这件案子一点头绪也没有……”

吉利伤心得眼泪都要流下来了，可警察不置可否地回答后就回去了。

突然，吉利想到了杰克：“对了，肯定是杰克干的。我一定要把那个讨厌的家伙送进监狱……”

杰克到底是用了什么方法才没有留下证据呢？

【天使的钻戒】

人间来了4位天使。4位天使的手上都戴着1枚以上的钻戒，4位天使的钻戒总数是10枚。其中，有2枚钻戒的天使的话是假话，其他人的话是真话。另外，有2枚钻戒的天使可能有两位以上。

丽丽：“艾艾和拉拉的钻戒总数为5。”

艾艾：“拉拉和米米的钻戒总数为5。”

拉拉：“米米和丽丽的钻戒总数为5。”

米米：“丽丽和艾艾的钻戒总数为4。”

请问：每位天使的手上各戴有多少枚钻戒？

【强盗分赃】

5个海盗抢到了100颗宝石。每一颗都一样大小且价值连城。他们决定这么分：

(1) 抽签决定自己的号码（1、2、3、4、5）。

(2) 首先，由1号提出分配方案，然后大家5人进行表决，当且仅当超过半数的人同意时，按照他的提案进行分配，否则将被扔入大海喂鲨鱼。

(3) 如果1号死后，再由2号提出分配方案，然后大家进行表决，当且仅当超过半数的人同意时，按照他的提案进行分配，否则将被扔入大海喂鲨鱼。

(4) 依此类推。

提示：每个海盗都是很聪明的人，都能很理智地判断得失，从而做出选择。海盗的判断原则：保命；尽量多得宝石；尽量多杀人。

问题：第一个海盗提出怎样的分配方案才能够使自己的收益最大化？

【魔方难题】

有一个魔方，所有的面都是绿色。

请问：有几个小立方体一面是绿色？

有几个小立方体两面是绿色？

有几个小立方体三面是绿色？

有几个小立方体四面是绿色？

有几个立方体所有的面都没有绿色？

【密码算式】

这些英文字母代表什么？这是条算式。不过这些数字却被人用英文密码隐藏了。隐藏了的英文字母是奇特的式子。请你运用智慧想出算式到底是怎样的？

$$
\begin{array}{r}
V\ E\ X\ A\ T\ I\ B\ N \\
\times\quad\quad\quad\quad\quad\quad V \\
\hline
E\ E\ E\ E\ E\ E\ E\ E
\end{array}
$$

【偷书贼】

作家丢了几本书，丢书时间为作家昨天晚上离开书房到今早进入书房这段时间，作家判断偷书的人限于管家、女仆、作家的助手以及他的一位学生。于是作家请了这四个人来，告诉他们他丢了几本书，几个人马上澄清自己。

管家说："我昨天根本就没有去过书房，我不会偷书，我也不知道是谁偷的，我昨天晚上和女仆在一起。"

女仆说："我是清白的，我昨天和助手因为房间的问题吵了一架，我没见过管家，他是无罪的。"

学生说："书不是女仆偷的，管家和女仆没有在一起，我是无辜的，是管家偷的。"

助手说："我没有偷书，昨晚我和管家在一起，我没有见到学生，学生说管家偷的是在撒谎。"

他们每人都说了四句话，可是有一句话是假的，你知道是谁偷了书吗？

【女乐手之死】

女乐手苏姗躺在一辆红色的小轿车里，身中两弹：第一颗子弹从右大腿穿过，在黑色的紧身裙上留下了一大块血迹；第二颗子弹是致命的，射穿了她的胸部。车子就停在她的住宅门口，车内还有一把大提琴。

据洛克探长推断，她遇害的时间应该是在晚上8点左右，离她在国家音乐厅的演出时间仅差半个小时。警方分别取得了三个人的证词。发现尸体的房东太太说："苏姗打算出席音乐会但不参加演奏，因为她与邦德——乐队里的一个同事闹翻了。为此，她一个星期没有练琴，那把琴一直搁在车上没动过。"

邦德坚持说他与苏姗已和好，而且她答应参加演出并约定像以往那样8点10分驾车去接他，然后一起去音乐厅。但他空等了一场。

乐队指挥杰森说，乐队的女乐手演出时穿的是黑裙子和白衬衣，男乐手穿的是白西装和黑西裤。他又补充说苏姗能在不排练的情况下出色地演奏，因为音乐会的曲目已反复上演过多次。

读完三份证词后，洛克探长立即判断出谁在撒谎。你猜到了吗？

【何从释放】

某商场失窃，大量的商品在夜间被罪犯用货车运走。三个嫌疑犯被警察局传讯。警察局已经掌握了以下事实：①罪犯不在甲乙丙三人之外；②丙作案时总得有甲作从犯；③乙不会开车。

甲是否卷入了此案？

【死囚越狱】

奇妙岛上有一个死囚坐在牢房里策划越狱。

他的牢房是一条笔直长廊里最里端的全封闭部分。这条长廊被五道自动拉启的铁门分成五个部分。也就是说，第一道门把他的牢房和长廊的其余部分隔开，最后一道门即第五道门把长廊和外界隔开。在某个时刻，五道铁门会同时打开，这时，也只有在这个时候，第五道铁门外会出现警卫。他能够把长廊一览无余，以确定死囚是否仍然在牢房内。死囚只要离开牢房一步，都将被立即拉出去处死。在确定死囚仍然在牢房里后，警卫即离开，直到下一次五道门同时打开时才又重新出现。

此后，五道门以不同的频率自动重复开启和关闭：第一道门每隔 1 分钟 45 秒自动开启和关闭一次；第二道门每隔 1 分 10 秒；第三道门每隔 2 分 55 秒；第四道门每隔 2 分 20 秒；第五道门每隔 35 秒。

每道门每次开启的时间间隔很短，这使得死囚一次至多只能够越过一道门。同时，只要他离开牢房在长廊里的时间超过 2 分半钟，警报器就会报警。因此，他需要设法尽快离开长廊。

最终，这个精于计算的死囚逃脱了。

你能猜出越狱犯是如何逃脱的吗？他越过第五道门时离警卫出现还有多少时间？

【法官的智慧】

有个法院开庭审理一起盗窃案件，某地的甲、乙、丙三人被押上法庭，负责审理这个案件的法官是这样想的：肯提供真实情况的不可能是盗窃犯；与此相反，真正的盗窃犯为了掩盖罪行，是一定会编造口供的。因此，他得出了这样的结论：说真话的肯定不是盗窃犯，说假话的肯定就是盗窃犯。审判的结果也证明了法官的这个想法是正确的，审问开始了。

法官先问甲：“你是怎样进行盗窃的？从实招来！”

甲回答了法官的问题：“叽里咕噜，叽里咕噜……”甲讲的是某地的方言，法官根本听不懂他讲的是什么意思。

法官又问乙和丙："刚才甲是怎样回答我的提问的？叽里咕噜，叽里咕噜，是什么意思？"乙说："禀告法官，甲的意思是说，他不是盗窃犯。"丙说："禀告法官，甲刚才已经招供了，他承认自己就是盗窃犯。"

乙和丙说的话法官是能听懂的。听了乙和丙的话之后这位法官马上断定：乙无罪，丙是盗窃犯。

你知道是怎么回事吗？

【法庭断案】

一天，大侦探梅森被邀请去侦破一起抢劫案。法庭开庭后，关键人物被告、原告、和被告的辩护律师在庭上发言。

目前已经得出的可靠线索如下：

（1）三人中，有一个是诚实人，一个是骗子，一个是外来居民，但不知道每个人的对应身份。

（2）如果被告无罪，那么罪犯是被告的律师或者是原告。

（3）罪犯不是骗子。

在法庭上，三个人分别作了以下的陈述：

被告说："我是无辜的。"

被告的辩护律师说："我的委托人确实是无辜的。"

原告说："整个都在撒谎，被告是罪犯。"

这三个人的陈述确实是再自然不过了。法官经过认真考虑，发觉上述信息还不足以确定谁是罪犯，于是向大侦探梅森请教。

梅森又仔细地了解了一下案情，他决心要查个水落石出。同时，不仅要找出罪犯是谁，还要弄清楚谁是诚实人，谁是骗子，谁是外来居民。

重新开庭后，大侦探首先问原告："你是这一起抢劫案中的罪犯吗？"原告作了回答。

大侦探考虑了一会，然后问被告："原告是罪犯吗？"被告也作了回答。

这时，大侦探对法官说："我已经把事情都弄清楚了！"

想想看，你知道谁是罪犯，谁是诚实人，谁是外来居民吗？

思考这个问题时，你面临的挑战要比大侦探梅森更大，因为，你并不知道梅森问原告和被告两个问题的答案，而大侦探本人却是知道的。你想到了吗？

【趣味钓鱼】

张华与赵杰一起去钓鱼，张华问："钓了多少鱼呀？"赵杰自豪地说："6 条无头的，9 条无尾的，8 条半截的。至于一共是多少，那你得自己猜。"张华听了哈哈大笑起来。

你知道这个人钓了几条鱼吗？

智慧题解

你的判断力有多强

【今天星期几】：今天是星期四。男人星期四说真话，昨天（星期三）是他说假话的日子。女人星期四说假话，所以她说"昨天也是我说假话的日子"也是假的，因星期三是女人说真话的日子。

【诸葛亮算天气】：请注意，这一天气预报是前天作的，所以预报中说的后天就是今天。

由此一步步进行推论就能得出：昨天的天气和前天的不同。由于前天下了雨，故昨天的天气是无雨。如果把答案说成"昨天是晴天"，那就不准确了，因为与雨天不同的天气也可能是阴天。

【球赛得分】：甲队失 2 球，不是全失于乙队。如果是的话，那么乙队所进的 4 球中有 2 球是胜丙队的，这样乙与丙成 2∶2 平局，与条件矛盾。甲队所失 2 球，也不是全失于丙队。如果是的话，那么乙与丙打成 4∶0，乙所失 4 球全是甲所进，从而推出甲与丙 2∶2，又与条件矛盾。所以甲所失 2 球，是乙、丙队各进 1 球所致。

乙队共进4球，1球是与甲队比赛时进的，那么另3球是与丙队赛时进的。同理，丙队另1球也是与乙队赛时进的。因此，乙队与丙队的比分是3∶1。

丙队失6球，其中3球失于乙队，那么另3球是失于甲队，所以甲与丙的比分也是3∶1。

乙队失4球，其中1球失于丙，所以甲与乙的比分也是3∶1。

【事故真相】：D。

【司令有多大】：需要注意的是题目中所给的数字是无用的，因为第一句话说："你是司令"，所以司令的年龄，就是读者你的年龄。

【帽子的破绽】：案件的破绽就是那顶帽子。由于昨晚有台风刮过，因此，死者的帽子不可能遗留在现场。

【别在我家门口】：D。

【职业判断】：小宝是警察，小亮是木匠，小刚是农民，小帆是大夫。

【神秘数字】：小亮说这个数字小于500，是在撒谎。如果9和999之间既可以开平方又可以开立方的数字，它的第一个和最后一个数字是5、7或者9的话，那这个数字是729。

【左撇子】：C。

【卸西瓜】：船会离岸移开。当人在船尾向岸上抛西瓜的时候，人将受到方向相反的作用力，使船向船头方向前进。

【兄弟姐妹】：多三人。

【谁的照片】：这个人在看她丈夫的继母的外孙媳妇的照片。

【谁是司机】：张是司机。

【投射效应】：D。

【死亡游戏】：一般说来，后开枪的人有利。

如果以数学概率做严密计算，会发现两个玩家的死亡概率都是1/2。但从逻辑的角度来看，应该是后开枪的人有利。比方说当两个玩家发现弹匣里只有最后一发子弹时，后开枪的人可以朝对方先开一枪，然后再逃离现场。

【三世同堂】：有 7 个人，一对老年夫妻，他们的儿子和儿媳，他们的一个孙子和两个孙女。

【凶手的谎言】：影子不可能出现在窗户。李某说“窗户有高举木棍的影子”，这就是谎言。因为桌上台灯的位置是在被害人与窗户之间，不可能把站在被害人背后的凶手的影子照在窗子上。

【冒牌的医生】：医生将病人抬上救护车时，必须是先进头，后进身子，歹徒做的正好相反，所以被警长识破了。

【奇怪的主谋】：王先生将狗训练成一听见电话铃响就立刻对人进行攻击。当时，王先生打电话给作家，狗听见电话铃声后便依照平日的训练去攻击人。

【座位的排列】：如图所示，从爷爷的左边开始，依次是儿子、女儿、爸爸、妈妈。

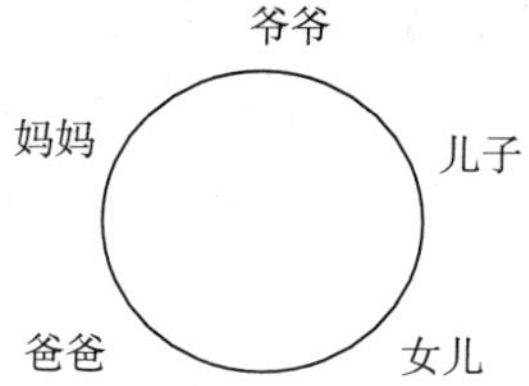

【变脸罪犯】：米歇尔看到的人就是凶手。凶手是个圆脸的人。由于米歇尔在窗户的细长的缝隙中看到他迅速地走来走去，这样看到的就是细长的脸而不是圆脸，这只是错觉。

【血型追踪】：凶手不是弟弟。

AB 型和 O 型血液的人结婚，子女不会是 AB 型血。

【来自何方】：甲来自新德里，乙来自巴西利亚，丙来自罗马，丁来自华盛顿，戊来自费城。

【奇特的碑文】：3 个人。

【雪山凶杀案】：警方经细查，断定凶手是 C。他假装正午离开小屋，于 1 点 30 分 D 和 E 都离开后，再等 A 与 B 通过电话，便进入小屋杀了 A，凶器为登山用的攀岩锤。

C行凶之后离开小屋之时为2点10分，随即从东边往下跑，跑到半山腰，便偷了E放在那儿的滑板，一口气滑向山庄。所以4点40分就到达目的地，因此1点30分出发的E 5点到达半山腰时，找不到滑雪用具。

像柯南一样推理

【对号入座】："鸡尾酒"先生所收到的礼品是"威士忌"先生送的。"茅台"先生送给"白兰地"先生鸡尾酒；"白兰地"先生送给"威士忌"先生伏特加；"威士忌"先生送给"鸡尾酒"先生茅台酒；"鸡尾酒"先生送给"伏特加"先生白兰地；"伏特加"先生送给"茅台"先生威士忌酒。

【真假门铃】：通门铃的按钮是从左边数第五个。如果令F表示该按钮，则六个按钮自左至右的位置依次是DECAFB。

【死亡真相】：这位昆虫学家是触到电鳗死亡的。电鳗是淡水鱼，分布于南美的亚马逊河和奥里诺科河，身长约2米，它们在觅食或防御进攻时，会放出强大的电流，可产生300~800V的电压，足以致人于死地。

【数字推理】：

（1）66，前面两个数字相加，和为后面的数字。

（2）154，$(n+3)\times 2$。

（3）9、20。此题包含两个数列，第一数列：数字分别加上3、4、5等；第二个数列：每个数字分别加上2。

（4）51，$2n-3$。

（5）-49，$2n-15$。

（6）70，$2n-12$，$2n-22$，等等。

（7）343，$n\times n$ 前面一个数字 $\div 2$。

【两个自然数】：一般说来，这两个自然数不会太大（一般不会超过10）。因为如果太大，可能性就太多了，无法求解。所以，从最小的和算起，因为不包括0，这两个数的和如果是最小数2的话，则这两个自然数只有一种可能为1和1，即$1+1=2$，则乙不可能不知道。

若和为3也只有一种可能：1和2，原因同上，也不成立。

若和为4，则有两种可能：1和3、2和2，则乙不知道是哪两个数这一点成立。但他却说“我知道你会这样说”，则说明不论是哪两个自然数，其积一定是最少可以分成两组自然数相乘得到的。否则甲应知道这两个数是什么。而如果是1和3的话，其积为3，则根据积来判断，只有1和3一种情况，甲便会直接知道，则乙也不会说“我知道你会这样说”这句话。所以4也不成立。

若和为5，也有两种可能，即1和4、2和3。则1和4之积为4，2和3之积为6，而作为积的4和6这两个数均可以分成两组自然数之积（$1\times4=4$和$2\times2=4$，$1\times6=6$和$2\times3=6$）。所以无论是4还是6，甲都无法确定是哪两个自然数。而如果告诉甲是6的话，则甲应知道乙的数或为5或为7（$2+3=5$或$1+6=7$），和为5的有1和4、2和3，和为7的有1和6、2和5、3和4，其积分别为4、6、6、10、12，而这些数都可以分成至少两组以上的自然数组合而成。所以无论乙的数是5还是7，乙都完全有理由说“我知道你会这样说”这句话，所以甲还是无法判断。如果告诉甲是4的话，则甲应知道乙的数或为4或为5（$2+2=4$、$1+4=5$）。但由于乙的话“我知道你会这样说”这句话，则乙的数为4的情况就排除了。所以甲也就知道乙的数是5，积为4，和为5，甲当然也就知道这两个数是什么了。由于甲的确定，乙也就知道甲的数是4，从而他也知道这两个数是什么了。所以该情况成立。

如果再往下找的话，就会发现每一个和都至少分为3组或3组以上的两个自然数相加，这样就判断不出来了。

所以，这两个自然数分别为1和4。

【为难的来客】：他应该选择在星期五出门。

【真假自杀案】：死者若是自杀，他拿枪的手必然露在毛毯外面，而他的手却在毛毯里面。可见，是有人杀了他后给他盖上毛毯，伪造了现场。

【游戏闯关】：如下图所示。

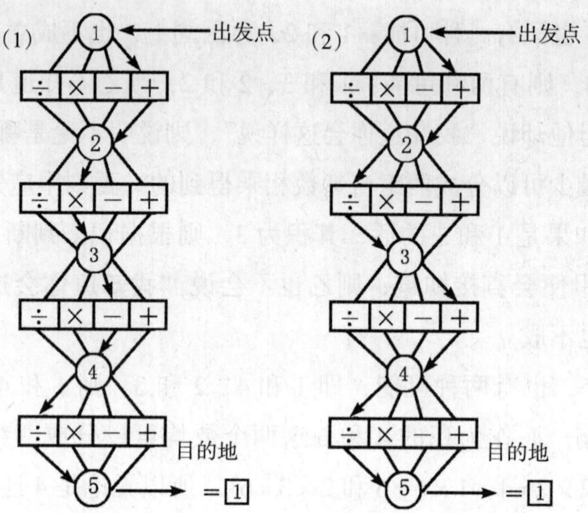

【蚂蚁作证】：糖尿病患者是凶手。由于紧张，他大量出汗，枪柄上留下了好多汗水，而糖尿病人的汗水里含有大量糖分，所以吸引了蚂蚁的到来。

【花瓣游戏】：后摘者只要保证花瓣剩下数量相等的两组（两组之间），以被摘除花瓣的空缺隔开，就一定能赢这个游戏。

比如，先摘者摘一片花瓣，后摘者摘取另一组的两片花瓣，留下各有5片的两组花瓣。如果先摘者摘取两片花瓣，则后摘者摘取1片花瓣。同样形成那种格局。之后，前者摘除几片，后者就在另一组中摘除同样多的花瓣。通过这种办法，她肯定能走到最后那一步，最终赢得游戏。

【推测符号】：填△。

其排列规则是从中心向外，按照○、△、×的次序旋转着填充。

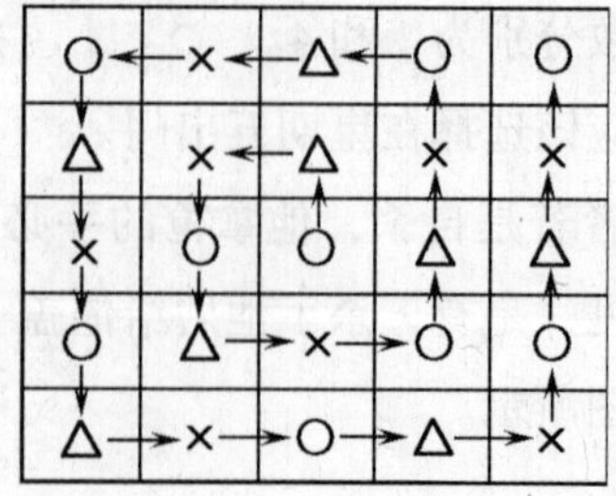

【被冤枉的狗】：如果狗咬伤索菲太太，她的裤子不可能完好无缺，根本无须拉起裤子，就能明显地看到伤口。

【聪明的梅森】：仆人说他从油画镜框的玻璃上看见了强盗的长相，这就是破绽所在。油画从来不用玻璃镶框，而是用木框或者专用的画框装饰。

【外星来客】：假设菲尔德撒谎，从奥尼尔和卡思的发言来看，卡思和菲尔德是同一星球的。进一步从韦伯的发言来看，卡思和奥尼尔是不同星球的，结果菲尔德的发言反而不是谎言，与前面的假设相矛盾。所以，菲尔德的发言是真实的。

假设撒谎的是卡思或奥尼尔或卡思或韦伯都是一样，他们的发言都是真实的。所以奥尼尔撒了谎，从而可知卡思和韦伯都是水星人。

因此可推断，奥尼尔、杰森是火星人，菲尔德、卡思、韦伯是水星人。

【狼爪脱险】：根据（1）、（2）、（4）得出以下三个组合：

（1）琳达，农夫家的女儿，黑狼；

（2）琳达，宾馆家的姑娘，黑狼；

（3）琳达，宾馆家的姑娘，白狼。

同样，也可以根据条件对凯瑞和玛丽进行组合。综合一下，就可得出正确结果：琳达是农夫家的女儿，被探险家从黑狼爪下救出来的；凯瑞是宾馆家的女儿，被探险家从红狼爪下救出来的；玛丽是书店家的女儿，被探险家从白狼爪下救出来的。

【陶渊明趣事】：有三种可能：

公鸡 4，母鸡 18，小鸡 78；

公鸡 8，母鸡 11，小鸡 81；

公鸡 12，母鸡 4，小鸡 84。

【郁金香谜案】：细心的人一定会发现，郁金香的花瓣有变化！开始的时候，它是闭合的，而到人们要离开的时候，花瓣却张开了。原来，郁金香能够感应到光线的变化，它在受到光照的时候会张开花瓣，而在黑暗中会把花瓣闭起来。

商人口口声声说自己在看书，可是人们进来的时候，郁金香的花瓣是闭合的，说明不久之前这里是一片黑暗。有谁能在黑暗里看书呢？所以，商人在撒谎，他很可能就是小偷！

【神秘代号】：凶手是代号608的光，因为女侦探背着手写下608，数字排列发生变化，正反顺序也颠倒过来，608成了809。

【密室杀人案】：杀人凶手就是仆人。他把插有毒针的软木塞堵在咖啡壶嘴里面，再把咖啡壶放在火炉上，将壶嘴对着教授。当咖啡壶受热后，由于没有供空气流通的小洞，因此壶中的蒸汽膨胀产生压力，就把软木塞弹出，刚好射中教授脖子。

【午夜凶铃】：凶手在公用电话键盘“1”的按键处下了毒，爱丽斯在拨110报警时中毒了。为了让爱丽斯到外边用公用电话报警，凶手故意恐吓她，说在她家安装了窃听器。

【巧搬五碗】：

1入丙；2入乙；1入乙；3入丙；

1入甲；2入丙；1入丙；4入乙；

1入乙；2入甲；1入甲；3入乙；

1入丙；2入乙；1入乙；5入丙；

1入甲；2入丙；1入丙；3入甲；

1入乙；2入甲；1入甲；4入丙；

1入丙；2入乙；1入乙；3入丙；

1入甲；2入丙；1入丙。

【装可乐的瓶子】：

1号瓶子：白水。

2号瓶子：糖水。

3号瓶子：可乐。

4号瓶子：盐水。

假设1号瓶子的标签是假的，那么3号的标签是真的，即4号瓶子装的是白水，2号瓶子标签也是真的。就是说3号瓶子里是盐水，2号瓶里是糖水。这样的话1号瓶子标签就不是假话，所以这个假设不成立。

所以，1 号瓶子的标签是真的，2 号瓶子里装的就是糖水，它的标签也是真的。

因此，如果 3 号瓶子的标签说的是真话，4 号瓶子里就是白水，它的标签也是真的。那么就变成所有的标签都是真的，这是不合题意的，不可能。

所以，3 号瓶子的标签内容有假，4 号瓶子里不是白水。

所以，4 号瓶子里是盐水。

剩下的 1 号瓶子里就是白水。

【趣味扑克】：方块 5。

【找钥匙】：钥匙在中间抽屉里。

方法一：首先，假如左面抽屉的纸条是真话，那么就是“钥匙在左面抽屉里”；右面抽屉上的纸条是假话，那么反过来就是“钥匙在左右抽屉里”；而中间抽屉的纸条反过来的意思则是“钥匙在中间的抽屉里”。得出的结论是，钥匙在左面、右面、中间的抽屉里，但是，3 个抽屉里都有钥匙是不可能的，因此第一句话是假话。

其次，假如中间抽屉的纸条是真话，那么就是“钥匙不在中间抽屉里”，说明钥匙在左面或右面的抽屉里。左面抽屉的纸条是“钥匙在这里”，因为是假话，那么就是“钥匙不在左面抽屉里”，右面抽屉的纸条则应是“钥匙在左右抽屉里”，这就产生了矛盾，即左面抽屉的纸条说“不在”，右面抽屉的纸条说“在”，那么显然难以得到结论。因此，此句也是假话。

最后，假如右面抽屉里的纸条是真话。“钥匙不在左右抽屉里”，即知“钥匙在中间抽屉里”。而左面抽屉的纸条反过来的意思则是“钥匙不在左面抽屉里”。那么，这恰恰与右面抽屉上纸条的内容是一致的，即肯定了“左边抽屉没有钥匙”。中间的纸条说“钥匙不在这里”，因是假话，反之则是“钥匙在这里”，这正好与右面抽屉纸条的内容相符，因此证明：钥匙在中间抽屉里。

方法二：其实，最快速的方法就是直接看第（3）句，即右面抽屉纸条上的话，“钥匙不在左右抽屉里”。因为钥匙只能在3个抽屉中其一的一个里面，而题（3）如为假，就说明“钥匙在左右抽屉里”，这是不可能的，因此只能判断它是真话，即“钥匙不在左右抽屉里”。既然不在左面抽屉里，那只能在中间抽屉里。

【佛珠案】：大徒弟说了谎，是他偷走了佛珠。因为，老和尚走了半个月，昨晚应是农历初一，没有月亮，哪能有月光呢。

【鸡蛋杀人案】：赵三把鸡蛋浸在酸中一段时间，然后，将小钢针慢慢刺入蛋里。这时，蛋壳的石灰质被酸浸解，变得软而略带韧性。钢针刺进时，蛋壳不会爆裂。待钢针完全刺入蛋内，蛋壳便自动封口。赵三再将蛋拿出来，让酸挥发掉，鸡蛋就和平常一样了。

【消失的弹头】：凶手利用与死者同血型的血液，经过快速冷冻，变成固体，做成弹头。这种弹头射入人体后，会受体温影响而解冻融化成血液，使弹头自动消失。

逻辑思考总动员

【相似逻辑】：题中，前一个“人”表达的是集合概念，“我是人”中的“人”表达的是非集合概念。两个概念用词一样但意义不同，题干推理的前提混淆或偷换了概念，所以造成结论错误。

正确选项是C。

【关系判断】：（1）是丁讲的；（2）是乙讲的；（3）是戊讲的；（4）是丙讲的。其中乙和丙是兄弟；甲是乙的妻子；戊是甲的父亲；丁是丙的儿子或女儿。

【比体重】：甲、丙、乙、丁。

【预测机】：局长说的是“预测机下一个预测结果会亮红灯。”如果预测机亮红灯表示“不会”，那么预测机就预测错了。因为事实上它已经亮起了红灯。如果它亮绿灯说“会”，这也错了。因为事实上亮的是绿灯，而不是红灯。这样一来，预测机就预测得不准确了。

【蜘蛛的启示】：蜘蛛吐丝是寒潮来临的信号，因为水都结成冰了，这时法兰西的军队就再也不用害怕荷兰的水闸放水了。

【小魔女的眼睛】：

一、根据（1）、（6），灰色眼睛的魔女、黑色服装的魔女、小欢子（红色眼睛），3 人饲养的小狗是 1 只、3 只、4 只（顺序不确定）……

二、根据（2），绿色眼睛的魔女、红色眼睛的魔女、小安子 3 人饲养的小狗分别是 2 只、3 只、4 只（顺序不确定）……

三、根据（3）、（6），红色眼睛的魔女、茶色服装的魔女、小丹子 3 人饲养的小狗分别是 1 只、2 只、4 只（顺序不确定）……

小安子的眼睛不是红色的（6），也不是蓝色的（5），也不是绿色的（2），所以是灰色的。

灰色眼睛是小安子，所以不是红色衣服（6），也不是紫色衣服（4），也不是黑色衣服（1）。应该是茶色衣服。

灰色眼睛的魔女在一、二、三里面都出现过了，所以养了 4 只狗。还有 128 个人，在一、二、三里面共同部分出现过的红色眼睛的魔女（小欢子）养了一只狗。所以，黑色衣服的魔女和小丹子不是同一个人。

根据一，黑色魔女有 3 只小狗。在一、二里面都出现过的黑色魔女和绿色眼睛的魔女是同一个人。黑衣魔女（绿色眼睛，3 只小狗）和小丹子不是同一个人，所以是小林子。

根据二，红色衣服的魔女是小丹子。

所以，小林子的眼睛是绿色的，穿着黑色的服装，养了 3 只小狗。小欢子的眼睛是红色的，穿着紫色的衣服，养了 1 只小狗。小安子的眼睛是灰色的，穿了茶色的衣服，养了 4 只小狗。小丹子的眼睛是蓝色的，穿了红色的衣服，养了 2 只小狗。

【唐唐吃面包】：唐唐周一吃了 3 个椰蓉面包，1 个豆沙面包。周二吃了 1 个椰蓉面包，4 个豆沙面包。周三吃了 4 个椰蓉面包，2 个豆沙面包。周四吃了 2 个椰蓉面包，5 个豆沙面包。

【拿破仑的保镖】：如果 8 个保镖中有 3 个人猜对，杀手就是 C 击中的。如果 8 个保镖中有 5 个人猜对，杀手就是 G 击中的。

【五秒断案】：凶手是送牛奶的人。因为只有知道金姆森太太遇难了，他才不再到这里送牛奶。而送报纸的人显然不知道金姆森太太遇难了，所以每天照旧准时把报纸送来。

因此，送报纸的虽然每天都来，却因此被排除了嫌疑。送牛奶的人作案后，显然没有想到这桩凶杀案在十多天以后才被人发现，他停止送奶的行为恰恰暴露了他自己的罪行。

【唯一的指纹】：安冬尼是按门铃进来的，所以门铃按钮上还留有一个指纹。而警察敲门进来的原因，就是不破坏这最后一个没有被清除掉的指纹。

【神秘的外甥】：尼萨是在前面那家店打工的男孩的母亲。不过，看起来尼萨和她儿子的感情并不怎么好。

【聪明的罪犯】：这名罪犯说：我是将要被砍头的。如果国王认为这句话是真话，那么这名罪犯将要被处以绞刑，这样，这句话就成了假话，所以他只能被砍头。但如果被砍头，这句话又变成了真话，所以这名罪犯既不能被处以绞刑也不能被砍头，国王只能放了他。

【谁在说话】：甲、乙、丙三人都有可能是说话的人。游戏结束时“我”还有 50 元，而游戏过程实际上是将三个人手中的钱款依次转移一次。所以游戏开始前每个人都有 50 元。

【墨镜杀手】：如果有人戴着墨镜从寒冷的室外进入热气腾腾的室内，镜片上会蒙上一层雾气，根本无法看清屋里的人。

【谁是老实人】：A 和 C。

先假设 B 是老实人，那么，把 C 说的话颠倒过来，E 就成了老实人。接着，A 跟 B 也是老实人，这样就超过只有两个人的限制了。

那假设 D 是老实人的话，把 A 说的话颠倒过来，B 就成了老实人。但是照 D 的说法，B 应该是个骗子，这样就产生矛盾了。

再假设 E 是老实人试试看，加上 A 和 D，老实人变成了三位，所以也行不通。

看看剩下的 A 和 C 所说的话，就跟题目的条件相吻合。

【神奇六胞胎】：

D 不是“大毛”①，也不是“二毛”③，也不是“三毛”④，也不是“四毛”④，也不是“五毛”⑤，所以是“六毛”。

A 不是“大毛”③，也不是“二毛”④，也不是“四毛”④，也不是“五毛”⑤，所以是“二毛”。

所以，由②和④可知，“二毛”是 C。

由①可知，“大毛”是 B。

由④可知，“四毛”是 E。

剩下“五毛”就是 F 了。

【精灵与魔人】：甘道夫所问的问题是：“你是这个国家的居民，对吗?”如果对方回答“是”，那么这个国家一定是精灵国；否则，这个国家是魔人国。

【鲸鱼的深度】：甲：1100 米；乙：1200 米；丙：800 米；丁：900 米；戊：1000 米。

【火柴魔术】：

从后面推算上去：

	第一堆	第二堆	第一堆
拿动后	16	16	16
第三次	16–8		16+8
拿动前	=8		=24
第二次	8	16+12	24–12
拿动前		=28	=12
第一次	8+14	28–14	
拿动前	=22	=14	

所以，原来第一堆有 22 根火柴，第二堆有 14 根火柴，第三堆有 12 根火柴。

【毫无证据】：杰克为了报复吉利，特意选下雨天就是为了不留下证据，在下雨天从屋顶扔下一块冰块，可以把杰克的房子砸烂，而且过几个小时冰块就会化掉，什么痕迹都不会留下。

【天使的钻戒】：她们各自手上戴的钻戒数具体如下：

丽丽，2个；艾艾，2个；拉拉，2个；米米，4个。

【强盗分赃】：从后向前推。

如果1—3号强盗都喂了鲨鱼，只剩4号和5号的话，5号一定投反对票让4号喂鲨鱼，以独吞全部金币。所以，4号唯有支持3号才能保命。3号知道这一点，就会提“100，0，0”的分配方案，对4号、5号一毛不拔而将全部金币归为己有。因为他知道4号一无所获但还是会投赞成票，再加上自己一票，他的方案即可通过。

不过，2号推知到3号的方案，就会提出“98，0，1，1”的方案，即放弃3号，而给予4号和5号各一枚金币。由于该方案对于4号和5号来说比在3号分配时更为有利，他们将支持他而不希望他出局而由3号来分配。这样，2号将拿走98枚金币。

不过，2号的方案会被1号所洞悉，1号必将提出“97，0，1，2，0”或“97，0，1，0，2”的方案。即放弃2号，而给3号一枚金币，同时给4号（或5号）2枚金币。由于1号的这一方案对于3号和4号（或5号）来说，比2号分配时更优，他们将投1号的赞成票。再加上1号自己的票，1号的方案可获通过。97枚金币可轻松落入囊中。这无疑是1号能够获取最大收益的方案了！

【魔方难题】：6个小立方体一面是绿色；12个小立方体两面是绿色；8个小立方体三面是绿色；没有小立方体四面是绿色；1个立方体所有的面都没有绿色。

【密码算式】：如图所示。

$$\begin{array}{r} 9\ 8\ 7\ 6\ 5\ 4\ 3\ 2 \\ 9 \\ \hline 8\ 8\ 8\ 8\ 8\ 8\ 8\ 8 \end{array}$$

【偷书贼】：管家是清白的，否则他的话有三句都是谎言了。他说昨天晚上和女仆在一起是假话。

学生说的是管家偷的一句话是假的，其余都是真话，那么女仆也是无辜的，而女仆和助手因为房间的问题吵架就是假话，那么偷书贼就是助手无疑了。助手说的“我没有偷书”是假话。

【女乐手之死】：洛克探长断定苏姗并不像邦德说的那样打算参加演出，因为一个大提琴手不可能穿紧身的裙子演奏。邦德在撒谎。

【何从释放】：如果丙作案，则甲是从犯；如果丙没作案，则由于乙不会开车，无法单独作案，因此，甲一定卷入此案。丙或者作案，或者没有作案，二者必居其一。

因此，甲一定卷入了此案。

【死囚越狱】：首先，我们应该注意到，每道门两次开启的时间间隔都是 35 秒的倍数。令 35 秒为一个时间单位，则第一道门是每 3 个时间单位开启一次，第二道门是每 2 个时间单位开启一次，第三道门是每 5 个时间单位开启一次，第四道门是每 4 个时间单位开启一次，第五道门是每 1 个时间单位开启一次。这样，五道门同时开启的时间间隔是这样一个时间单位：也就是 1、2、3、4、5 的最小公倍数。也就是说，从警卫的离开算起，要过 60 个时间单位他才会重新出现。

越狱犯穿过五道门的时间最多只允许有 4 个时间单位（2 分 20 秒）。因为 5 个时间单位（2 分 55 秒）将会惊动报警器。由于不可能一次穿过两道门，因此，要在 4 个时间单位中穿过五道门，只有在一种情况下才有可能。这就是说，从第一道门开启算起，按顺序每两道相邻的门之间的开启间隔是一个时间单位。例如，如果第一道门在 1 点 15 分开启，第二道门就必须在 1 点 15 分 35 秒开启，第三道门就必须在 1 点 16 分 10 秒开启，等等。在 0 和 60 个时间单位之间，即在警卫两次相邻出现的时间间隔里，五道门按顺序间隔一个时间单位连续开启的情况是存在的。并且是唯一的，这就是：33、34、35、36、37，它们分别是 3、2、5、4、1 的倍数。

因此，越狱犯一定是在从警卫离开时算起的 33 个时间单位后穿过第一道门，而后每过一个时间单位穿过一道门，在第 37 个时间单位时逃脱，比警卫的再次出现早 23 个时间单位。

【法官的智慧】：不管甲是盗窃犯或不是盗窃犯，他都会说自己“不是盗窃犯”。如果甲是盗窃犯，那么甲是说假话的，这样他必然说自己“不是盗窃犯”；如果甲不是盗窃犯，那么甲是说真话的，这样他也必然说自己“不是盗窃犯”。在这种情况下，乙如实地转述了甲的话，所以乙是说真话的，因而他不是盗窃犯。丙有意地错述了甲的话，所以丙是说假话的，因而丙是盗窃犯。至少甲是不是盗窃犯是不能确定的。

【法庭断案】：首先，令A表示被告，B表示辩护律师，C表示原告。

先分析开始的那些结论。

首先，A不可能是骗子。因为如果他是骗子的话，他说的话就是假话，因而事实上他是罪犯，这和罪犯不是骗子的条件矛盾。因此，A是诚实人或者外来居民。

可能性1：A是诚实人。这样一来，他说的话就是真的。因而他事实上是无辜的。B说的话也是真的，因为B是外来居民，C是骗子。由条件可知，罪犯不是骗子，所以B是罪犯。

可能性2：A是外来居民但不是罪犯。这样一来，B的话同样是真的，因此，B是诚实人，C是骗子。同样因为罪犯不是骗子，所以B是罪犯。

可能性3：A是外来居民而且是罪犯。这样，C的话是真的，因此C是诚实人，B是骗子。

我们可以把上述的结论归纳一下：

	可能性1	可能性2	可能性3
A（被告）	无罪的诚实人	无罪的外来居民	有罪的外来居民
B（被告律师）	有罪的外来居民	有罪的诚实人	无罪的骗子
C（原告）	无罪的骗子	无罪的骗子	无罪的诚实人

再来分析大侦探询问的情况。

当大侦探问原告他是否犯罪的时候，事实上他已经知道原告是无罪的（见上表）。他提这个问题的目的就是要弄清楚原告是诚实人还是骗子。如果原告真实的回答“不”，则大侦探立即可以确定上表中“可能性3”是真实情况。因而无须再提问题即可确定谁是罪犯及三个人的身份。但事实上大侦探又提了第二个问题。这说明原告肯定是骗子，他的回答是“是”。这样就排除了可能性 3，只剩下可能性 1 和可能性 2。

这时我们已经知道被告律师是罪犯，被告是无罪的。但是仍然不能区分二人谁是诚实人谁是外来居民。这时大侦探梅森问被告原告是否有罪。显然，诚实人的回答一定是“不”，而外来居民的回答则可能是“不”，也可能是“是”。因此，如果梅森得到的回答是“不”，他仍然没法区分二人的身份，但现在事实上他已经分清了。因此，他得到的回答肯定是“是”。因而，被告是外来居民，被告律师是诚实人同时也是罪犯。

总之，可能性 2 是真实情况：被告是外来居民，原告是骗子，被告律师是诚实人且是罪犯。

【趣味钓鱼】：0 条（6 无头是 0，9 无尾是 0，8 的半截是 0）。

第七章

数学能力——认识世界的本质

一场数学的唯美盛宴

看过《达·芬奇密码》吗？书中一开始就出现了一件惨案：卢浮宫博物馆馆长遇害了，其尸体旁出现了一串难以捉摸的密码？“3、5、13、21、1、1、2、8。”当你看到这里的时候，是不是也在思考这些数字有什么样的含义呢？你是否会惊奇，这些小小的毫无知觉的数字，难道竟会藏着杀人致命的神奇魔力吗？

这些数字的演算和奥秘，属于数学的范畴。数学，最初起源于人类早期的生产活动，是中国古代的六艺之一。在古希腊，数学被视为是哲学之起点，数学的希腊语“Μαθηματικ? Mathematikós”意思是“学问的基础”。马克思曾说过这样一句话：“一门科学，只有当它成功地运用数学时，才能达到完善的地步。”由此可见，数学对于人类发展的重要性。

说数学是一门很有用的学科，已经不可否认了。从地球上有人类起，人们便迈入了认识世界、改造世界的进程，同时也走进了数学的庞大体系中。早在远古时代，就有人“涉猎计数”和“结绳记事”。到现代，世界已经被数学包裹起来，到处都是数学的影子。人们购物后要记账以作年终统计查询、发完工资要去银行办理储蓄业务、每家每户都要缴纳水费、电费……这些简单的算术运算是数学最浅显的表现。此外，放眼望去，运动场上跑道直道与弯道的平滑链接、底部不能靠近的建筑物高度的计算、隧道双向作业起点的确定、折扇的设计和舞台的黄金分割点等，无一不是数学的范畴。综观世界，数学无处不在，它对推动人类文明的发展起着举足轻重的作用。

对数学的学习贯穿着每个国家教育体系的各个阶段，除了基础的演算能力之外，还会涉及逻辑概率等与认知世界息息相关的科目。基础演算是最为基本的数学能力，指的是人们在有目的性的数字演算活动中能够迅速完成数学计算活动的个性心理特征。基础演算不是简单的加、减、乘、除的计算，而是与其他许多能力有关的由低级到高级的综合能力。数学中的计算，就像人类活动中的语言一样，在日常的生活实践中被广泛地运用着。

数学能力的培养绝非一朝一夕，是要通过由浅入深、循序渐进的过程得来的。从最简单的基础演算开始，在多样化的数字训练中，人的脑细胞会得到活化，脑中潜能无形中被激发出来，最终一步步形成头脑的缜密思维。人类历史上，数学的探索精神曾激励了许多杰出人士成就事业，为人类作出贡献。而数学发展到现代，数学文化已经成为科技文化的核心，它的理性主义观念、缜密的思维方式、形式化的语言已经成为社会成员必备的一项基本素质，这种素质的高低决定了人们对事物的观察、判断和理解。

因此，极具现代性的数学，已经演变成一场唯美的盛宴，邀请向往进步和激情的人士前往，能不能步入宴会，就要看你是否拥有快速的数学演算能力和缜密的数学思考能力了。

基础演算大练兵

【多少只蚂蚁】

一只蚂蚁外出觅食，发现一大块面包。它立刻回洞唤来 10 个伙伴，可是搬不动。每个蚂蚁回去各找来 10 只蚂蚁，大家再搬，还是不行。于是每只蚂蚁又马上回去搬兵，每只蚂蚁又叫来 10 个兵，但仍然抬不动。蚂蚁们再回去，每只蚂蚁又叫来 10 个伙伴。这次，终于把大面包抬回洞里。你知道抬这块面包的蚂蚁一共有多少只吗？

【苹果的分法】

月月家里来了 11 位同学。月月的爸爸想用苹果来招待这 12 位小朋友，可是家里只有 7 个苹果。怎么办呢？不分给谁也不好，应该每个人都有份。那就只好把苹果切开了。可是又不好切成碎块，月月的爸爸希望每个苹果最多切成 4 块。

应该怎么分苹果才合理呢？

【牛奶有多重】

大龙买了一大瓶牛奶，他不知道牛奶重多少，但知道连瓶子共有 3.5 千克。现在，他喝掉了一半的牛奶，连瓶子还有 2 千克。你能算出瓶子有多重，牛奶有多重吗？

【酒鬼的数量】

一群酒鬼聚在一起要比酒量。先上一瓶，每个人平分。这酒真厉害，一瓶喝下来，当场就醉倒了几个人。于是再上来一瓶，在余下的人中平分，结果又有人倒下了。现在能坚持的人虽然已经很少，但总要决出个雌雄来。于是又来了一瓶，还是平分。这下总算是有个结果，全倒了。只听见最后倒下的酒鬼中有人嘀咕道："嗨，我正好喝了一瓶。"

你知道一共有多少个酒鬼在一起比酒量吗？

【糊涂账】

3个商人住宿时，每人10元，将30元交给小伙计后，再交到旅店老板那里去。旅店老板给打了个折找回5元。小伙计中间私吞了2元，只还给他们3元。

3个商人分3元，每人退回1元，合计每人付了9元，加在一起共27元，再加上小伙计私吞的2元，一共29元。怎么有1元钱不见了呢？

【求解最大和】

右图中，每格里都有一个数字，假设下端是入口，上端是出口，一步只能走一格，不允许重复，也不允许向下走，思考一下怎样才能使你走过的格里的数字之和最大？

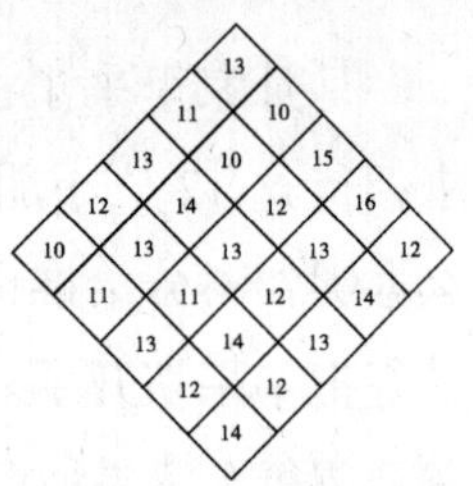

【奇妙算式】

根据 $22\times55=1210$ 和 $222\times555=123210$，你能看出规律，不用计算就写出下列算式的答案吗？

$2222\times5555=$

$22222\times55555=$

$222222\times555555=$

$2222222\times5555555=$

【答案为1】

在下面的数字中挑选出5个数字进行运算，得出的答案为1。请你找出这5个数字来，并说明按照什么顺序运算？

+190	×12	–999	×4
–87	+29	×9	–576
–94	+65	×22	–435
×7	×8	+19	+117

【巧填数字】

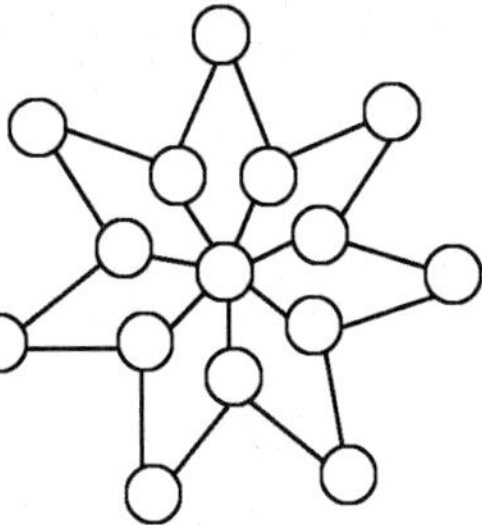

右图的七角星中有 15 个小圆圈。请把从 1 至 15 这 15 个数分别填入圆中，使每一个菱形的四个数的总和都为 30。快试一试吧！

【求和七边形】

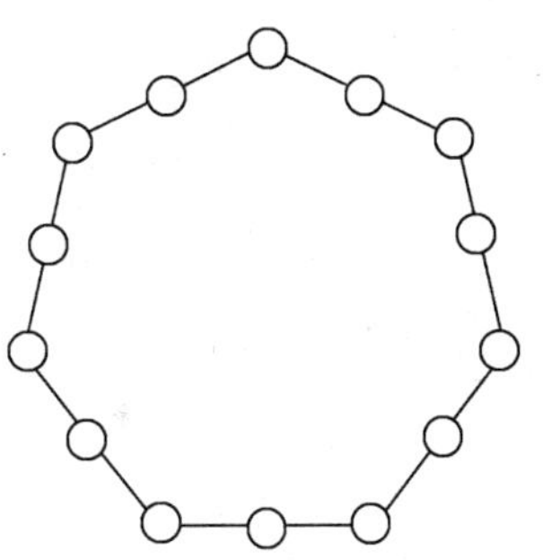

杜登尼是一位数学天才，这是他所提出的一个非常难解的七边形谜题。请在图上填入 1 到 14 的数字（不能重复），使得每边的三个数之和等于 26。

【金子的数目】

在一个繁华的边境地带，三个商人都要买一匹好马，这匹马的价钱是 17 两金子。可是这三个商人手头的金子都不够。于是甲对乙和丙说，把你们的钱每人借我 1/2，我就能买这匹马了。乙对丙和甲说，把你们的钱借给我 1/3，我就可以付买马的钱了。最后丙对乙和甲说，把你们的钱借我 1/4，我也能买这匹马。你们说这三个商人各自带了多少金子？

【猫鼠游戏】

有一只猫发现离它 10 步远的前方有一只奔跑着的老鼠，便马上紧追。猫的步子大，它跑 5 步的路程，老鼠要跑 9 步。但是老鼠的动作快，猫跑 2 步的时间，老鼠能跑 3 步。请问：按照现在的速度，猫能追上老鼠吗？如果能追上，它要跑多少路程才能追上老鼠？

【巧填等式】

在 1□2□3□4□5□6□7□8□9=100 这条数式中，填入+-×÷或空白，令它成为一条完整的算式。

若不允许使用乘法（×）和除法（÷），怎么填呢？

若逆置左边（9□8□7□6□5□4□3□2□1＝100），又该怎么填呢？

【步行时间】

老李家住在A市，但在B市上班。每个工作日，老李都要乘火车往返于AB两市之间。每天下午五点，他都准时出现在A市火车站出口处，老李的夫人则驾着车在那儿等他。然后他们一起开车回家。有一天，老李提前下班了，下午四点他已经走出了A市火车站。那天天气也不错，他就自己沿着夫人来接他的路线步行回家。途中，他遇到了开车来接他的夫人，然后坐车回家了。结果，比通常提前了10分钟到家。

假设李夫人的驾车速度不变，并且这天也是准时出发去接通常五点钟到火车站的丈夫的。你能否算出，老李在坐上汽车之前已经走了多少时间？

【再见的日子】

甲、乙、丙、丁四人都是海员，今年1月1日同时乘不同的轮船出海，分别的时候，他们约好下一次四个人都回来的那一天再见。甲隔16个星期回港一次，乙隔12个星期回港一次，丙隔8个星期，丁隔4个星期。

哪一天他们四人可以一起返港呢？

【算式金字塔】

根据算式结果的规律，将算式阵的结果补齐。

7 × 9 =

77 × 99 =

777 × 999 =

7777 × 9999 =

77777 × 99999 =

777777 × 999999 =

7777777 × 9999999 =

77777777 × 99999999 =

777777777 × 999999999 =

【数字摩天轮】

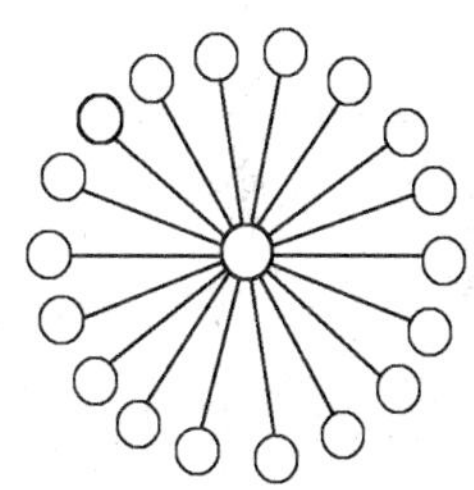

将 1 到 19 的数字分别填在右图的 19 个小圆圈中，使得任何一条直线上的三个圆圈内的数字之和都等于 30。

【叠纸游戏】

有一位疯狂的艺术家为了寻找灵感，把一张厚度为 0.1 毫米的很大的纸对半撕开，重叠起来。然后再撕成两半叠起来。假设他如此重复这一过程 25 次，折叠纸会有多厚？

【巧算长度】

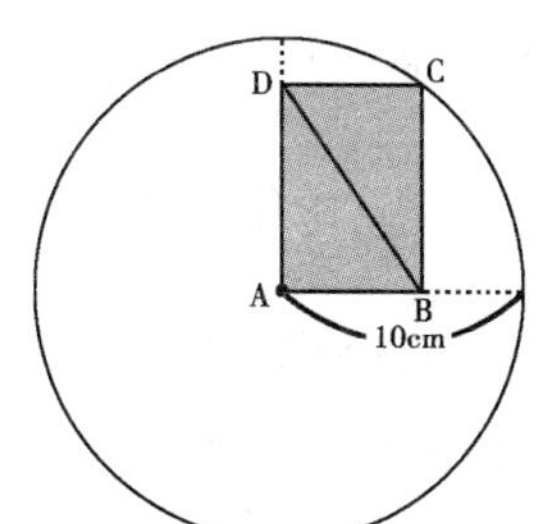

图示圆形的半径为 10 厘米，A 为圆心，在圆形上放一块长方形 ABCD，请问 BD 的长度是多少？

【区域面积】

如图所示，灰线周长为 18 米，请问这块区域的面积是多少？

【相遇起跑线】

在一个赛马场里，A 马 1 分钟可以跑两圈，B 马 1 分钟可以跑三圈，C 马 1 分钟可以跑四圈。

请问：如果这 3 匹马同时从起跑线上出发，几分钟后，它们又相遇在起跑线上？

【半张唱片】

张三和李四都热衷于解难题，他们最大的乐趣就是彼此用难题难住对方，或难倒他们的朋友。

有一次，张三和李四经过一家唱片店。这时，张三问李四："你是不是还有西部乡村音乐的唱片？"李四说："没有了，我把我唱片的一半和半张唱片给了小赵。"李四接着说："然后我把我剩下的另一半，加上半张给了小吴。"李四又说："这样我就只剩下一张唱片了。如果你能告诉我原先我有几张唱片，我就把这最后一张送给你。"张三真的被难倒了，因为他实在想不出这半张唱片有什么用处！你能帮他解决这个难题吗？

【古柏寿命】

有株古柏树，树上挂着一块牌子，牌子上写着：要问我今年多少岁，100 比我小，1000 比我大，从左往右每位数字增加 2，各位数字之和是 21。那么你知道这株古柏树几岁吗？

【乌龟的判断】

有一次乌龟和兔子又要比赛谁跑得快。乌龟对兔子说，你的速度是我的 10 倍，每秒跑 10 米。如果我在你前面 10 米远的地方，当你跑了 10 米时，我就向前跑了 1 米；你追我 1 米，我又向前跑了 0.1 米；你再追 0.1 米，我又向前跑了 0.01 米……以此类推，你永远要落后一点点，所以你别想追上我了。乌龟说得对吗？

【人口与头发】

假设有这样一个特大城市，它的人口数量比城中任何一个人的头发的数量都要多，并且该城中没有一个人是秃子。那么，下面两个结论，哪一个是正确的?

A：城中头发数量正好一样多的居民不存在。

B：城中至少有两个头发一样多的人。

【老板的损失】

顾客拿了一张百元钞票到商店买了25元的商品，老板由于手头没有零钱，便拿这张百元钞票到朋友那里换了100元零钱，并找了顾客75元零钱。

顾客拿着25元的商品和75元零钱走了。过了一会儿，朋友找到商店老板，说他刚才拿来换零钱的百元钞票是假钞。商店老板仔细一看，果然是假钞，只好又拿了一张真的百元钞票给朋友。

你知道，在整个过程中，商店老板一共损失了多少财物吗?（注：商品以出售价格计算。）

【过桥生死线】

抗洪前线紧要关头，一座桥将在17分钟内崩塌。四个抗洪战士必须在黑夜里穿过这座桥。他们只有一把手电筒，一次最多两人可以穿越，但是必须把手电筒带回来。

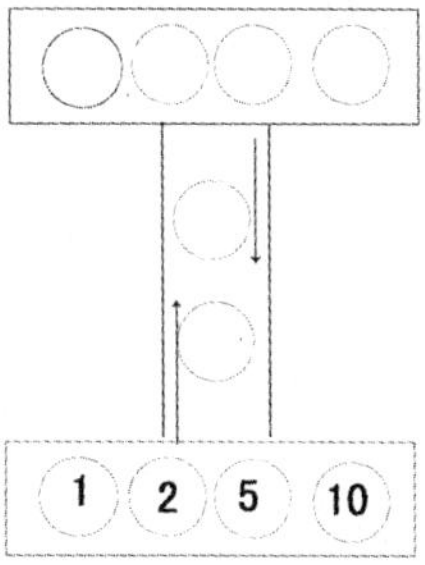

每个战士过桥速度不同，第一位要1分钟，第二位2分钟，第三位5分钟，第四位花10分钟。任何一对战士穿越此桥，必须以最慢的那位的速度来计算。

1　2　5　10

你能找到几种解决方案?

【燃烧时间】

房间里电灯突然熄灭——保险丝烧断了。本恩点燃了备用的两支蜡烛，在烛光下继续看书，直到爸爸把保险丝换好。

第二天，需要确定昨晚断电共有多长时间。本恩当时没有注意断电开始的时间，也没有注意是什么时候来的电，也不知道蜡烛原来的长度。他只记得两支蜡烛是一样长短的，但粗细不同，其中粗的一支能用五个小时（全用完），细的一支四个小时用完。两支蜡烛都是经他点燃的新烛。他没找到蜡烛的剩余部分，爸爸把它扔掉了。

已知：“两支蜡烛不一样，一支残烛的长度等于另一支残烛的 4 倍。”

本恩根据以上资料，算出了蜡烛的燃烧时间。你能算出来吗？

【剧院之谜】

有个剧院正在上演精彩的节目，刚好 120 个座位全部坐满了观众。而全部的入场费用刚好是 120 元。剧院的入场费收取办法是：男子每人 5 元，女子每人是 2 元，小孩子则每人是 1 角。那么，你可以据此算出剧院里的男人、女人、小孩各有多少人吗？

数学游戏的再升级

【神奇的除式】

仔细思考，请将竖式中遗失的数字找回来。

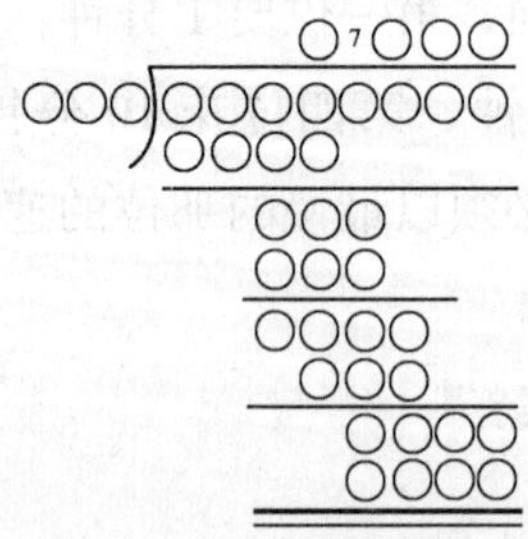

【出生在几时】

艾伦病故于 1945 年 8 月 31 日，他的出生年份恰好是他在世时某年年龄的平方，问：他哪年出生？

【数字通缉令】

这个数很奇妙。它加上1，和是一个数的平方（如49是7的平方）。若它的一半加上1，又是另一个数的平方（如25是5的平方）。具有这种性质的数有无限个。请你找出三个这样有趣的数，越小越好，它们是哪几个数？

【方格ABC】

12	21	A
B	13	19
20	16	C

根据右图中已有数字，求A、B、C的值。

【猩猩搬香蕉】

一个小猩猩边上有100根香蕉，它要走过50米才能到家，每次它最多搬50根香蕉（多了就被压死了）。它每走1米就要吃掉一根，请问它最多能把多少根香蕉搬到家里？

【激情NBA】

一场精彩的NBA篮球赛刚刚结束，球迷们议论纷纷：

（1）选手们体力真棒，比赛中双方都没有换过人。

（2）双方水平都很高，得分最多的一名队员独得30分；有三名队员得分不到20分，并且他们所得的分数各不相同。

（3）客队的个人技术相当接近，得分最多的和最少的只差3分。

（4）全场比赛中只有3名队员得分相同，都是22分，而且他们不全在同一个队。

（5）主队队员个人得分是一组等差数列。

请根据以上信息来推算这场篮球赛的具体结果。

【连环六边形】

请把1~24共24个数，分别填进小圆圈里，使每个六边形六数之和皆为75。你能填吗?

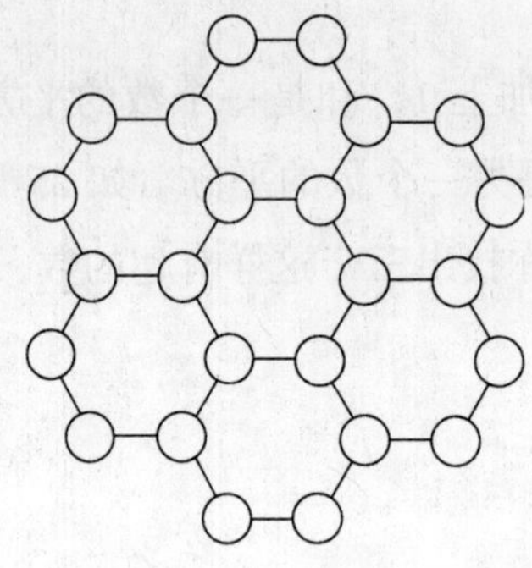

【镜中的数字】

有四个数字（两组）在镜子里面看数字的顺序相反，它们两者之间的差均等于63。

请问：这两组数字分别是什么?

【兔子的谎言】

有4只兔子，年龄从1岁到4岁各不相同。它们中有两只说话了。无论谁说话，如果说的是关于比它大的兔子的话都是假话，说比它小的话都是真话。兔子甲说："兔子乙3岁。"兔子丙说："兔子甲不是1岁。"

你能知道这4只兔子分别是几岁吗?

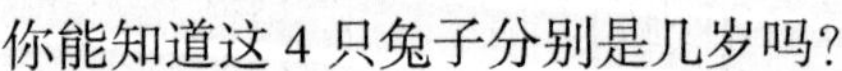

【巧换轮胎】

有一个跑长途运输的司机要出发了。他用做运输的车是三轮车。轮胎的寿命是2万公里。现在他要进行5万公里的长途运输，计划用8个轮胎就完成运输任务。怎样才能做到呢?

【黑白渡船】

黑、白两只渡船在一条河的南北两岸同时相向渡河。

假设河的宽度在各处不变，渡船的航线和两岸成直角。并且两只船的航速都保持不变，但其中一只船的航速要比另一只船稍快一点。它们在河中的某处擦肩而过，此处距离较近的南岸有 720 米。靠岸后两只船都分别停靠了 10 分钟然后返回。在返回的过程中，两只船在距离北岸 400 米处再次相遇。

问：这条河有多宽？

【猎人与陷阱】

下图是一张猎人设下的陷阱图，黑点表示陷阱。猎人一口气察看了所有的陷阱。他从有星形记号的方格出发，一格一格地走，把有陷阱的和空白的方格全走遍了，并且一次也没有回到已经走过的方格中去。他也没有对角走，也没有到过斜线的方格，因为斜线方格是水沟。他转完一圈，仍回到出发时的那块方格中。你知道他是怎么走的吗？

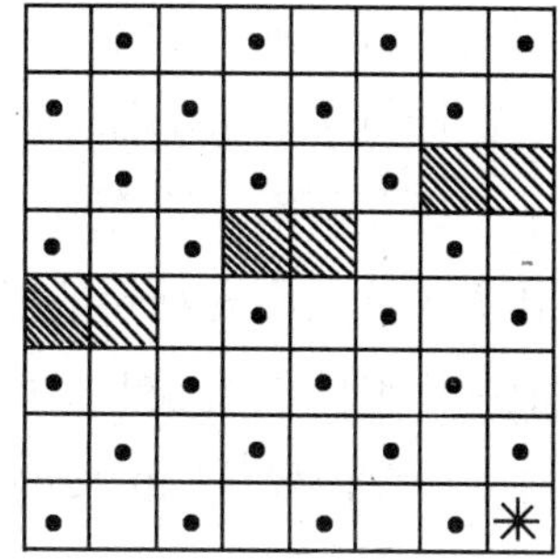

【巧分金砖】

有一位富翁，先后用 24K 的黄金打造了四块金砖，形状都是正方体，每边长度分别是 3 厘米、4 厘米、5 厘米和 6 厘米（如下图）。他决定把这些金砖平均分给两个儿子。

四块金砖，大小不一，重量各不相同。怎样才能平均分成两份？

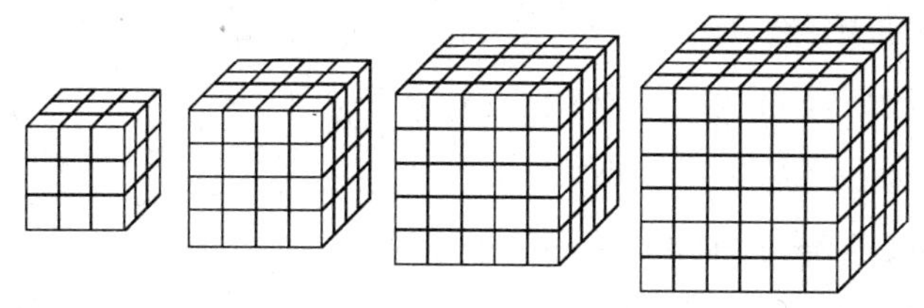

【必输的妇人】

镇上的集会开始了，今年搞了一种叫做“15点”的游戏。组织者宾治先生说：“来吧，乡亲们。规则很简单，我们只要把硬币轮流放在1到9这个数字上，谁先放都一样。你们放镍币，我放银元，谁首先把加起来为15的三个不同数字盖住，那么桌上的钱就全数归他。”

我们先看一下游戏的过程：某妇人先放，她把镍币放在7上，因为将7盖住，他人就不可再放了。其他一些数字也是如此。宾治把一块银元放在8上。妇人第二次把镍币放在2上，这样她以为下一轮再用一枚镍币放在6上就可加为15，于是她以为就快赢了。但宾治第二次把银元放在6上，堵住了妇人的路。现在，他只要在下一轮把银元放在1上就可获胜了。妇人看到这一威胁，便把镍币放在1上。宾治先生下一轮则把银元放到了4上。妇人看到他下次放到5上便赢了，就不得不再次堵住他的路，把一枚镍币放在5上。但是，宾治先生却把银元放在3上，因为8+4+3=15，所以他赢了。可怜的妇人输掉了这四枚镍币。

其实，妇人是没有办法赢的，你知道为什么吗？

【智慧路径】

从顶端的数字出发，寻找一条路线到达底端的数字，每次只能在水平线上向下移动一层。

（1）能找到一条路线，使所有经过的数字总和为130吗？

（2）找到两条不同的路线，使所有经过的数字总和为131吗？

（3）路线所经过的数字总和的最大值是多少？你能找到这条路线吗？

（4）路线所经过的数字总和的最小值是多少？你能找到这条路线吗？

（5）有几条路线所经过的数字总和为

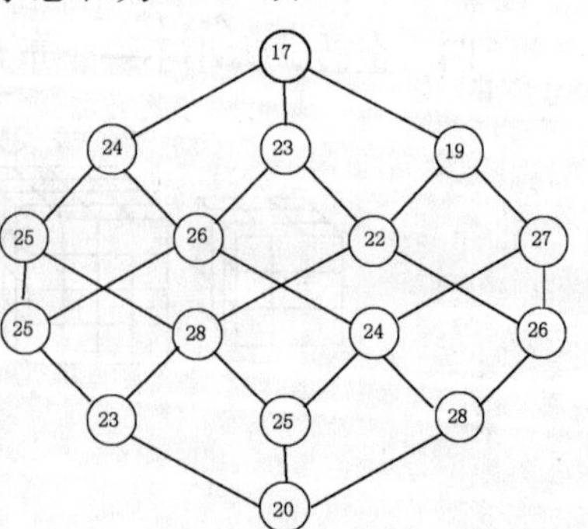

1367，你能找到这条（或这些）路线吗？

【父子赛跑】

父亲和儿子一起散步。父亲的跨步大，儿子走 3 步才能跟上父亲的 2 步。如果他们正好都用右脚同时起步，请问儿子走出多少步后，能和父亲同时迈出左脚？

【巧连等式】

如果 12345679×(9)=111111111；那么，你能不用计算就在下面的括号中填入合适的两位数使等式成立吗？

12345679 ×（　　）= 222222222

12345679 ×（　　）= 333333333

12345679 ×（　　）= 444444444

12345679 ×（　　）= 555555555

12345679 ×（　　）= 666666666

12345679 ×（　　）= 777777777

12345679 ×（　　）= 888888888

12345679 ×（　　）= 999999999

【神奇的风力】

假设你正在相距 1600 公里的两个城市之间飞行，飞机的时速为 800 公里/小时。在没有风的情况下，去程和返程的时间均为 2 小时，就是说往返需要 4 小时。但是如果有风，那么情况又会如何呢？

我们假设从 A 城向 B 城逆风飞行，风速为 200 公里/小时，也就是说对地速度仅为 600 公里/小时；但是，在返程时却顺风飞行，风速为 200 公里/小时，因此对地速度为 1000 公里/小时。

请思考一下：风速是如何影响往返时间的呢？它长于、短于还是等于无风情况下的往返时间？

【抢报30游戏】

蓬蓬和亨亨玩一种叫做“抢30”的游戏。游戏的规则很简单：两个人轮流报数，第一个人从1开始，按顺序报数。他可以只报1，也可以报1、2。第二个人接着第一个人报的数报下去，但最多也只能报两个数，而且不能一个数都不报。例如，第一个人报的是1，第二个人可以报2，也可以报2、3。如果第一个人报的是1、2，第二个人可以报3，也可以报3、4。接下来仍然由第一个人接着报，如此轮流下去，谁先报到30谁就胜。

蓬蓬很大度，每次都让亨哼先报。但是每次都是蓬蓬胜利。亨亨觉得其中肯定有猫腻。于是坚持要蓬蓬先报，结果几乎每次还是蓬蓬胜。

聪明的你，知道蓬蓬必胜的策略是什么吗?

【童梦奇缘】

如果你明天早上醒来，发现自己在每个方向上都大了一倍，高了一倍，胖了一倍，厚了一倍。那时你将多重?假设骨骼和肌肉的密度保持不变。

【放假一年】

10个同学来到教室，为座位问题争论不休。有的人说，按年龄大小就座。有的人说，按学习好坏就座。还有人要求按个子高矮就座。

老师对他们说：“孩子们，你们最好停止争论，任意就座。”这10个同学随便坐了下来，老师继续说道：“请记下现在就座的次序。明天来上课时，再按别的次序就座；后天再按新的次序就座。反正每次来时都按新的次序，直到每个人把所有的位子都坐过为止。如哪一天正好每个人都坐在现在所安排的位子上，我将给你们放假一年。”

请你算算看，老师隔多久才给他们放假一年呢?

【国王的首饰】

传说从前有一位国王，有一天，他把几位妃子召集起来，出了一道题考她们。题目是：我有金、银两个首饰箱，箱内分别装有若干件首饰，如果把金箱中25%的首饰送给第一个算对这个题目的人，把银箱中20%的首饰送给第二个算对这个题目的人。然后我再从金箱中拿出5件送给第三个算对这个题目的人，再从银箱中拿出4件送给第四个算对这个题目的人，最后我金箱中剩下的比分掉的多10件首饰，银箱中剩下的与分掉的比是2∶1，请问：谁能算出我的金箱、银箱中原来各有多少件首饰？

【日食何时来】

四个人在谈论昨天的日食时间，一个说："我看到日食时是12点零8分。""不，是11点40分。""我记得是12点15分。""我的表是11点53分。"四个人说的时间都不一样，因为他们的手表都不准。其中有两只表比准确时间慢，一只慢表与一只快表到准确时间的差为9分钟，而另两只一只比另一只慢35分，那么，你知道日食发生的准确时间吗？

【虎口脱险】

森林之王老虎知道狐狸狐假虎威的欺人伎俩之后，咆哮着要找狐狸算账。狐狸眼看无路可逃，便把胸脯一挺，对老虎说："你不要轻举妄动哦！我可是有法力的。我能猜得出你心里想的任何数字。"老虎不信，狐狸便说："你用5乘你心里想的那个数，再乘15，再除以3，再乘4，把得数告诉我。"老虎半信半疑地说："得数是1400。"狐狸说："你心里想的数是14，对吧？"老虎一听，大惊失色，吓得一溜烟跑了。你知道狐狸是怎么猜出来的吗？

【聪明的商人】

有一个商人用一个大桶装了12千克油到市场上去卖，恰巧市场上两个人分别带了5千克和9千克的两个小桶，但他们要买走6千克的油，而且一个买了1千克，一个买了5千克。这个商人要怎样称给他们呢?

【二马三牛四羊】

今有2匹马、3头牛和4只羊，它们各自的总价都不满10000文钱。如果2匹马加上1头牛，或者3头牛加上1只羊，或者4只羊加上1匹马，那么它们各自的总价都正好是10000文钱了。问：马、牛、羊的单价各是多少文钱?

【三色伞】

有红黄蓝三种伞共160把，如果取出红伞的1/3，黄伞的1/4，蓝伞的1/5，则剩120把。如果取出红伞的1/5，黄伞的1/4，蓝伞的1/3，则剩下116把。请问，这三种伞原来各有多少?

【高斯解题】

数学家高斯因其对数学的杰出贡献被誉为“数学王子”，但并不是所有人都对他得到这一荣誉而心悦诚服。有一天，一个自诩为天才的傲慢青年来找高斯，妄图出一道难题难倒高斯，让他出丑。青年拿出A、B、C、D、E、F六块拼板，让高斯选出两块拼成上面的图形。高斯一眼扫去就发现了其中的诀窍，并很快想出了三种拼法。那青年自知冒失，便灰溜溜地走了。你知道高斯是怎么拼的吗?

【戚继光布阵】

戚继光是明代著名的抗倭将领。一次，当倭寇前来袭击时，戚家军主力尚未到达，城里的兵力仅有360人。戚继光部署了兵力，使敌人无论从哪一面观察，都有100名士兵把守。经过思考，戚继光决定抽调100人绕道袭击敌人的粮草。有人担心城内兵力太少，戚继光却说："没关系，我会重新布阵，这 260 人布置好以后，敌人无论从哪一面察看，都反而会认为士兵增加了 25 名"。说完，戚继光画了一张图，让大家看。

你知道戚继光是怎样布置兵力的吗？

【动物雕塑】

我们都知道，人的大脑分为左右两个半球。左半球管理着抽象思维，它使人的思维更精确，更严谨。而右半球则管理着形象思维，它使人的思维富有灵气、想象力和创造性。

解答下面的题目，是需要一点大脑两个半球的合作的。题目如下：

在某校的一堂美术课上，学生们的作业是要用黏土为材料来制作动物雕塑。假设制作一个小动物雕塑需要 1 公斤的黏土，而每制成 5 个小动物雕塑，剩下的下料黏土，又能够制作成一个小动物雕塑。

为了制作 31 个小动物雕塑，至少需要多少公斤黏土？

【商家的计谋】

一则商业广告这样写着：

凡在本商场一天之内购物金额累计满 40 元者可领取奖券一张，共发行 10 万张奖券。

设特等奖 2 名，各奖 2000 元；

一等奖 10 名，各奖 800 元；

二等奖 20 名，各奖 200 元；

三等奖 50 名，各奖 100 元；

四等奖 200 名，名奖 50 元；

五等奖 1000 名，各奖 20 元。

这种有奖销售和实行"九八折"的销售方式相比较，哪一种让利给顾客的比较多？

【月饼趣事】

中秋节到了，班级里买回一箱月饼准备分给同学们。第1个同学取走了1块月饼和剩余月饼的1/9，第2个同学取走了2块月饼和剩余月饼的1/9，第3个同学取走了3块月饼和剩余月饼的1/9，第4个同学取走了4块月饼和剩余月饼的1/9。以此类推，把全部月饼一点不剩地分配给了全部同学。请问班级共有多少个同学、多少块月饼？

【检票的学问】

在一间火车站的候车室里，旅客们正在等候检票。已知排队检票的旅客按照一定的速度在增加，检票的速度则保持不变。如果车站开放一个检票口，那么需要半小时才能让等待检票的旅客全部检票进站；如果同时开放两个检票口，那么就只需要10分钟便可让等待检票的旅客全部检票进站。现在有一班增开的列车很快就要离开了，必须在5分钟内让全部旅客都检票进站。

请问：这个火车站至少需要同时开放几个检票口？

智慧题解

基础演算大练兵

【多少只蚂蚁】：14641只蚂蚁。

本题极具干扰性，各找来10个伙伴并不是直接乘以10。第一次11只；第二次：11×11=121只；第三次：11×11×11=1331只；第四次：11×11×11×11=14641只。

【苹果的分法】：把3个苹果各切成4块，把这12个1/4块分给每人1块。另外的4个苹果每个切成3等份，这12个1/3也分给每人一块。于是，每个孩子都得到了一个1/4块和一个1/3块。也就是说，12个孩子都平均分到了苹果。

【牛奶有多重】：牛奶的一半重 3.5－2＝1.5 千克。牛奶重 1.5×2＝3 千克。瓶子重 3.5－3＝0.5 千克。

【酒鬼的数量】：一共有 6 个酒鬼。

【糊涂账】：付账的钱是能对上的。

3 个商人开始拿出 30 元，后来退回 3 元，其结果是 3 人负担 27 元。

27 元的清单是老板收取的 25 元和小伙计私吞的 2 元，正好与付账的钱一致。小伙计私吞的 2 元，包含在 3 个商人负担的 27 元内。

老板收取的 25 元＋小伙计私吞的 2 元＝3 人负担的 27 元。

因此，3 个商人负担的 27 元，加上小伙计私吞的 2 元的 29 元的数字，实际上没有任何意义，因为这 2 元已经包括在 27 元里了。所以说，30 元与这 29 元的差额 1 元是无意义的。

【求解最大和】：这道题中虽然不可以向下，但是可以横着走，比如最下端的两个 12，可以从其中的一格跳到另一个格中。那么每一个格子里都能走一步，这数字之和是最大的。

【奇妙算式】：

$2222 \times 5555 = 12343210$

$22222 \times 55555 = 1234543210$

$222222 \times 555555 = 123456543210$

$2222222 \times 5555555 = 12345676543210$

【答案为 1】：+29，×7，−94，×4，−435。

$(29 \times 7 - 94) \times 4 - 435 = 1$。

【巧填数字】：如图所示：

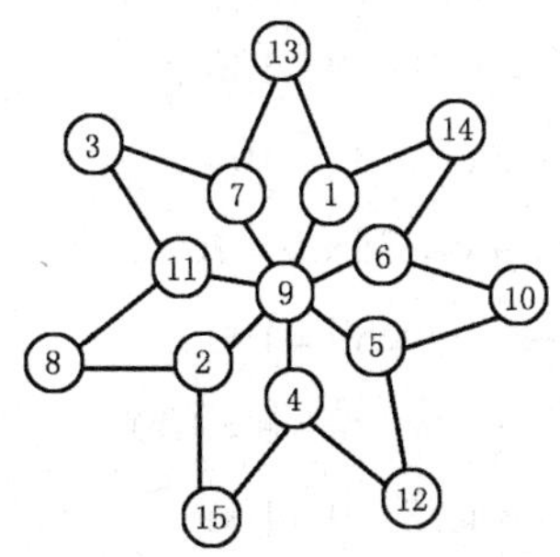

【求和七边形】：七边形上每个边的数字总和为26，如下图：

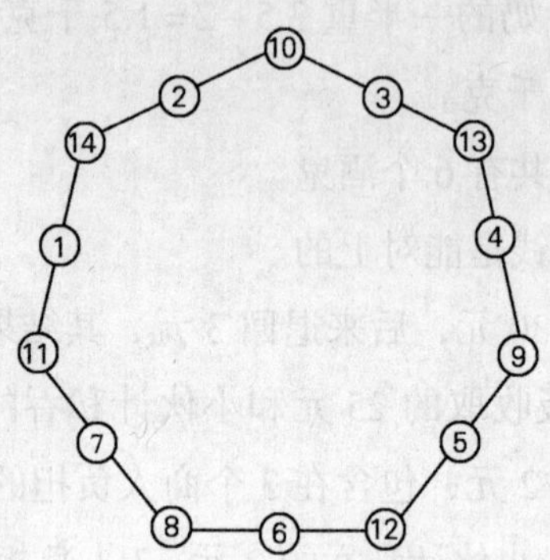

【金子的数目】：甲有5两金子，乙有11两金子，丙有13两金子。

【猫鼠游戏】：能。猫要跑60步才能追上老鼠。

【巧填等式】：

正：

$123-45-67+89=100$；

$1\times2\times3\times4+5+6+7\times8+9=100$；

$1+2+3+4+5+6+7+8\times9=100$。

不用乘除：

$123+4-5+67-89=100$；

$1+2+34-5+67-8+9=100$；

$123+45-67+8-9=100$；

$12+3-4+5+67+8+9=100$；

$123-4-5-6-7+8-9=100$；

$1+23-4+56+7+8+9=100$；

$12-3-4+5-6+7+89=100$；

$1+2+3-4+5+6+78+9=100$；

$12+3+4+5-6-7+89=100$；

$-1+2-3+4+5+6+78+9=100$；

$1+23-4+5+6+78-9=100$；

$123 - 45 - 67 + 89 = 100$。

逆：

$98 - 76 + 54 + 3 + 21 = 100$。

【步行时间】：老李在坐上夫人的车之前已经走了 55 分钟。

他们的车是提前 10 分钟到家的，这说明这天这辆车的实际行驶时间，比通常往返家和火车站所需时间少了 10 分钟。又因为车速不变，所以老李夫人从驾车离家到路上遇上老李所用的驾驶时间，比通常由家抵达火车站所需的时间少了 5 分钟。通常她是五点钟到达火车站，因此，这天她是 4：55 遇上老李 。又因为老李是四点走出火车站的，所以老李一共走了 55 分钟。

【再见的日子】：四个人回港日子的最小公倍数是 48 个星期，他们在 12 月 2 日可以一起返港。

【算式金字塔】：

$7 \times 9 = 63$

$77 \times 99 = 7623$

$777 \times 999 = 776223$

$7777 \times 9999 = 77762223$

$77777 \times 99999 = 7777622223$

$777777 \times 999999 = 777776222223$

$7777777 \times 9999999 = 77777762222223$

$77777777 \times 99999999 = 7777777622222223$

$777777777 \times 999999999 = 777777776222222223$

【数字摩天轮】：$1 + 19 = 20$， $2 + 18 = 20$， $3 + 17 = 20$，依此类推，将 20 的两个被加数填在相对的圆圈中，而数字 10 填在中心的圆圈中。填法如右图。

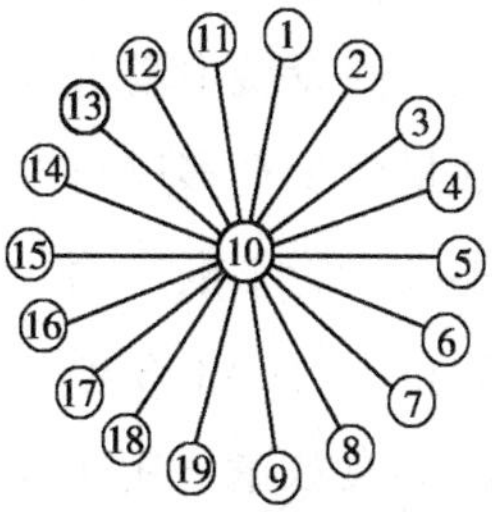

【叠纸游戏】：这叠纸的厚度将达到 3355.4432 米，有一座山那么高。

【巧算长度】：10 厘米。

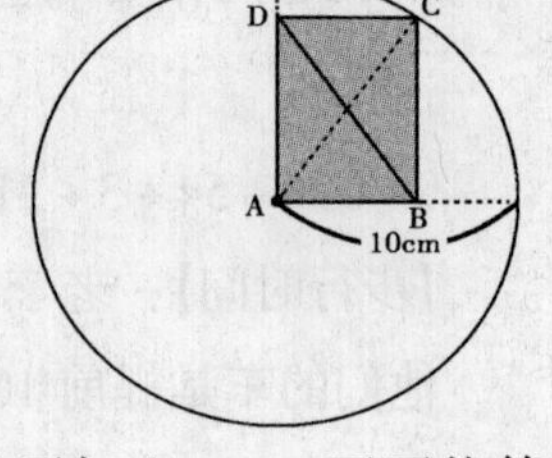

作辅助线联结 AC，其长度应该与 BD 相等，因为二者同为长方形的对角线，而 AC 又是圆的半径，当然是 10 厘米啦。

【区域面积】：20 平方米。

【相遇起跑线】：1 分钟后。

【半张唱片】：此题很容易使人掉入东西的一半再加上 1/2，不可能等于一个整数的陷阱里。如果走入这个迷宫，就难见天日了！

此题的关键在于：奇数唱片的一半，再加上半张唱片，正好是个整数。

由于李四最后一次送出唱片后剩一张，所以他在给小吴 1 张之前，至少有 3 张。3 的一半加上 1/2 等于 2，所以李四最后送出了 2 张。现在很容易倒算回去，他原先有 7 张唱片。

【古柏寿命】：579 岁。

从已知条件看，古柏树的年龄比 100 大、比 1000 小，它一定是个三位数。又知个、十、百三位上的数字之和是 21，而且个位上的数字比十位上数字多 2，十位上的数字比百位上数字多 2，则个位上的数字比百位上的数字多 4，因此百位上的数字是 $[21-(2+4)]\div3=5$，十位上的数字为 $5+2=7$，个位上的数字为 $7+2=9$，所以古柏树的年龄是 579 岁。

【乌龟的判断】：不对。

乌龟只看到了速度和距离，却没考虑时间。事实上，兔子只要用 10/9 秒的时间就能与乌龟相遇，然后，兔子就跑到乌龟的前面去了。

【人口与头发】：B 结论是正确的。

假设城中没有居民的头发数量正好一样多。把所有的居民按其头发的数量由少至多进行排列，由于城中无一人是秃子，第一个人的头发的数量不会少于 1 根，第二个人的头发的数量不会少于 2 根；第三个人的头发的数量不会少于 3 根，以此类推，最后一个人是全城头发数量最多的人，他的头发数量一定不少于这个城市的人口数量。这和题目条件矛盾。因此，城中至少有两个头发一样多的人。

【老板的损失】：商店老板损失了 100 元。

老板与朋友换钱时，用 100 元假币换了 100 元真币，此过程中，老板没有损失，而朋友亏损了 100 元。

老板与持假钞者在交易时：100=75+25 元的货物，其中 100 元为兑换后的真币，所以这个过程中老板没有损失。

朋友发现兑换的为假币后找老板退回时，用自己手中的 100 元假币换回了 100 元真币，这个过程老板亏损了 100 元。

所以，整个过程中，商店老板损失了 100 元。

【过桥生死线】：如下图：

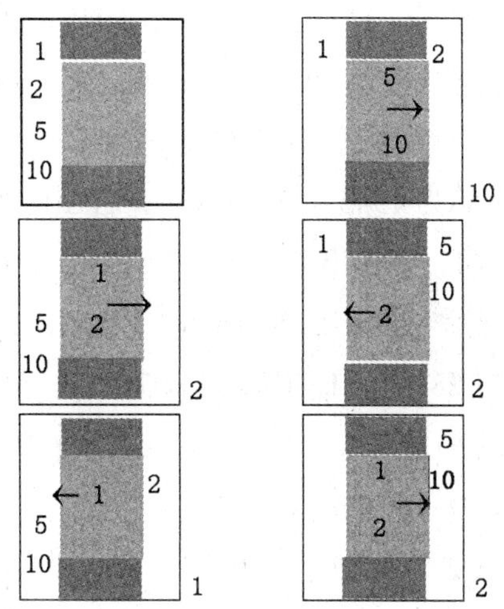

【燃烧时间】：两支蜡烛各点燃了 3 小时 45 分钟。

【剧院之谜】：男人有 17 人，女人 13 人，小孩子有 90 人。一共刚好 120 人。

数学游戏的再升级

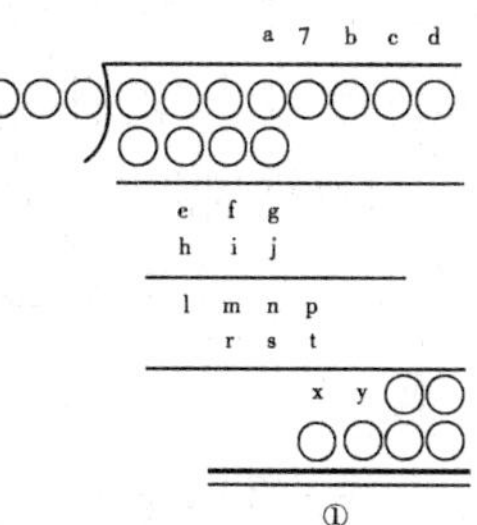

【神奇的除式】：从算式的最后一层可看出（有些数字用字母表示）图①，c=0。efg-hij 是三位数，而 lmnd-rst 是两位数，所以 lmnp＞efg，因此 rst＞hij，这样 b＞7。a 和 d 分别与除数相乘后都得四位数，由此 $a>b$，$d>b$，这样只可能 $b=8$，$a=d=9$，现在得商是97809。

因 rst≤999，所以除数不能大于124。xy 不能大于11，应是10或11，又因为 lmnp≥1000，所以 rst>988，123×8=984，因此除数一定大于123。

除数只能是124，被除数是124×97809=12128316，如图②。

```
          9 7 8 0 9
    ─────────────────
1 2 4 ) 1 2 1 2 8 3 1 6
        1 1 1 6
        ───────
          9 6 8
          8 6 8
        ───────
          1 0 0 3
            9 9 2
        ─────────────
            1 1 1 1 6
            1 1 1 1 6
        ═════════════
```

②

【出生在几时】：设他在世时某年年龄为 x，则 $x^2<1945$，且 x 为自然数。其出生年份 $x^2-x=x(x-1)$，他在世年龄 $1945-x(x-1)$。1945的平方根约等于44.1，则 x 应为44或略小于44的数。而 $x=44$ 时，$x(x-1)=44\times43=1892$，算得其在世年龄为 $1945-1892=53$；又 $x=43$ 时，$x(x-1)=43\times42=1806$，得其在世年龄为 $1945-1806=139$；若 x 再取小，其在世年龄越大，显然不妥。故 $x=44$，即他出生于1892年，终年53岁。

【数字通缉令】：除48外，还有1680，57120，1940448。可以看出：1681与841，57121与28561，1940449与970225，分别是41与29，239与169，1393与985的平方。

【方格 ABC】：A=17，B=18，C=14。

在任何横线或竖线条里的数字总和等于50。从类似无规律的现象中，发现出规律，会逐步提高你的观察力、分析能力，使你的智力从量变向质变飞跃。

【猩猩搬香蕉】：猩猩走1米吃一根，回1米吃一根，再走一米吃一根，也就是搬一次要走3趟。一次搬50根，那么就是 $50/3\approx17$ 米。猩猩走了17米，再回去搬剩下的50根得 $50-17=33$ 根再回来，然后加上17米处第一次搬的香蕉，再然后背着香蕉回家，结果应该是16根。

【激情 NBA】：根据游戏中给出的条件，可以知道：

(1) 主队个人得分是一组等差数列，说明三名得22分的队员中，只有一名在主队。

(2) 客队个人得分上下只差3分，已知其中有两人各得22分，可见得

30 分者不在客队。

（3）在主队个人得分的等差数列中，以 30 分为首项，22 分只能是中项，由此可推知主队个人得分分别为 30、26、22、18、14 分。

（4）客队个人得分除两名得 22 分外，少于 20 分者只能是 19。

（5）根据条件 3 和条件 4，余下两名的得分数只能是 21 和 20。

综合上述可知，比赛结果为：主队 110 分，客队 104 分。

【连环六边形】：如图所示：

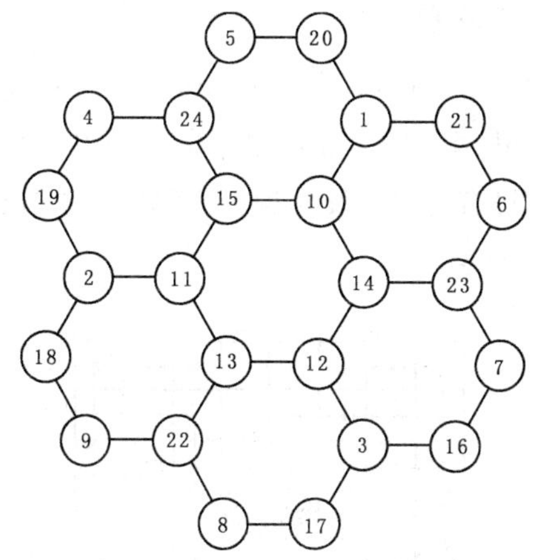

【镜中的数字】：18 和 81，29 和 92。

【兔子的谎言】：甲：2 岁；乙：4 岁；丙：3 岁；丁：1 岁。

如果丙兔子说的话是假的话，丙就比甲年龄小，而且甲就是 1 岁。这是不可能的。所以丙兔子的发言是真实的，就是甲不是 1 岁，丙比甲年龄要大。

如果甲的发言是真的话，就是乙 3 岁。甲要比乙年龄大就是 4 岁，这与上面的分析是矛盾的。所以，甲的话是假的，乙也不是 3 岁，甲比乙年龄要小。

根据以上分析：乙是 4 岁，丙是 3 岁，甲是 2 岁，剩下的丁就是 1 岁。

【巧换轮胎】：如果给 8 个轮胎分别编为 1~8 号，每 5000 公里换一次轮胎，可以用下面的组合：123（可行驶 1 万公里）、124，134，234、

456、567、568，578、678。

【黑白渡船】：当两只船第一次相遇时，它们已经行驶的距离之和刚好等于河的宽度。当它们在返回途中第二次相遇时，已经行驶的距离之和是河的宽度的 3 倍。又因为两只船的速度均保持不变，且用去的行驶时间相同。因此，当第二次相遇时，两只船实际已经行驶的离是它们第一次相遇时已经行驶距离的 3 倍。这样，当第二次相遇时，白船的行驶距离是 720 米×3，即 2160 米，这比河的宽度正好多出 400 米。因此，河的宽度是 2160 米–400 米，即 1760 米。

题中的条件“靠岸后两只船都分别停靠了 10 分钟然后返回”的意义在于，保证当第二次相遇时两只船已经行驶的时间相同。至于条件中“10 分钟”这个具体数字没有意义，就是说，也可以是 5 分钟、12 分钟，等等。

【猎人与陷阱】：如图：

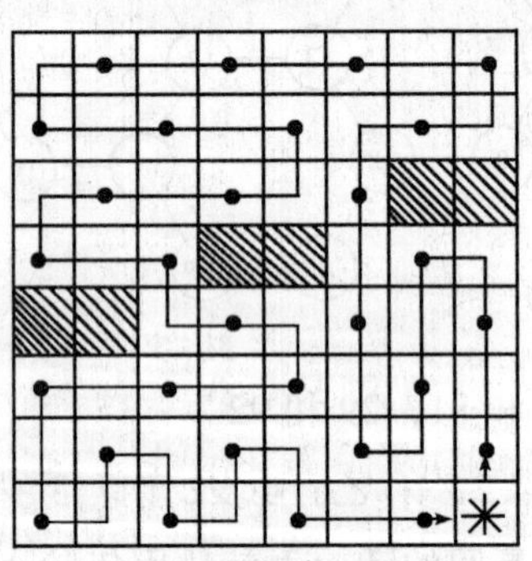

【巧分金砖】：因为四块金砖全是用 24K 黄金打造的，比重相同，所以它们的重量之比等于体积之比。计算表明：

$3^3 + 4^3 + 5^3 = 27 + 64 + 125 = 216 = 6^3$

由此可见，最大正方体的体积，恰好等于另外三个体积的和。

所以，最简便的方法是：将最大的一块金砖给一个儿子，其余三块给另一个儿子，就实现了平均分配。

【必输的妇人】：“15 点”游戏的诀窍在于它在数学上是等价于“井”字游戏的！

该等价关系是在著名的 3×3 魔方的基础上建立的。要了解这种魔方的妙处，须先列出其和均等于 15 的所有三个数字的组合（不能使两个数字相同，不能有 0）。这样的组合只有八组：1+5+9=15，1+6+8=15，2+4+9=15，2+5+8=15，2+6+7=15，3+4+8=15，3+5+7=15，4+5+6=15。

现在我们仔细观察一下这个独特的 3×3 魔方：

2	9	4
7	5	3
6	1	8

应当注意的是，这里有八组元素，八组都在八条直线上：三行、三列、两条主对角线。每条直线等同于八组三个数字（它们加起来是 15）中的一组。因此，在比赛游戏中每组获胜的三个数字，都由某一行、某一列或某条对角线在方阵上代表着。宾治先生在一张卡片上画上“幻方图”，把它放在游戏台下面，只有他能看到。只有一种位置的幻方图结构，但是它可以旋转出四种不同的组合形式，而每一种形式可通过反射，又产生出另外四种形式，共八种形式。在玩这种游戏时，这八种形式中的每一种都可用作秘诀。在进行“15 点”游戏时，宾治先生暗自在玩卡片画上的“井”字游戏。玩这种游戏是绝对不会输的，假如双方都正确无误地进行，最后就会出现和局。然而，参加游艺比赛的人总是处于不利的地位，因为他们没有掌握“井”字游戏的秘诀。因此，宾治先生很容易设置埋伏而获胜。

【智慧路径】：

（1）17+19+22+24+28+20=130

（2）17+19+22+28+25+20=131

17+23+22+24+25+20=131

（3）140。17→24→26→28→25→20

（4）127。17→19→22→24→25→20

（5）两条路线：

17→24→26→24→25→20

17→23→22→26→28→20

【父子赛跑】：和儿子不可能有同时迈出左脚的情况，请看下表：

父亲———右—左———右—左———右—左

儿子———右—左—右——左—右—左——右—左—右

【巧连等式】：18；27；36；45；54；63；72；81。

【神奇的风力】：无风时，往返需要4小时：以每小时800公里的速度飞行1600公里，也就是说去程和返程各飞行2小时。逆风风速为200公里每小时（kph）时，对地速度为600公里每小时（kph）。飞行1600公里（km）所需的时间为：1600km/600kph≈2.67小时或2小时40分钟。

反向飞行时，对地速度为1000 kph，因此飞行1600公里所需的时间为：1600 km/1000kph＝1.60h或1小时36分钟。于是，总飞行时间为4小时16分钟。

让我们假设风速增加到400kph。那么，顺风飞行时的对地速度为1200kph，该方向飞行时间为1600km/1200kph≈1.33 h或1小时20分钟；反向飞行时，对地速度为400kph，因此飞行时间为1600km/400kph=4小时。总飞行时间为5小时20分钟，比风速为200kph时的飞行时间又长了1小时多。

【抢报30游戏】：蓬蓬的策略其实很简单：他总是报到3的倍数为止。如果亨亨先报，根据游戏规定，他或者报1或者报1、2。如果亨亨报1，则蓬蓬就报2、3。若亨亨报1、2，则蓬蓬就报3。接下来，亨亨从4开始报，而蓬蓬视亨亨的情况，总是报到6为止。以此类推，蓬蓬总是能使自己报到3的倍数为止。由于30是3的倍数，所以蓬蓬总能报到30。

【童梦奇缘】：当你将一个二维物体线性放大2倍时，它的面积以4倍（2的二次方）的因子增加。相似，将三维物体线性放大2倍时，它的体积以8倍（2的三次方）的因子增加。假设该物体的密度保持不变，其重量也以 8 倍的因子增长。要得出新的重量，只要将现在的重量乘以 8 就可以了。

【放假一年】：实际上是办不到的，因为安排座位的数字太大了。它是 362800，这个数字的天数相当于 10000 年。

【国王的首饰】：如下图：

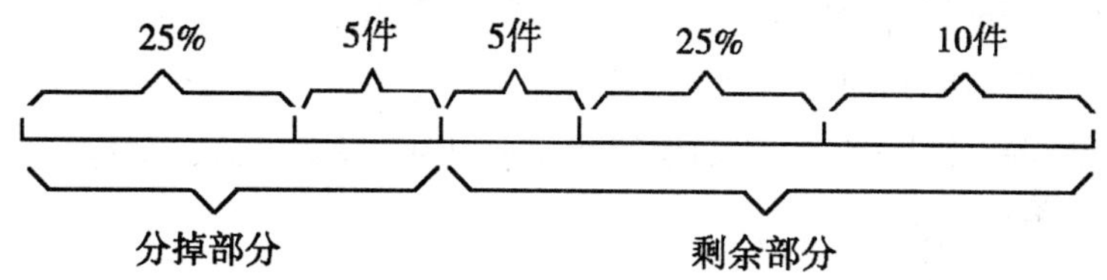

金箱：

$(5+5+10)\div(1-25\%-25\%)=20\div50\%=40$（件）

银箱：

$(4+4+4)\div(1-20\%-20\%-20\%)=12\div(1-60\%)=12+40\%=30$（件）

【日食何时来】：显示为 11 点 40 分的表比 12 点 15 分的表慢 35 分钟，那么“一只慢表与一只快表到准确时间的差为 9 分钟”，也就是 12 点零 8 分的手表和 11 点 53 分的手表，日食发生的准确时间就是 12 点零 5 分。

【虎口脱险】：$5\times15\div3\times4=100$，狐狸绕了许多圈子，其实是为了迷惑老虎。他将得数后面的两个 0 去了，就知道对方心里想的那个数。

【聪明的商人】：先从大桶中倒出 5 千克油到 5 千克的桶，然后将其倒入 9 千克桶里，再从大桶里倒出 5 千克油到 5 千克的桶里，然后把 5 千克桶里的油将 9 千克的桶灌满。现在，大桶里剩有 2 千克油，9 千克的桶已装满，5 千克的桶里有 1 千克油。再将 9 千克桶里的油全部倒回大桶里，大桶里有了 11 千克油。把 5 千克桶里的 1 千克油倒进 9 千克桶里，再从大桶里倒出 5 千克油，现在大桶里有 6 千克油，而另外 6 千克油也被换成了 1 千克和 5 千克两份。

【二马三牛四羊】：根据条件，可列出如下三个含有文字的等式：

2 马 + 1 牛 = 10000 文；……①

3牛+1羊=10000文；……②

4羊+1马=10000文。……③

①式和②式等号两边分别相加，等式仍成立：

2马+4牛+1羊=20000文。……④

同样，②式+③式，得1马+3牛+5羊=20000文。……⑤

把⑤式等号两边各乘以2，减去④式，得

2牛+9羊=20000文。……⑥

仔细观察②式与⑥式，如果将②式乘以9，减去⑥式，就得：

25牛=70000文。

于是可得，牛=70000÷25=2800文。

把每头牛的价格代入①式，可得每匹马是3600文，从而得每只羊价1600文。

【三色伞】：第一步：160－120=40，红伞的1/3、黄伞的1/4、蓝伞的1/5共40把，160－116=44，红伞的1/5、黄伞的1/4、蓝伞的1/3共44把，44－40=4，所以蓝伞的1/3－1/5与红伞的1/3－1/5的差是4把，4÷(1/3－1/5)=30，则蓝伞与红伞的差是30把；

第二步：红伞的2/3、黄伞的3/4、蓝伞的4/5共120把，红伞的4/5、黄伞的3/4、蓝伞的2/3共116把，红伞的2/3+4/5、黄伞的3/4+3/4、蓝伞的2/3+4/5共120+116把，即红伞的22/15、黄伞的3/2、蓝伞的22/15共236把，红伞+黄伞+蓝伞=160，红伞3/2+黄伞3/2+白伞3/2=160×3/2=240，(240－236)÷(3/2－22/15)=120，蓝伞与红伞的和是120把；

第三步：(120+30)÷2=75把蓝伞，(120－30)÷2=45把红伞，160－120=40把黄伞。

【高斯解题】：如图所示，共有三种拼法，其中A、B、D三块要翻过来用。

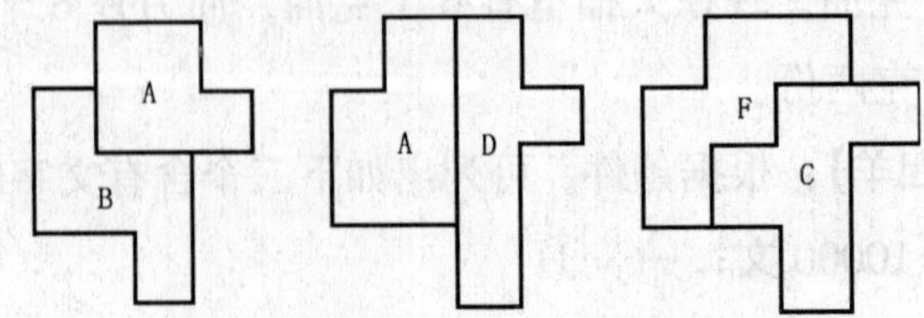

60	5	60
5		5
60	5	60

【戚继光布阵】：戚继光采用压缩中间兵力，扩大四角兵力的办法。总兵力减少了 100 人，但从四面看却增加了 25 人。如右图所示。

【动物雕塑】：至少需要 25 公斤的黏土。

因为制作一个小动物雕塑需要一公斤黏土，所以由 25 公斤黏土可以直接制成 25 个小动物雕塑。又因为每制成 5 个小动物雕塑，剩下的下料黏土又能够制成一个小动物雕塑，所以，在制成 25 个小动物雕塑后，剩下的下料黏土，又能够制作 5 个小动物雕塑。而在制成这 5 个小动物雕塑之后，剩下的下料黏土，刚好又能够制作成 1 个小动物雕塑。这样，正好能够制成 31 个小动物雕塑。

【商家的计谋】：要比较哪种销售方式让利多，就应该对两种销售让利百分比的大小进行比较。

有奖销售的全部奖金是：

$2000\times2+800\times10+200\times20+100\times50+50\times200+20\times1000=51000$（元）。

10 万张奖券销售总金额是：

$40\times100000=4000000$（元）

奖金总金额占销售总金额的百分比是：$51000\div4000000\times100\%=1.275\%$。

如果是实行“九八折”销售的话，让利的百分比是：$100\%-98\%=2\%$

因为 $1.275\%<2\%$。

所以实行“九八折”销售方式比上述有奖销售让利给顾客的比较多。

【月饼趣事】：此题需逆向思考。

最后一个同学取走的月饼数目应与全班的人数相同。他前面一个同学取走全班人数减 1 块月饼和剩余月饼的 1/9，由此可知最后一个同学得到的是剩余月饼的 8/9，即在最后一个同学取月饼的时候，剩余月饼应是 8 的倍数。

假设最后一个同学取走的是 8 块月饼，那么，全班共有 8 个同学。第 7 个同学取走 7 块月饼再加上剩余 9 块月饼的 1/9 共 8 块月饼。第 7、第8个同学一共取走16块月饼，这应该是第6个同学取走6块月饼后剩余月饼的8/9。我们可以得到第6个同学取走6块月饼后剩余的月饼数为16/(8/9)=18。第6个同学取走的月饼数为6+18/9=8。

第5个同学取走5块月饼后剩余月饼的8/9为8+8+8=24块，则第5个同学取走5块月饼后剩余的月饼数为24/(8/9)=27块。第5个同学共取走5+27/9=8块月饼。

第4个同学取走4块月饼后剩余月饼的8/9为8+8+8+8=32块，则第4个同学取走4块月饼后剩余的月饼数为32/(8/9)=36块。第4个同学共取走4+36/9=8块月饼。

第3个同学取走3块月饼后剩余月饼的8/9为8+8+8+8+8=40块，则第3个同学取走3块月饼后剩余的月饼数为40/(8/9)=45块。第3个同学共取走3+45/9=8块月饼。同样，第2、第1个同学也分别取走8块月饼。

综上所述，每个同学都取走8块月饼。因此，共有8个同学，64块月饼。

【检票的学问】：本题目给出的数量关系比较隐蔽，经过仔细分析，可以发现涉及的量为：原排队人数、旅客按一定速度增加的人数、每个检票口检票的速度等。

现在，可以给分析出的每个量设定一个代表符号：设检票开始时等候检票的旅客人数为x人，排队旅客每分钟增加y人，每个检票口每分钟检票z人，最少同时开n个检票口，就可在5分钟内让全部旅客检票进站。

根据已知条件列出方程式：

开放一个检票口，需半小时检完，则 $x+30y=30z$；

开放两个检票口，需10分钟检完，则 $x+10y=2\times 10z$；

开放n个检票口，最多需5分钟检完，则 $x+5y=n\times 5z$；

可解得 $x=15z$， $y=1/2z$；

将以上两式带入 $x+5y=n\times 5z$ 得 $n=3.5$，所以 $n=4$。

因此，答案是至少需同时开放4个检票口。

第八章

语汇能力——语言的魅力

妙不可言的语言世界

苏联著名儿童文学作家盖达尔（1904~1941 年）旅行时，有个小学生认出是他，抢着替他提皮箱。皮箱的确太破旧了。

学生说："先生是'大名鼎鼎'的，为什么用的皮箱却是'随随便便'的?"

盖达尔说："这样难道不好吗？如果皮箱是'大名鼎鼎'的，我却是'随随便便'的，那岂不更糟?"

你是不是被这个故事给逗乐了！盖达尔用两个简单的词语就幽默地回答了学生的问题，可谓独具匠心。这就是语言的独特魅力，以逗趣幽默的文字和内涵丰富的韵味轻轻松松由外而内地征服你，让你拼命诵读的同时内心也由衷赞叹。

语言是人类交流的工具，没有语言，这世界将毫无生机，寂静无声。每天每时，我们几乎都要与人交流。如果人类的世界是个植物园，那么语言世界就是里面的大花园，五彩缤纷，万花争艳，灿烂无比。现代的语言，越过了古代语言的晦涩和浓缩性，变得简单实用且富有人文性。开头的那个故事，就是个很好的例子。

回归到人类本身，从婴儿时期的牙牙学语到大学毕业的对答如流，语言的成长过程见证着个人的成长。如果说智力范围内有其他因素是先天而成的，语言却绝不可能有此一说。没有人一生下来就会说话，所有的话语都要通过后天练习来获得。随着时代发展，现代的孕期妇女已经懂得经常大声读书，与人交流。因为这样肚子里的小宝宝就会从胎儿起练习听力，培养语言环境，从而为出生后的语言交流奠定良好的基础。同样，婴儿在降生几个月后，父母便会教他们说话，一旦孩子学会了说话，对他而言，便是跨出了人生中重要的一步。随着年龄的长大，日常生活学习教给我们更多语言的东西，交流沟通是家常便饭，作文书写也是信手拈来。

不过，不同的人，对于语言的运用却也有差别。同样要表达一种意思，有的人说起来“妙语连珠”，而有的人一张口却“词不达意”，这表明了不同人语言能力的高低，而语言能力，是智力水平的一个范畴。通常而言，良好的语言能力包括与人沟通交流时的流利，行文走句的顺畅，为人行事时的机智应答。能做到这样的人，无疑会在生活中得到极大的便利，对工作也大有裨益。而难以做到这样的人，也不必过于悲观，因为，语言这种东西，本来就是后天得来的，完全可以通过后天的学习锻炼来获得。

我们常常听到这样的故事：某某名人，曾经是个不善言辞的人，或者是个结巴，但他们通过后天的努力锻炼，最终要么成了演讲家，要么成了政治家，口齿犀利，言语流畅。所以，语言的训练是智力训练中效果最直接、最显著的一个。只要你用心练习，坚持不懈，你的语言能力一定能得到大幅提升。

玩转文字魔方

【滴水成字】

什么字，1 滴水？

什么字，2 滴水？

什么字，3 滴水？

什么字，4 滴水？

什么字，6 滴水？

什么字，10 滴水？

什么字，11 滴水？

【一笔变字】

将图中的每个字移动一个笔画，使它们成为一个新的字。

【趣味字谜】

下面是一个非常有趣的字谜，你能猜出答案来吗？

去上面是字，去下面是字。

去中间是字，去上下是字。

【画中藏诗】

每一幅图片都是由一句唐诗组成的，分别写出来。

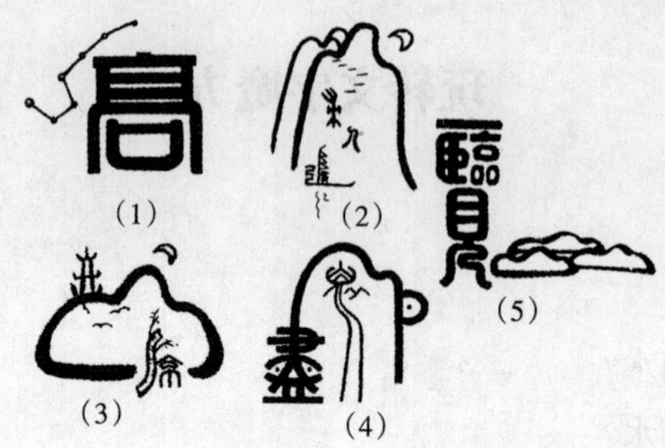

【标点断句】

请你给下面一副长联加上标点，使句子断开。

五百里滇池奔来眼底披襟岸帻喜茫茫空阔无边看东骧神骏西翥灵仪北走蜿蜒南翔缟素高人韵士何妨选胜登临趁蟹屿螺洲梳裹就风鬟雾鬓更苹天苇地点缀些翠羽丹霞莫辜负四围香稻万顷晴沙九夏芙蓉三春杨柳

数千年往事注到心头把酒凌虚叹滚滚英雄谁在想汉习楼船唐标铁柱宋挥玉斧元跨革囊伟烈丰功费尽移山心力尽珠帘画栋卷不及暮雨朝云便断碣残碑都付于苍烟落照只赢得几许疏种半江渔火两行秋雁一枕清霜

【成语算术题】

将下面的成语运用加减法使其完整。

(1) 成语加法

(　　) 龙戏珠 + (　　) 鸣惊人 = (　　) 令五申

(　　) 敲碎打 + (　　) 来二去 = (　　) 事无成

(　　) 生有幸 + (　　) 呼百应 = (　　) 海升平

(　　) 步之才 + (　　) 举成名 = (　　) 面威风

(2) 成语减法

(　　) 全十美 – (　　) 发千钧 = (　　) 霄云外

(　　) 方呼应 – (　　) 网打尽 = (　　) 零八落

(　　) 亲不认 – (　　) 无所知 = (　　) 花八门

（　　）管齐下 -（　　）孔之见 =（　　）落千丈

【群虎相争】

下面表格中，全部是关于“虎”字的成语，请你仔细想一想，全部写出来。

			虎
		虎	
	虎		
虎			
虎			
	虎		
		虎	
			虎

虎			
	虎		
		虎	
			虎
			虎
		虎	
	虎		
虎			

【名人歇后语】

以下每句“歇后语”中均用了历史上的人物名。请你将相应的人名分别嵌入每句的歇后语中。

(1)（　　）做寿——全家都上

(2)（　　）行医——名不虚传

(3)（　　）断臂——留一手

(4)（　　）用兵——以一当十

(5)（　　）之心——路人皆知

(6)（　　）下棋——独一无二

(7)（　　）钓鱼——愿者上钩

(8)（　　）击鼓——贤内助

(9)（　　）用兵——虚虚实实

(10)（　　）斩（　　）——正人先正己

(11)（　　）削发——半路出家

(12)（　　）打仗——常胜

(13)（　　）上西天——一心取经

(14)（　　）吹笛——不同凡响

(15)（　　）挂帅——阵阵不乱

(16)（　　）做皇帝——短命

(17)（　　）搬家——尽输（书）

(18)（　　）出家——一无牵挂

(19)（　　）上梁山——官逼民反

(20)（　　）打瞌睡——梦想荆州

【莫名的回答】

A问B：“我要泡咖啡，你是喝热的还是凉的？”B的回答是一串绕口令似的数字：“147536912369874123580。”B的回答是什么意思？

【棋语人生】

如下图所示，这是一盘象棋残局。请你在空白的圆里填上适当的字，使横、竖相邻的棋子，组成8句4字成语。

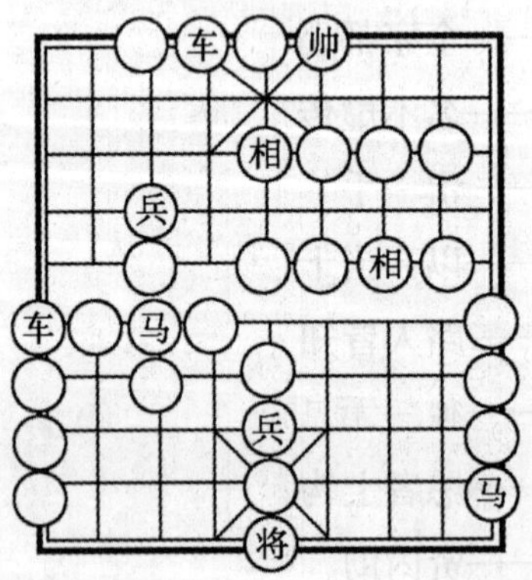

【三国食谱】

有个秀才正翻看《三国演义》时，厨师进来对他说：“老爷，不瞒你说，

《三国演义》是我天天必读之书。就拿今天来说吧，我炒菜缺了四样作料，全在这书里面，所以我来看看！”秀才听了半信半疑，他只知道《三国演义》里写的是曹操、刘备和孙权，还没听说过写有做菜用的作料呢。厨师说：“老爷，你听着——刘备求计问孔明，徐庶无事进曹营，赵云难勒白龙马，孙权上阵乱点兵。”

秀才想了想便猜了出来，那么，你能猜出厨师缺哪四样作料吗？

【唐伯虎智骂贪官】

古时有个贪官，他贪赃枉法，无恶不作，当地的老百姓都恨透了他。为了表示自己的“清白”，这个贪官便在大堂外贴了一首诗：

一不要钱，二不要命，三不要官，四不要名。

唐伯虎听说这件事后非常气愤，便在每句诗的后面添了两个字，意思大变，有力地讽刺了那个贪官。

你知道唐伯虎添的是什么字吗？

【巧读回文诗】

下图有 56 个字，是一首能够反复吟诵的回文诗。

如何读？请你试试看。

【家庭谜语】

一家人正在猜谜，爷爷出了一条字谜：“唐虞有，尧舜无，商周有，汤武无。”孩子猜中了，也出了一条：“跑着有，走着无，站着有，坐着无。”爸爸紧接着也出了一条字谜：“右边有，左边无，后边有，前边无。”其实三个字谜是同一个谜底。

你知道谜底是什么吗？

【心连心】

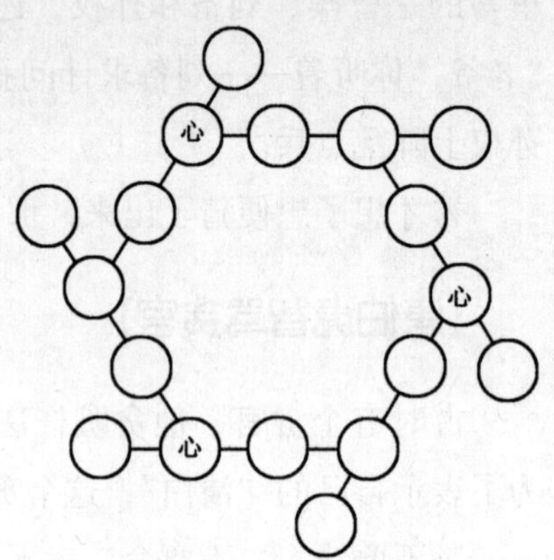

请在圈中填上适当的字，使它们组成相关的6条成语（3个圈内已有3个“心”字，要求“心”字在成语中的位置：第一个到第四个至少有一个）。

【神秘电报】

公安机关截获某犯罪团伙的一封密电。电文如下：“吾合分昌盍旮垄聚鑫。”你能破译这封密电吗？

【奇妙组合字】

如图所示数字方格，每个数字都代表一个字，两格相加，又可以合成一个字，你能依照下面的暗示猜出这些文字来吗？

(1) 1加2等于日落的意思。

(2) 2加3等于日出的意思。

(3) 3加4等于欺侮的意思。

(4) 4加5等于瞄准出击的意思。

(5) 2加6等于光亮的意思。

(6) 6加7等于丰满的意思。

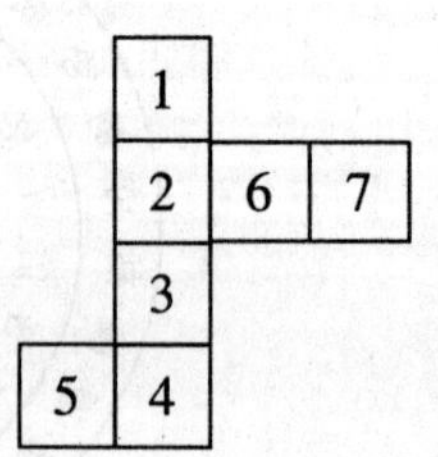

【巧读宝塔诗】

你知道这首诗怎么读吗？

开
山满
桃山杏
山好景山
来山客看山
里山僧山客山
山中山路转山崖

【半字谜语】

(1) 吃一半，吐一半。(　　)　(6) 秋一半，春一半。(　　)
(2) 李一半，桃一半。(　　)　(7) 你一半，我一半。(　　)
(3) 花一半，果一半。(　　)　(8) 上一半，下一半。(　　)
(4) 阳一半，阴一半。(　　)　(9) 根一半，叶一半。(　　)
(5) 红一半，绿一半。(　　)　(10) 留一半，甩一半。(　　)
每个谜面打一个字。

【唐诗新排】

唐代诗人赵嘏写的一首《登楼》诗：
独上江楼思悄然，月光如水水如天。
同来玩月人何在？风景依旧似去年。

有人认为这首诗的结尾平平，意境不深。于是他便将此诗四句顺序作了一番调整，调整后的结尾果然情调韵味大不相同，把怀念友人的那种苍凉心境很好地渲染出来了。请问，他是怎样调整的？

【成语识物】

下面每两句诗描写的是你所熟悉的动物。你能猜出描写的各是什么动物吗？

(1) 静养千年寿，重泉自隐居。(　　)

（2）见人屡掉胭脂尾，戏水常翻锦绣胸。（　　）

（3）暂分烟岛犹回首，只渡塞塘亦并飞。（　　）

（4）丛栖悬玉宇，叠构隐金房。（　）

（5）锦毛濯春雨，彩翮晞朝阳。（　）

（6）远寻红树宿，深向白云啼。（　）

（7）临风舒四翼，映水作双身。（　）

（8）向晚一身当道食，山中麋鹿尽无声。（　　）

（9）金眸玉爪口悬星，群兽闻知尽骇惊。（　　）

（10）人间树好纷纷占，天上桥成草草回。（　　）

【地名填字】

横向：

1. 有“孔雀之乡”、“天然动物园”等美称的云南一个地名。

2. 西亚阿拉伯联合酋长国的首都。

3. 巴勒斯坦约旦河西岸一个城市名。

4. 有“宫殿之岛”、“花环之岛”等美称的一个岛国，首都马累。

5. 德国南部有“宝石之都”之称的一个城市名。

6.《倚天屠龙记》中明教教主张无忌出生的地方。

7. 南欧三大半岛之一，也叫意大利半岛。

8. 非洲国家尼日尔的首都和最大城市。

9. 有“沙漠之国”之称的非洲国家，首都的黎波里。

10. 我国的“五岳”中的西岳。

11. 有“加勒比的苏黎世”之称的加勒比地区国家，首都拿骚。

12. 世界国土面积第二大国家，首都渥太华。

13. 位于俄罗斯东欧平原南部的一条河流。

14. 世界最长的河流。

纵向：

一、有“锡和橡胶王国”之称的东南亚国家，首都吉隆坡。

二、有“雪城”之称的美国的行政首都。
三、河南省一个地名，是我国新兴的煤炭工业基地之一。
四、广西壮族自治区的首府。
五、伊斯兰教什叶派著名圣地，萨德尔的“迈赫迪军”的根据地。
六、伊拉克的首都。
七、欧洲第二大岛，岛国首都雷克雅未克。
八、有“无雨城”之称的秘鲁首都。
九、亚洲三大半岛之一，也是世界最大的半岛。
十、北美洲河流，流域内有世界著名的尼亚加拉大瀑布。
十一、有“丁香和剑麻之国”之称的东非国家，首都达累斯萨拉姆。
十二、意大利著名古城，物理学家伽利略的故乡。
十三、皖鄂边界一座山名，是当年刘邓大军的根据地。

畅聊集中营

【流畅外星人】

如果外星人住在我家一个月，那么……写一段话，要求语言流畅。

【诗中游戏】

甲去旅游，乙问他都去哪儿了，他说：“海上绿洲，风平浪静；银河渡口，巨轮启动；不冷不热的地方，四季花红。”开始，乙有些摸不着头脑，不知道甲究竟到过哪里。经甲的启发，乙终于猜出了甲到过的6座城市。

猜猜看，这是哪6座城市呢？

【编故事】

结合“拿破仑滑铁卢之役”、“阿基米得在浴缸里想出称金冠重量的方法”的故事，编制成一篇新的故事。

要求：讲述自编故事的时间至少5分钟，故事要富有幽默感。

【照片排序】

某人到郊外去钓鱼，他钓鱼的方法非常特别，将一只雨靴吊在渔竿上，放入河中。然后，过一段时间把雨靴拉起来。这种奇怪的钓鱼方法，引起了一位摄影爱好者的好奇心，于是他就把整个过程都拍摄下来了。不过，后来却把照片的顺序弄乱了。你能把正确的顺序说出来吗？

【白石题字喻客】

齐白石是我国著名画家，每天都有很多人来拜访他。有一天，他的几个学生来拜见老师。他们刚想敲门，却看见门上写着一个“心”字。他们觉得奇怪，只见过门上写“福”字的，写“心”字是什么意思呢？这时有一个学生忽然说：“我明白啦！”说着，门也没敲拉着同伴就离开了。第二天，他们又来到齐白石门前，只看见门上换了一个“木”字，大家高兴极了，马上敲门进去，拜见了齐白石。你知道这是为什么吗？

【扇中唐诗】

将下面纸扇中的空格处填入唐诗，你能做到吗？

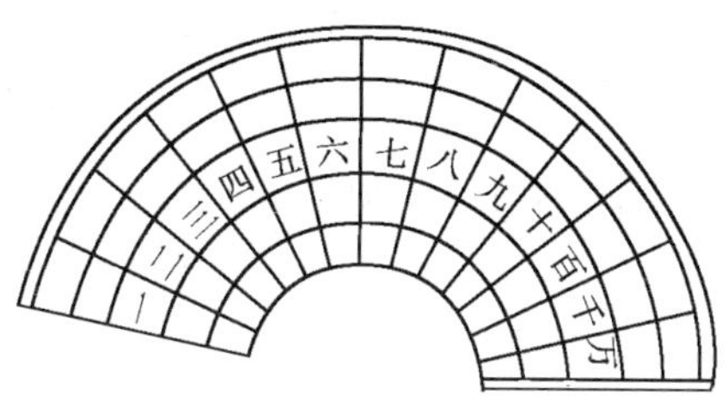

【巧添标点】

甲给乙念了这样一个饶舌的句子：“知止而后有定定而后能静静而后能安安而后能虑虑而后能得。”

乙断为：“知止而后有，定定而后能，静静而后能，安安而后能，虑虑而后能，得。”最后那个“得”字，不是画蛇添足吗？

乙也觉得后面那个“得”字很绕口，但是整个句子如果没有那个“得”字也读不通：“知止而后有定定，而后能静静，而后能安安，而后能虑虑，而后能。”让人觉得很好笑。

请问你知道这段文字该怎么加标点符号吗？

【成语接龙】

右面是由 60 个汉字组成的成语迷路，以“山”字作为入口，以“福”字作为出口。要求每走四格成一成语，且上一成语的词尾与下一成语的词头是同一个字；可上下左右走，不可重走和斜走。请问应该如何走？

入口

山	量	力	而	惊	人	天	久	别	重
穷	水	尽	为	鸣	定	胜	地	凶	逢
水	尽	心	人	一	如	天	长	化	吉
所	力	尽	现	表	里	安	相	天	人
能	及	意	表	出	事	无	事	无	天
福	得	祸	因	有	己	关	不	安	相

出口

【词语转换】

完成下面的转换，且每一个转换词都必须有理由。单纯——(　　)——(　　)——(　　)——印象深刻。

【台风来袭】

发挥你的想象，用流畅的语言描述一下，台风来袭前的天气大都是怎样的?

【趣味文字】

结合树叶、盘子成为一段文字。

要求：句子简洁，次序不限，一目了然，不需再做解释，举出四个句子。

【士兵的演说】

在美国南北战争后的第一次国会议员选举中，士兵约翰与将军陶克在同一个选区中竞争一个议员席位。一个是普通士兵，一个是声名显赫的将领、连任三次议员的政治家。许多朋友都劝说约翰退出竞选，但约翰不肯放弃。

在约定的时间里，两位竞选者向公众发表竞选演说。陶克将军志得意满："同胞们，记得17年前那晚，我带兵与敌人鏖战，在荒山野岭中露宿了一个晚上，如果大家没有忘记那次艰苦卓绝的斗争，请在选举中，也不要忘记那个吃尽苦头而屡建战功的人。"会场上响起了热烈的掌声。

这时轮到约翰发表演说，他从容不迫地说："……"

结果，他竟然战胜了陶克，当选为国会议员。

假设你就是士兵约翰，你该如何进行演讲?

【快乐模仿】

我们每个人从小就模仿大人做事，模仿大人说话。其实模仿的过程也是一个学习的过程。那么我们练口才也可以利用模仿法。

方法 1：专题模仿。

你和几个同学在一起，请一个人先讲一段小故事、小幽默，然后大家轮流模仿，看谁模仿的最像。为了刺激积极性，也可以采用打分的形式，大家一起来评分，表扬模仿最成功的一位。

方法 2：随时模仿。

我们每天都听广播，看电视、电影，那么我们就可以随时跟着播音员、演播员、演员进行模仿，注意他的声音、语调，他的神态、动作，边看边模仿。坚持下来，我们的口语能力就得到了提高，而且会增加词汇，增长知识。

这里要求要尽量模仿得像，并在模仿中有创造，力争在模仿中超过对方。

【表演的魅力】

（1）你经常在家中唱歌或朗诵短诗让父母欣赏，或定期举行家庭表演会，以此训练自己的胆子；

（2）向父母或朋友重述小说或电视电影的故事，力争将长故事浓缩成“短剧”；

（3）在亲友前讲笑话或与他人分享个人的特殊生活经历，如度假、旅游等；

（4）你可参与非正式讨论，以训练辩驳能力。

【描述的能力】

描述法类似于看图说话，只是我们要看的不仅仅是书本上的图，还有生活中的一些景、事、物、人，而且要求也比看图说话高一些。简单地说，描述法也就是把你看到的景、事、物、人用描述性的语言表达出来。

我们可以将一幅画或一个景物作为描述的对象。

(1) 对要描述的对象进行观察。

比如，你所要描述的对象是“秋天的小湖边”，那么你就要观察一下这个湖的周围都有些什么，有树？有假山？有凉亭？还有游人？并且树是什么样子，山是什么样子？凉亭在这湖光山色、树影的衬托下又是个什么样子，这秋天里的游人此时又该是一种什么心情呢？这一切都需要你用自己的眼睛去观察，用你的心去体验。

(2) 描述。描述时你一定要抓住景物的特点，要有顺序地进行描述。

其要求是，抓住特点进行描述。语言要清楚，明白，要有一定的文采，尽量生动些，活泼些。描述出的东西，让人听了以后能知道你描述的到底是个什么景物。描述时允许有联想与想象。

【我来当明星】

我们可以学那些电视上的明星一样去演戏，去扮演作品中出现的不同的人物，当然这个扮演主要是在语言上的扮演。

(1) 请你选一篇有情节、有人物的小说或戏剧为材料。

(2) 对选定的材料进行分析，特别要分析人物的语言特点。

(3) 根据作品中人物的多少，找几个同学，分别扮演不同的人物角色。比比看，谁最能准确地扮演自己的角色。

(4) 你也可一个人扮演多种角色，以此培养自己的语言适应力。

【口头作文】

(1) 了解什么是口头作文，然后你进行练习。开始阶段，口头作文内容可多样，一则小笑话，小故事，一桩趣闻，几句小幽默皆可，不要求全责备，这样你的兴趣就会浓厚。

(2) 经过了一段时期的自由式训练以后，你可以有意识地选择一些话题。通常训练的话题一是人物：我的爸爸、妈妈、老师、同学等；二是事件：(有趣的）一次劳动、一次活动、一堂课等；三是景物：星空、月夜、日出等。话题确定后，还要确定几个标准，如：要求讲普通话，要求围绕话题来说，要求突出人物或事物特征。

(3）你训练时，可以请老师、同学帮你指出在口头作文过程中出现的一些问题。

随机应变故事会

【一语止逃】

宋代，一天，曹玮与宾客下棋，只见一名士兵慌慌张张来禀告："大事不好，有士兵叛逃到西夏那边去了。"曹玮暗暗吃惊，但他稳住情绪，神色镇定地说："不要大惊小怪。"

接着他又说了一句话，从此再也没有士兵逃跑的事发生了。

什么话这么厉害？你猜到了吗？

【东坡与佛印】

大才子苏东坡一次去找好友佛印聊天。进寺中，他左顾右盼，却不见一人，苏东坡脱口喊道："秃驴何在？"佛印在禅房中听得明明白白，便随口答了一句话。顿时，苏东坡放声大笑，暗暗佩服佛印才智过人。

请问，佛印是怎么回答苏东坡的？

【跨不过去的书】

纪晓岚小时候就聪颖过人。有一天，他对一个目空一切、头脑简单的莽汉说："你虽厉害，但我取一本书放在地上，你也未必能跨得过去。"莽汉听了大怒，一定要试试看。纪晓岚取出书放好后，那莽汉果然没有跨过去。这是怎么回事呢？

【坚强的儿子】

从前，古罗马城陷入纷乱的时候，一位母亲对想趁着乱世称雄的儿子说：“如果你正直的话，就会被大众所背叛。但如果你不正直，就会被神遗弃。反正都没有好下场，你就别强出头了。”

这位坚强的儿子听了不但没有放弃，还利用话中的盲点说服了他的母亲。

你知道他是如何反驳的吗？

【纯属虚构】

一天，英国小说家狄更斯正在湖边钓鱼，一位陌生人走到他跟前说：“您好，在钓鱼吗？”“是啊，”狄更斯热情地答道，“可今天钓了半天，都没见一条鱼上钩。昨天也是在这儿，我却钓到15条呢！”“噢，是吗？”陌生人问道，“那你知道我是谁吗？”狄更斯摇了摇头。“告诉你，我是专门检查钓鱼的，本湖禁止钓鱼。”说着，他便从口袋里掏出罚款单，准备记名罚款。见此情景，狄更斯不慌不忙地反问了一句：“你知道我是谁吗？我是作家狄更斯！你不能罚我的款，因为……”那位检查人员一听，还真对这位作家毫无办法。

狄更斯是如何摆脱罚款的呢？

【丘吉尔的反击】

英国议会大厅，一场激烈的演讲正在进行。此时的演说者是保守党议员乔因森·希克斯，只见他在台上讲得唾沫四溅，声嘶力竭。而坐在台下的丘吉尔首相却不时摇头，表示反对。乔因森·希克斯于是颇为恼火，冲着丘吉尔不客气地说：“我想提醒尊敬的先生们注意，我只是在发表自己的个人见解。”丘吉尔不慌不忙地回击。

你知道丘吉尔是怎样巧妙反击这位演说者的吗？

【真实的谎言】

有一次，马克·吐温与一位夫人对坐聊天。马克·吐温对这位夫人说：“你真漂亮。”夫人高傲地回答：“可惜我实在无法同样地称赞你。”对于夫人的傲慢无礼，马克·吐温用一句话就委婉地否定了自己刚才的话。

你知道他是怎么说的吗？

【机智的海涅】

德国著名诗人海涅是犹太人。一次，有个人想捉弄他一下，便对他说道：“我去过一个小岛，那岛上什么都有，只缺犹太人和驴了。”面对这样带有侮辱性的语言，海涅只平静地说了一句话，那人听了之后立马灰溜溜地走了。

请问海涅是怎样反击的？

【给蠢货让路】

一次，德国著名文学家歌德在公园里散步，在一条仅能让一个人通行的小路上和一位批评家相遇了。“我从来不给蠢货让路。”批评家说。

歌德说了一句话后，便笑着退到了路边。

请问，歌德是怎样回敬这位批评家的？

【概不退换】

一个狡猾的商人在路旁卖彩伞，身后有一横幅“保不褪色”，这吸引了很多人来购买。一星期后，便有人怒气冲冲地找到商人说：“你不是说保证不褪色吗？你看这伞，颜色怎么掉完了？快给我退货，我不买了。”

狡猾的商人只用一句话就把那人打发走了。请问他是怎么说的？

【萧伯纳的幽默】

有一次，英国文学大师萧伯纳被一个美丽而浅薄的女明星追求。女明星想和他结婚，她的理由是："如果我俩结了婚，生出的小孩，美丽像我，聪明像你，岂不是天下第一流的人物吗？"萧伯纳听了以后，只说了一句话，就巧妙地拒绝了女明星的追求。

你知道他是怎么说的吗？

【流浪汉的自救】

在沙俄统治时期，任何人都不能在公开场合表达对沙皇的不满，否则就会受到严厉的惩罚。一天早晨，一个无家可归的流浪者却因为自己不小心而掉进了湍急的河水里，因为他不会游泳，所以只好向刚好路过这里的两个警察大声地呼救。然而，不负责任的警察见是个流浪汉落入水中，就根本没把这件事放在心上。眼看着他们就要转身离去，急中生智的流浪汉只有用尽全力地反复喊着同一句话。虽然他的声音已经越来越小，可两个警察却急忙跑了过来，并最终从河里救起了他。

那么，流浪汉到底喊了一句什么样的话，才让原本并不理睬他的警察立刻就来救他呢？

【机敏的外交官】

一次在联合国大会上，英国工党的某位外交官同苏联外交部长维辛斯基发生争辩。辩到理屈词穷时，他忽然想起维辛斯基出身贵族，于是像抓到了救命稻草般重新发起攻势："维辛斯基先生，你是贵族出身，而我家祖祖辈辈都是矿工，我们两个究竟谁能代表工人阶级呢？"善于随机应变的维辛斯基不动声色地说："你说得对，我出身贵族，而你出身工人。不过，……"

维辛斯基的回答让这位外交官如哑巴吃黄连一样，有苦说不出。你知道他是怎么回答的吗？

【中国人的习惯】

一位西方记者曾这样问周总理："为什么中国人走路时老低着头，而西方人却昂着头走路?”周总理做了非常巧妙的回答，你能猜到吗?

【房子不够高】

约翰来到一个陌生的城市，走进一家小旅馆，他想在那儿过夜。

“一个单间带供应早餐要多少钱?”他问旅馆老板。

“多种不同房间有多种不同的价格，二楼房间 15 马克一天，三楼房间 12 马克一天，四楼 10 马克，五楼只要 7 马克。”

乔治考虑了几分钟，然后提起箱子就走。

“您觉得价格太高了吗?”老板问。

“不,”乔治回答,“……”

他的回答幽默而自嘲，你知道他是怎么说的吗?

【复活的契诃夫】

某青年将俄国作家契诃夫的一篇短篇小说修改后，把它交到编辑手中。

编辑看后，问青年:“这是你自己写的吗?”

青年回答:“是我写的，我构思了一个月的时间，整整用了十天才写出来的，写作可真是苦啊!”

编辑笑着说:“……”

青年听了编辑的话，一脸羞愧，转身走了。

你知道青年为什么羞愧而走吗?

【罗斯福巧答连任】

1945 年，罗斯福第四次连任美国总统，这在美国历史上是破天荒的。一天，《先锋论坛》报的一位专栏记者去采访他，请他谈一谈四次连任的感想。罗斯福没有立即回答，而是很客气地请这位记者吃三明治。记者受宠若惊，高兴地吃了一块。总统微笑着请他再吃一块，他觉得盛情难却，就又吃了一块。不料总统又接着请他吃第三块。此时，他虽然已经饱了，但还是勉强地吃了下去，总不能拒绝总统的美意呀!

这时罗斯福又说："请再吃一块吧！"这位记者不得不申明，他实在吃不下去了。

这时，罗斯福微笑着对记者说："……"

记者点点头，表示认可。

那么，罗斯福总统是怎样委婉回答的呢？

【无座主角】

鲁宾斯坦（1886~1982年），生于波兰，后加入美国国籍。他擅长演奏肖邦的作品，并因此享有很高的国际声誉。不管是在音乐上，还是在日常生活中，他都活得很洒脱，而且他非常有语言天赋。

一天，他在某地的剧院里举办独奏音乐会。音乐会开始前，鲁宾斯坦站在音乐厅的包厢里，看着大批的观众涌进来听他的演奏。

包厢里的服务人员不认识鲁宾斯坦，还以为他是个买不到票的观众，就关切地提醒他说："真对不起，先生，今天已经没有位置了。"

鲁宾斯坦温和地回答说："……"

你知道鲁宾斯坦是怎么说的吗？

【小丑的脸】

一次，一位很傲慢的观众在演出结束后，走到俄国著名的马戏丑角杜罗夫身边讽刺道："小丑先生，观众对你非常欢迎吧？"

"还好。"

"是不是想在马戏团中受到欢迎，小丑就必须有张丑陋的脸呢？"

杜罗夫微笑着回答："的确如此，先生，如果我……准能拿双薪。"

你知道杜罗夫是怎样回答这位无礼的观众的吗？

【安徒生的童"话"】

文明世界的丹麦童话作家安徒生生活非常简朴，他经常戴着破烂的帽子在大街上行走。

一天，一个路人讥笑他说："你脑袋上面那个东西是什么？能叫帽子吗？"安徒生毫不在意地笑笑，回敬道："……"

面对这样的侮辱，安徒生予以巧妙而犀利的回击，你能猜出他是怎么回击的吗？

【每人开两枪】

第二次世界大战时，德国法西斯头目之一戈林问一位瑞士军官："你们多少人可以作战？"

"五十万。"

"如果我们派百万大军进入你们的国家，你们怎么办？"

"……"

你知道这位瑞士军官怎么说的吗？

【用"嘴"解决】

有一次，在美国洛杉矶举行的中美作家联谊酒会上，美国著名诗人金斯伯格请中国作家蒋子龙猜谜：把一只5斤重的鸡装进一个只能装1斤水的瓶子里，用什么方法把它拿出来？

蒋子龙立刻回答说："……"

金斯伯格哈哈大笑，伸出大拇指说："你是第一个猜出这道题的人！"

请问，蒋子龙是怎么回答的？

【智保大树】

我国古代有个叫徐孺子的小孩，他聪明好学，能说会道。

一天，父亲带他到一个朋友家做客。敲了几下门，不见主人来迎接。徐孺子从门缝朝里一看，只见主人正在院子里挥着斧子砍树呢。徐孺子大声呼喊，主人才听到，忙开门迎接客人。

徐孺子见大树枝繁叶茂，便问："大伯，这么好的树，为什么要砍掉呀？"主人说："院子方方正正像口字，树就是木，口中加木就是困，不吉利!”

徐孺子听了，觉得好笑。为了保住这棵大树，他想了个主意，忽然说：“大伯，你要砍了这棵树，更加不吉利!”

父亲生气地说：“小孩子，不要胡说!”徐孺子对着主人耳朵劝说了一番。主人听了，连声说：“对，大树不能砍!”你猜徐孺子说了些什么?

【木匠与绅士】

英国诗人莫端的父亲是个木匠。一次，一位纨绔子弟当众挖苦他：“阁下的父亲是不是个木匠?”

诗人回答：“是的。”

“那他为什么没有把你培养成木匠?”

面对纨绔子弟的嘲讽，诗人似乎并不生气，他机智地反问了一句话，把那个人说的哑口无言。

你知道他说的是什么话吗?

【将错就错】

意大利音乐家托斯卡尼尼与作曲家普契尼是好朋友，每年圣诞节普契尼都要给托斯卡尼尼寄一块蛋糕。

有一年圣诞节前夕，普契尼和托斯卡尼尼吵了一架，因此想取消送给他的蛋糕，但为时已晚，蛋糕已经送出了。他便给托斯卡尼尼去了份电报：“蛋糕送错了。”

谁知，普契尼第二天就回了一封电报，也只有五个字，但却幽默无比，完全消除了两人之间的不愉快。

你猜，电报上写的是什么?

【聪明的求职者】

有个名叫弗莱德的美国青年去求职，可当他到达报考地点时，那里已有20位求职者排在自己的前面。

怎样才能引起老板的特别注意而赢得唯一的职位呢？弗莱德沉思良久，终于想出了一个主意。他拿出一张纸，在上面写了几行字，然后请人转交给老板。

老板看了弗莱德的字条，大笑起来。

最后，弗莱德凭借出众的创新能力，从众多求职者中脱颖而出，如愿以偿地得到了这份工作。

你知道弗莱德字条上写的是什么吗？

【假眼的慈悲】

有一个百万富翁在与马克·吐温聊天时问道："你能猜得出来我哪一只眼睛是假的吗？"马克·吐温端详了一阵后，便指着他的左眼说："这只是假的。"富翁十分吃惊，不解地问："你怎么知道的？"马克·吐温十分平静地回答："因为你这只眼睛里还有一点点慈悲。"

马克·吐温的话是什么意思呢？

【话中有话】

一次，乾隆的权臣和珅和编修纪晓岚在花园饮酒（当时和珅官居尚书，纪晓岚则为侍郎。）突然，一条狗从他们身旁经过，由于和珅嫉妒纪晓岚的才能，故事便发生了。和珅指着狗问道："是狼是狗？"纪晓岚呢，则从容不迫地答道："尾垂为狼，上竖是狗。"

你能猜出他们的对话中有什么深意吗？

【傻瓜匿名信】

林肯主张废除奴隶制度，遭到南方奴隶主的一致反对。一天，林肯在民众集会上发表公开演讲，有人递上来一张纸条，林肯打开一看，上面只有两个字："傻瓜。"这显然是一次恶意的挑衅。在公众场合，身为总统，林肯当然不便发作。这时，只见林肯扫视全场，以镇静的语调说："本总统收到过很多匿名信，都只见信件正文却不见署名，而……"说完继续演讲。弄得那个写条子的人尴尬万分。

你能猜出林肯后面说的是什么吗?

【板桥题匾】

乾隆年间，一个充当衙门走狗的土财主，他胸无点墨，又偏爱附庸风雅。他想以重金聘请郑板桥为他题字。

依郑板桥的脾气，即使财主堆一座金山来，他也不会为财主写一个字的。但这次他却慨然应允，提笔写了“雅闻起敬”四个大字。但他有言在先，那就是制匾时，其中的第一、三、四个字油漆左边，第二个字“闻”油漆“门”字。土财主高兴极了，想也不想便答应了。

“雅闻起敬”的门匾挂上了，但挂的时日不多，财主就不得不把它摘下来，因为匾上的四个字已成为讽刺他的一句话。你能猜出其中的奥秘吗?

【纪晓岚巧言对诗】

一次，乾隆和纪晓岚对对联，乾隆出了上联：“两碟豆。”纪晓岚对曰：“一瓯油。”乾隆皇帝听后，狡黠一笑，说：“朕说的是‘林间两蝶逗’。”纪晓岚聪明过人，早已料到乾隆的对联暗含玄机，于是不慌不忙地应道：“……”

乾隆听后连夸对得好，请问纪晓岚对的是什么?

智慧题解

玩转文字魔方

【滴水成字】：永、冰、江、黑、洲、汁、汗。

【一笔变字】：如图所示：

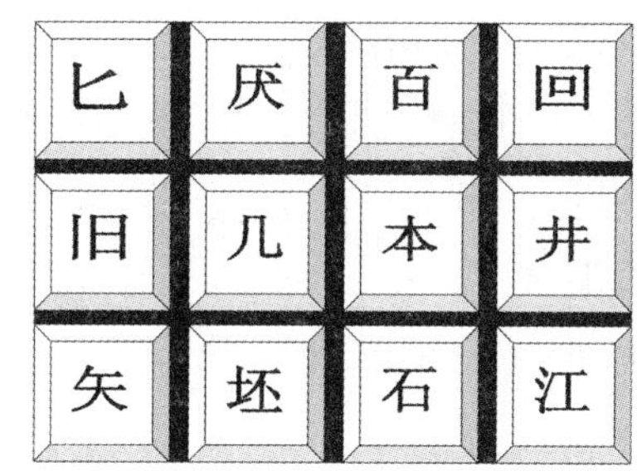

【趣味字谜】：章。

【画中藏诗】：（1）北斗七星高；（2）山月随人归；（3）月出惊山鸟；（4）白日依山尽；（5）一览众山小。

【标点断句】：五百里滇池，奔来眼底，披襟岸帻，喜茫茫，空阔无边！看：东骧神骏，西翥灵仪，北走蜿蜒，南翔缟素，高人韵士，何妨选胜登临，趁蟹屿螺洲，梳裹就风鬟雾鬓，更苹天苇地，点缀些翠羽丹霞，莫辜负四围香稻，万顷晴沙，九夏芙蓉，三春杨柳。

数千年往事，注到心头，把酒凌虚，叹滚滚，英雄谁在！想：汉习楼船，唐标铁柱，宋挥玉斧，元跨革囊，伟烈丰功，费尽移山心力，尽珠帘画栋，卷不及暮雨朝云，便断碣残碑，都付于苍烟落照，只赢得几许疏钟，半江渔火，两行秋雁，一枕清霜。

【成语算术题】：

（1）成语加法

（2）龙戏珠+（1）鸣惊人=（3）令五申

（0）敲碎打+（1）来二去=（1）事无成

（3）生有幸+（1）呼百应=（4）海升平

（7）步之才+（1）举成名=（8）面威风

（2）成语减法

（10）全十美－（1）发千钧=（9）霄云外

（8）方呼应－（1）网打尽=（7）零八落

（6）亲不认－（1）无所知=（5）花八门

(2)管齐下－(1)孔之见＝(1)落千丈

【群虎相争】：

生龙活虎　虎头蛇尾

龙潭虎穴　为虎作伥

骑虎难下　狼吞虎咽

虎视眈眈　降龙伏虎

虎背熊腰　三人成虎

养虎遗患　龙行虎步

龙吟虎啸　调虎离山

九牛二虎　虎口余生

【名人歇后语】：

(1) 郭子仪；(2) 华佗；(3) 王佐；(4) 孙武；(5) 司马昭；(6) 赵匡胤；(7) 姜太公；(8) 梁红玉；(9) 诸葛亮；(10) 包公、包勉；(11) 杨五郎；(12) 赵子龙；(13) 唐僧；(14) 韩信；(15) 穆桂英；(16) 袁世凯；(17) 孔夫子；(18) 鲁智深；(19) 林冲；(20) 周瑜

【莫名的回答】：B 想喝热咖啡。把他所说的数字代入电话键盘，就成为如图所示的“HOT”。

1	2	3
4	5	6
7	8	9
※	0	#

1	2	3
4	5	6
7	8	9
※	0	#

1	2	3
4	5	6
7	8	9
※	0	#

【棋语人生】：

（横）舍车保帅；相依为命；刮目相看；车水马龙；

（竖）车轮大战；兵荒马乱；损兵折将；害群之马。

【三国食谱】：缺算（蒜）、少言（盐）、无缰（姜）、短将（酱）。

【唐伯虎智骂贪官】：

一不要钱，嫌少；二不要命，嫌老；三不要官，嫌小；四不要名，嫌臭。

【巧读回文诗】：由“枯”字逆时针由外圈依次向里读，或由“儿”字顺时针由里圈依次向外读均可。

【家庭谜语】：口。

【心连心】：如图：

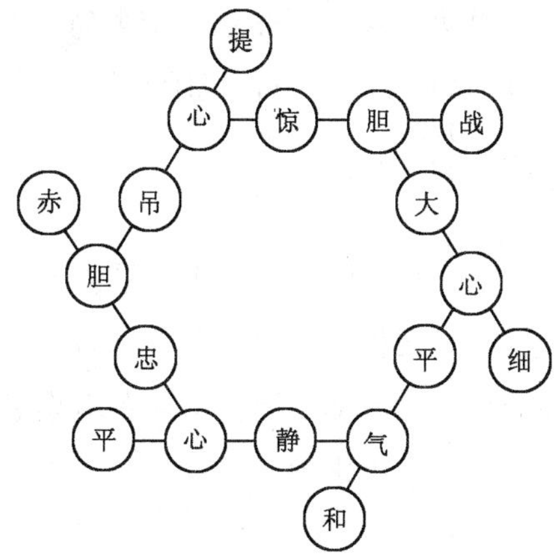

【神秘电报】：取电文每个字上半部分连成一句话：“五人八日去九龙取金。”

【奇妙组合字】：如图：

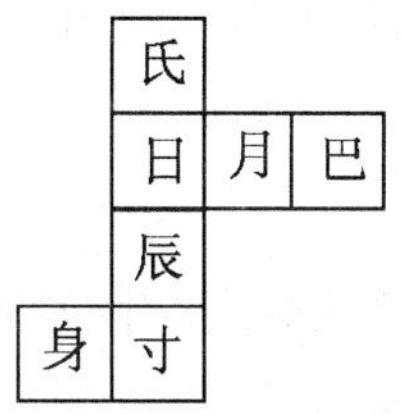

【巧读宝塔诗】：山中山路转山崖，山客山僧山里来，山客看山山景好，山山杏桃满山开。

【半字谜语】：(1) 吕；(2) 林；(3) 苗；(4) 明；(5) 丝；(6) 香；(7) 伐；(8) 二；(9) 杏；(10) 电。

【唐诗新排】：独上江楼思悄然，风景依旧似去年。同来玩月人何在？月光如水水如天。

【成语识物】：(1) 龟；(2) 金鱼；(3) 鸳鸯；(4) 蜂；(5) 凤凰；(6) 猿；

（7）蜻蜓；（8）虎；（9）狮；（10）鹊。

【地名填字】：

横向：

1. 西双版纳　2. 阿布扎比　3. 杰宁　4. 马尔代夫
5. 奥伯斯坦　6. 冰火岛　7. 亚平宁半岛　8. 尼亚美
9. 利比亚　10. 华山　11. 巴哈马　12. 加拿大
13. 顿河　14. 尼罗河

纵向：

一、马来西亚　二、华盛顿　三、平顶山　四、南宁
五、纳杰夫　六、巴格达　七、冰岛　八、利马
九、阿拉伯半岛　十、尼亚加拉河　十一、坦桑尼亚
十二、比萨　十三、大别山

畅聊集中营

【流畅外星人】：不知道那个“人”的长相如何？他有什么生活习惯？要不要报警？需不需要为他伪装？该怎么为他安排生活起居？不要说外星人，就连亲戚朋友来家里小住都得忙上一阵子，何况是“非人类”，而且这经验从未有过，因此全凭发散思维了。

【诗中游戏】：青岛、宁波、天津、上海、温州、长春。

【编故事】：让我们先抽离这两个题目的概念，拿破仑滑铁卢之役是动态的，而后者属于静态；动静之间的配合，不外乎以动移静，或以静待动；拿破仑在途中遇到阿基米得或阿基米得跑去找拿破仑，或者是其他，这就看你的思维如何发散了。确定故事大纲后，其余的细节就可顺势推演了。这些策划工作刚开始最好在纸上一步步制作，等到熟练后，在脑子里综合加工即可。

【照片排序】：A　B　C　D。C图可见渔竿弯曲，证明雨靴里装了水，D图可见水靴滴水，并且较重，说明钓鱼人满载而归。

【白石题字喻客】：门上写“心”字，就是“闷”字，表示主人心情不

好，不要去打扰；门上写“木”字，就是“闲”字，表示主人现在闲着，可以接待来客。

【扇中唐诗】：

（一）芳草一庭春　　（二）能开二月花

（三）解落三秋叶　　（四）皆言四海同

（五）远羡五云路　　（六）新篁六尺床

（七）巫峡七百里　　（八）清风八咏楼

（九）如今九日至　　（十）巫山十二重

（百）共作百年人　　（千）过江千尺浪

（万）入竹万竿斜

【巧添标点】：正确的标点是：“知止而后有定，定而后能静，静而后能安，安而后能虑，虑而后能得。”

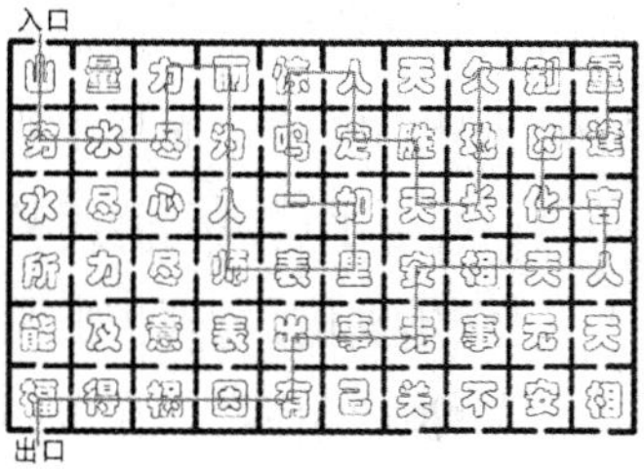

【成语接龙】：山穷水尽—尽力而为—为人师表—表里如一——鸣惊人—人定胜天—天长地久—久别重逢—逢凶化吉—吉人天相—相安无事—事出有因—因祸得福。

【词语转换】：你有没有发现这个题目与以前同类型的稍有不同？是的，本题所用的词语是抽象的。虽然形态各异，但用法相同，例如快乐到忧虑，“快乐”的人总是“乐观”的，而乐观的人是不会“忧虑”的。

所联想的语词并不一定要抽象，也可借由具体词语串联。记住，当题目没有特别规定时，不要妄自设限。

【台风来袭】：事情的发展都存在着一种不确定性，所谓“暴风雨前的宁静”、“山雨欲来风满楼”，显示现在的平静并不能保证未来的和平。

台风来袭之前的天气是怎样的？如果你不曾有过亲身感受，那么你可能得翻翻有关报纸的报道，或是一些有关台风的专论，透过自然的现象，想想你得到些什么体验。

【趣味文字】：树叶和盘子都是平面的东西，相似的功能应该很多，可以试着以不同的观点、身份、立场、情境去设想。

如果你是上苍，高高地盘坐在云端上，俯瞰地面上的树叶和盘子，你觉得它们在大自然中是什么身份，或是可以互相做怎样的替代？

树叶在什么情况下与盘子的功能是一样的？

“世上最自然的盘子就是大自然的树叶。”你觉得如何？

【士兵的演说】：“从大家的掌声中可以看出诸位对那次战斗记忆犹新。我有幸参加了那次战斗，不过我只是一个普通的士兵，我和伙伴们坚守阵地，与敌人进行殊死搏斗，很多弟兄都壮烈牺牲了，这真是一将功成万骨枯啊！我是那场残酷战争中的幸存者，当陶克将军在树林中安睡时，我却还拖着疲惫不堪的身子在站岗放哨，保卫他的安全。今日我能够站在这里讲话，我充分相信诸位的判断力，会做出明智的选择。”

约翰的功绩虽然不如陶克大，但他巧妙地避开了这个话题，只就战后在山上露宿这一点来讲，要使选民们明白：将军虽然很辛苦，但毕竟还可以在丛林中安睡，而战士则要站岗保卫他。约翰的演讲说出了普通士兵的心声，迎合了选民们的这种心理，获得了成功。

【快乐模仿】：模仿法是一种简单易学、娱乐性强、见效快的方法，尤其适合青少年练习。在进行这种练习时，一要注意选择适合自己的对象进行模仿。有些同学模仿力很强，可专拣一些脏话、怪异动作进行模仿，久而久之，就形成了一种低级的趣味，我们反对这种模仿方法。

【表演的魅力】：好口才是训练出来的，只要我们多说、敢说，就一定能说好。

【描述的能力】：本训练的主要目的就在于培养我们的语言组织能力和语言的条理性。

【我来当明星】：本训练的目的在于培养人的语言的适应性、个性，以及适当的表情、动作。这种训练法要求“演”的成分很重，它有别于对朗诵的要求。它不仅要求声音洪亮，充满感情，停顿得当；还要求能绘声绘色、惟妙惟肖地把人物的性格表现出来，而且要配有一定的动作和表情。

【口头作文】：本训练能提高自我表达和作文的积极性，增强学习的自信心。口头作文灵活而简单，既不需要事前充分准备，也不需要纸笔文具，只要我们肯下功夫坚持下去。

随机应变故事会

【一语止逃】：曹玮说："这些人是我派到西夏去的。"这个宾客便把消息传到了西夏人的耳朵里。西夏人听说后，以为逃亡来的宋军士兵是奸细，非常气愤，立即把他们杀了，还把人头抛回了宋朝边境。从此，再也没有宋军士兵逃亡了。

【东坡与佛印】：东坡吃草。

【跨不过去的书】：纪晓岚将书放到墙角处。

【坚强的儿子】：儿子说"如果我正直的话，就不会被神逮捕。如果我不正直，就不会被大众背叛。所以无论如何，我都不会被背叛的。"这位坚强的儿子不但没有放弃，而且用母亲话中的盲点说服了母亲。

【纯属虚构】：狄更斯的回答是："虚构故事是我的职业。"

【丘吉尔的反击】：我只是在摇自己的头。

【真实的谎言】：夫人，只要像我一样说假话就行了。

【机智的海涅】：如果我和你去了，那就什么都有了。

【给蠢货让路】：歌德的回答是："我正好相反。"

【概不退换】：商人说的是："我横幅上不是写了嘛：色褪不保（倒过来）。"

【萧伯纳的幽默】：他的回答是："如果聪明像你，美丽像我，那岂不是糟糕了吗？"

【流浪汉的自救】：原来，那个流浪汉反复喊着的那句话就是："打倒沙皇！"

【机敏的外交官】："我们两个都当了叛徒啦。"

【中国人的习惯】：因为中国人正在走上坡路，而西方人正在走下坡路。

【房子不够高】："是您的房子还不够高。"乔治故意把所要表达的本意绕个圈子曲折地说出来，利用婉言来获得幽默的效果。

【复活的契诃夫】："哦，伟大的契诃夫先生，您什么时候复活了啊？"

这位编辑的话，既机智又风趣，讽而不刺。

【罗斯福巧答连任】：“现在，你不会再问我对于四次连任的感想了吧？因为你刚才已经感受到了。”

罗斯福没有直接回答问题，而是让记者自己去感受——三明治固然很美味，但吃多了也会难以下咽。他借此婉转、含蓄地回答了问题，又显示出了幽默、平易近人的领袖风范。

【无座主角】：那我坐在钢琴前面行吗？

【小丑的脸】：能生一张您那样的脸的话。

【安徒生的童“话”】：你帽子下面那玩意儿是什么？能算是脑袋吗？

【每人开两枪】：那我们就每人开两枪。

【用“嘴”解决】：您怎么放进去的，我就怎么拿出来，您显然是凭嘴一说，就把鸡装进了瓶子，那么我就也用嘴一说，再把鸡拿出来。

【智保大树】：徐孺子说：“要是砍了树，院子里只剩下人，不就成了囚吗？囚比困更不吉利。”

【木匠与绅士】：他反问道：“阁下的父亲一定是位绅士？”纨绔子弟骄傲地回答：“当然啦。”

“那他为什么没把你培养成绅士？”

【将错就错】：“蛋糕吃错了！”

【聪明的求职者】：莱德在上面写着：“先生，我排在队伍的第21位，在您看到我之前，请千万别忙着做出决定。”

【假眼的慈悲】：马克·吐温的意思是这个富翁没有一点点慈悲之心。

【话中有话】：他们是用谐音互嘲，和珅的意思是说：“侍郎”是狗；纪晓岚反驳道：“尚书”是狗。

【傻瓜匿名信】：今天却正好相反，这位先生只署上自己的名字，却忘了写内容。

【板桥题匾】：“雅闻起敬”漆完成了“牙门走苟”，就是“衙门走狗”的谐音。

【纪晓岚巧言对诗】：“万岁，臣对的不错啊，臣讲的是‘水上一鸥游’。”

第九章

想象和创造能力——给思想插上翅膀

给创造者的灵魂赋予思想之翼

创造力是人类特有的一项综合性本领。一个人是否具有创造力，是区别一流人才和三流人才的关键因素。创造力是由知识、智力和优良的个性品质等诸多复杂因素综合优化构成的，是指产生新思想、发现和创造新事物的能力，是成功完成某种创造性活动必不可少的心理品质。我们常听到的新概念、新理论、新技术、新设备、新方法和新作品等，都是创造力的表现。

21 世纪的竞争是人才的竞争，而 21 世纪对人才的需求实质是对知识的需求。知识经济如今已经成为世界经济发展的主导形态，让知识成为生产力的核心，依赖知识不断创新发展从而将知识有效地转化为经济利益，是世界经济的发展前景。一个国家，只有不断加强知识培养，同时注重创造发明，将知识与经济实战结合起来，才能在世界经济之林中立于不败之地。而作为人才，只有有能力把自己的知识转化为创新活动的人，才能适应知识经济时代的社会需求，成为有用的人才。因此，个人创造力的提升是必不可少的。

创新，包含的主要意思是“新”，它既可以是前所未有的创新，也可以是在原有基础上发展改造出来的新。而无论哪一种创新，都离不开头脑中巨大无比、天马行空的想象力，没有想象力的创造，犹如没有翅膀的天马，无法飞翔，只能在地面仰望。

作为相对论的发明者，爱因斯坦特别推崇想象力，他曾说“想象力比知识更重要，因为知识是有限的，而想象力概括了世界上的一切，推动着社会进步，并且是知识进步的源泉”。这句话极大地说明了想象力的作用，那么，什么叫想象力呢?

据科学推论，人类想象力的最初起源是火。在远古时代，人类祖先和动物一样过着茹毛饮血的生活，食物都是生吃。有一天，一次闪电引发的大火烧死了很多动物，人类祖先因为肚子太饿，就拿那些烧死的动物充饥，发现很好吃。之后，他们就开始想象，怎么用火把动物烤熟，怎么把火苗保存下来，甚至怎么用火取暖。于是，很多想象都应运而生，渐渐地，文字、语言、科技等都开始出现，人类由此解开了文明史上的关键一页。而这种在头脑中创造出一个新想象、一个念头或者画面的能力，就叫做想象力。

想象力是人类比其他动物优秀的根本原因。因为有想象力，人类才有了创造发明，发现了一系列的事物定理和世界规律。如果没有想象力，人类将不会有任何发展和进步，牛顿看到苹果掉下来也不会去想象万有引力，爱因斯坦也不可能以超强的能力发明相对论；没有想象力，我们就感受不到外星球的独特魅力，也不可能看到唐老鸭和米老鼠的可爱形象。没有想象力，人类的世界是一潭死水。

由此可见，一切创造发明都来源于最初的想象力，没有想象力，就不可能有创造发明的诞生。创造力是离不开想象力的，它们是紧密相连的一对，想象着去创造，有想象才能创造。而这种想象与创造的能力，一部分是天生的，一部分却是可以后天训练得来的。想象是智慧的翅膀，是驰骋起来的思维，让大脑学会飞翔，用天马行空的想象去武装头脑，你就会变成拥有非凡智慧和创造力的人。

正是有了诸多新奇的想象，人类世界才得以进步，未来的世界也将一路飞腾。作为未来世界的创造者，让我们现在就震动想象的双翼，做好翱翔的准备，在无垠的时空中，为创造者的灵魂安上思想的翅膀，纵情驰骋，一路高歌!

超级想象无极限

【7+8=3】

什么情况下 7+8=3?

【方格迷阵】

五角星等于格子所代表的值，圆圈等于格子所代表值的两倍。表 A 和表 B 的值已经给出，请问表 C 的值为多少?

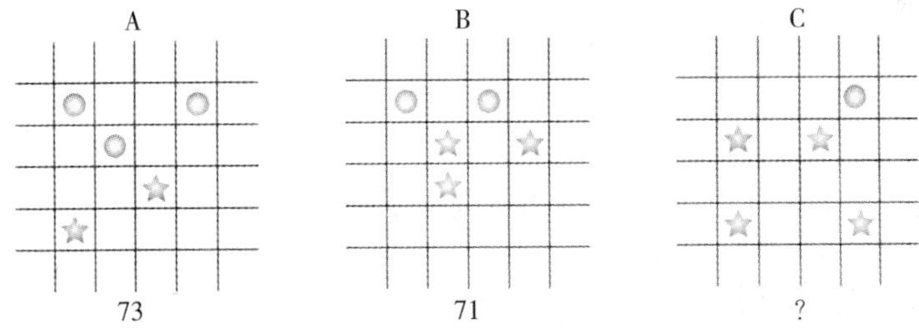

【“4”的样子】

我们把数字“4”固定在这个模型上。假设每一个圆环旋转半周，那么这个“4”在三维世界中部分地翻转、变向、旋转之后会呈现出什么样子呢?

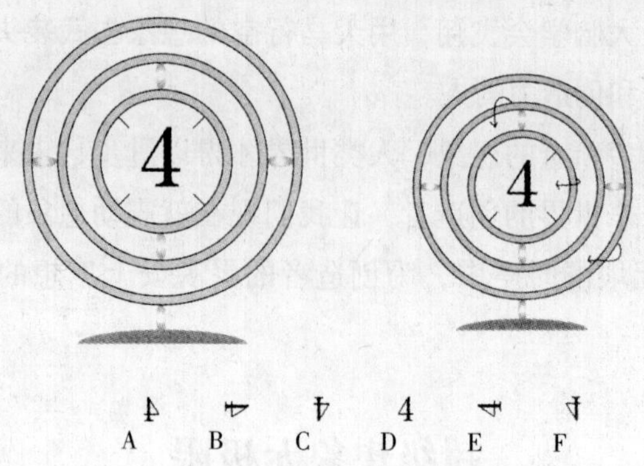

【两个月亮】

外星人向地球发射了一颗人造卫星。这颗卫星同月亮一样大，而且与月亮运行在同一条轨道上。从此，两个月亮一前一后围绕着地球转，后果如何?

【超级大联想】

提示一：五行

提示二：朝代

提示三：撤兵

提示四：星星

与这四种提示有关的事物或概念是什么?

【小小侦察兵】

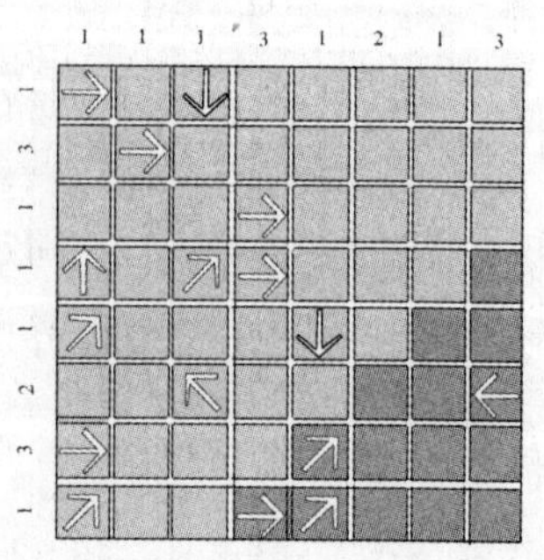

假定你现在是一个小小侦察兵，连长给你分配了一项任务，扫雷。具体内容如下：

在表格的每一行、每一列中，隐藏了若干地雷，其数量是表格边的数字。此外，在某些方格中标记了箭头符号，意思是：在箭头的前方埋地雷，当然在这个方向埋藏的地雷可能不止一个。换句话说：每个箭头所指之处，至少能找到一个地雷。请在表格中标出你所认为有地雷的方格，看你能找到多少个？

【一路向右】

吉姆和汤米在一条马路上走着，眼见前面的马路就要向左拐弯了，汤米便考吉姆说：“你能不往左转，就把这条马路走完吗？”吉姆笑道：“这还不容易？”说罢，便快步向转弯处走去。没多一会，他果然没有向左转弯，就走完了这条向左转弯的路。你知道他是怎么做到的呢？

【越过悬崖】

站在左侧悬崖上的探险者想要到对面的悬崖上，他该怎么过去？

【一语道破天机】

什么话可以一语道破天机？

【鸡蛋神功】

小明不会轻功，一只脚搭在鸡蛋上，鸡蛋却不会破，这是为什么？

【拼接五角星】

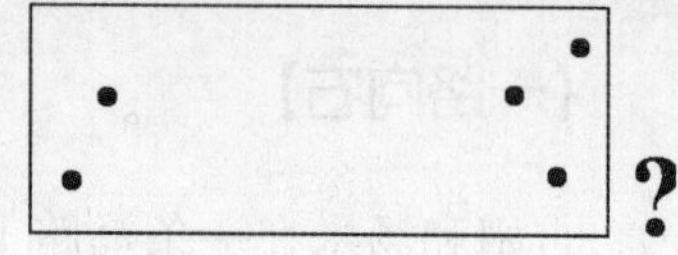

观察右图，在纸条的两端一共点着五个点，你能把这些点全部连接起来画出一个五角星吗？

【消失的西红柿汁】

在澳大利亚的一个农场里，马里安家里自制了很多西红柿汁。有一天他的小儿子约翰站在窗下，可是淘气的哥哥汤姆却把西红柿汁朝弟弟的头上倒下去了。西红柿汁正好成一条线，落到约翰的头上。马里安先生急忙赶到窗户边一看：真奇怪！约翰的头上一滴西红柿汁也没有，地上也没有痕迹。请问，这是为什么？

【一句话解题】

一位善辩的哲学家来到某市，他问道："你们这里学识最渊博的人是哪位？"

人们告诉他："是艾丁。"

于是，他去访问艾丁，并遇到了他。

"艾丁阁下，我有40个问题，你能否用一句话给我回答全吗？"

艾丁不假思索地对他说："让我瞧瞧你的那些问题。"

于是，这位哲学家一一提出了他的40个问题。这些问题上至天文，下至地理，包罗万象，无奇不有。当哲学家把40个问题说完以后，就催着艾丁赶快用一句话回答。

艾丁笑了笑，轻轻地说了一句，这句话的确答全了40个问题。

你知道艾丁说的是一句什么话吗？

【走不完的线】

在西天取经的路上，机灵的悟空常捉弄八戒。一次，他对八戒说：

“我在几秒钟内画出一条线，你要花几天才能走完，信不信？”八戒不信。悟空画出一条线，八戒果然走了好几天，才算走完。

你知道这到底是怎么回事吗？

【龟兔再赛跑】

由于轻敌，兔子同乌龟赛跑失败。后来，兔子沉痛地总结了教训，克服了骄傲情绪，在动物奥运会短跑比赛中夺得了金牌。

刺猬对兔子这个短跑冠军不太服气，可又觉得自己的成绩同兔子确实有很大差距，所以也不能公开向兔子挑战。但是，那枚动物奥运会的奖牌，实在太诱人啦。

虚荣心很强的刺猬，考虑了很久，决定去偷。一天深夜，刺猬趁兔子熟睡时，把那枚奖牌偷了出来。

兔子发现心爱的奖牌已被刺猬偷走，马上蹦了起来，快步追了出来。

“哼！你绝对追不上！不信试试！”刺猬拖着奖牌，跑得很快。

兔子大怒：“哼，我倒要让你瞧瞧我这世界冠军的厉害！”说着，它弓起后腿，发疯似的跑了起来。

这时，大公鸡刚刚出窝。它跳到鸡笼上，正准备引颈啼鸣，看到了飞驰而来的兔子。大公鸡称赞道：“兔子先生，你天没亮就锻炼得这么认真，下次的冠军肯定还是您的。”

“不，不！”兔子激昂地说，“我是在追一个小偷！”

“那小偷呢？”大公鸡问。

你知道兔子是怎么回答的吗？

【安全过桥】

有一座短桥，载重不超过 3 吨。开来一辆汽车，满载了 3 吨半的铁链，再加上汽车本身的重量，不是大大超过 3 吨的限定了吗？应该怎样才能安全通过呢？

【上升和下降】

在一个装了很多水的大水缸里浮着一个小塑料盆，小塑料盆里装着一个铁球。请问：如果将这个铁球从小塑料盆里取出来直接放进水缸里，水缸的水面比刚才上升了还是下降了？

【账目对不对】

我们来看这样一个问题。有一个贩马的商人，一天下来他的生意情况是这样的：

先用60块钱买了一匹马；又用70块钱卖了这匹马；再用80块钱买回这匹马；又用90块钱卖了这匹马。

请你给算一算，他在这匹马的交易中赚了多少钱？

根据这个账目，你大概会这样算：

60块钱支出，70块钱收回，赚了10块钱；（第一回结算）

80块钱支出，又赔上10块钱，现在不赔不赚；（第二回结算）

再收回90块钱，再加赚10块钱，一共赚10块钱。（总结算）

这个账算得对不对呢？

【来自未来的信】

元元有一天收到一封令他大吃一惊的信。信上的邮戳是两天以前盖的，而且信密封得很好，但是里面却有一则今天早上的新闻，莫非是使用了时光机，从未来的世界寄来的信？元元百思不得其解，你能告诉他到底是怎么回事吗？

【重要的结尾】

选美大赛已接近尾声。经过几轮的角逐，只剩下4位佳丽参加最后一轮的智力比赛。风度翩翩的主持人手持话筒发话了：“下面4位小姐将为我们串讲一个故事。我们给出的故事引句是‘今晚的月光很好……’”

A 小姐接过话筒，信口而来：“演出结束后，我独自一人走在回家的路上，忽然身后传来一声枪响……”

话筒传到 B 小姐手上，她接着说：“我慌忙回顾，看到一个警探在追逐一个持枪歹徒……”

轮到 C 小姐了：“经过搏斗，警察终于制伏了歹徒。”

故事讲到这儿，似乎已无话可说，可话筒此刻已递到了最后一位小姐手里。该怎样串下去，才能使故事的结局新颖而巧妙呢？这位小姐灵机一动，突然想出了一个很好的结局，最后获得本次大赛的冠军。

你想，她说了什么样的结尾呢？

【无需睡眠】

2050 年，科学家发明了一种能使人不需要睡眠的药丸。这种药丸非常流行，以至于每个人都在服用，这会引起什么后果？

【橘子的交易】

有一个老头在卖橘子，价格是每个橘子三角钱，但三个橘子皮可以换一个橘子。

有几个小孩，他们的身边总共有三块一，但是却通过和老头的交易吃到了 15 个橘子。

他们是如何做到这一点的？

【书的厚度】

书架上放着 4 本书，分为 1~4 册。每本书的厚度都是 3 厘米，封面和封底的厚度也都是 1 毫米。有一只书虫钻进了书中，它从第一册的封面开始啃书，一直啃到第四册的封底。你能计算出这只书虫啃了多少厚度的书吗？

【全身而退】

如右图所示，A、B、C是用坚硬的金属制成的，不损坏A、B、C，不剪断绳索，怎样取下B字形？

【数字大想象】

充分发挥你的想象力，推算出下一行的数字是什么？

1

1 1

2 1

1 2 1

1 1 1 2 2 1

3 1 2 2 1 1

1 3 1 1 2 2 2 1

1 1 1 3 2 1 3 2 1 1

【超额过新年】

现在是8月，一个26岁的男士说，他从来没有错过一次新年庆典。他还声称自己共经历了51次新年，并且：①他只把1月1日当做新年，其他宗教或文化的新年不计算在内；②他没有拨回钟表时间以作欺骗；③他26年中用的是现代纪年法，并生活在现代、在地球上。

如果他是生于6月，那他所说的在什么情况下才是真实的？

【5岁童巧租公寓】

有一家人决定搬进城里，于是去找房子。

全家三口，夫妻两个和一个5岁的孩子。他们跑了一天，直到傍晚，好不容易才看到一张公寓出租的广告。

他们赶紧跑去，房子出乎意料的好。于是，就前去敲门询问。

这时，温和的房东出来，对这三位客人从上到下地打量了一番。

丈夫鼓起勇气问道："这房屋出租吗?"

房东遗憾地说："啊，实在对不起，我们公寓不租有孩子的住户。"

丈夫和妻子听了，一时不知如何是好，于是，他们默默地走开了。

那5岁的孩子，把事情的经过从头至尾都看在眼里。那可爱的心灵在想：真的就没办法了？他又去敲房东的大门。

这时，丈夫和妻子已走出很远，都回头望着。

门开了，房东又出来了。这孩子精神抖擞地说：……

房东听了之后，高声笑了起来，决定把房子租给他们住。

请问：这位5岁的小孩子说了什么话，终于说服了房东?

【一箭四雕】

一位老猎人教导他的3个儿子说："只有有勇有谋，才能在大森林里面生存。"

一次，老猎人在盘子上放了4个苹果，让3个儿子用最少的箭射掉全部苹果。大儿子比划了一下说："我要用三支箭。"二儿子一听，急忙说："那我只用两支箭。"小儿子想一下，说："我一支箭就足够了。"老猎人听了很高兴，夸奖小儿子聪明。大儿子与二儿子听了不服气，认为弟弟在说大话。于是小儿子一箭射出，4个苹果全都落地。

你知道他怎样射的吗?

【爬了多远】

如下图所示，四只蚂蚁A、B、C和D处于一个边长10厘米的正方形的四端。其中。A对准B，B对准C，C对准D，D对准A同时直接朝前爬。如果所有的蚂蚁的爬行速度都一样，那么，它们的爬行轨迹将是四条一样的螺旋曲线，最终相交于这个正方形的中心。

现在的问题是，当四只蚂蚁相聚，它们各自爬了多长的距离?

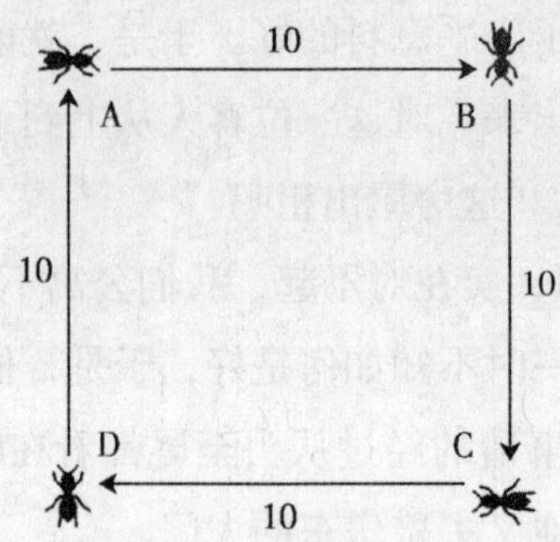

引爆创造的小宇宙

【折出最大数】

请用一根铁丝，在不折断的条件下，尽可能做出最大的数字。

【一层变二层】

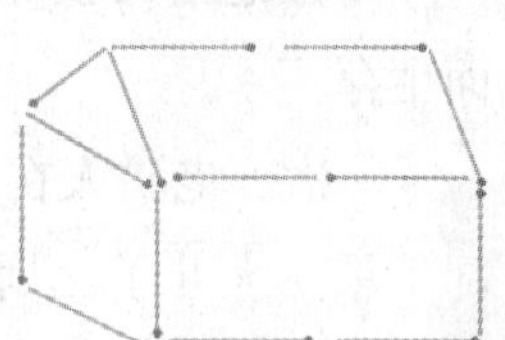

如右图所示，有一栋一层楼的家，如果要建造成二层楼的家，至少要移动几根火柴？

【为难的选择】

在一个暴风雨的深夜，有个小伙子开车路过一个公交车站，看到有三个人正在等公共汽车。其中一个是患重病的老人，急需到医院进行救治；一个是医生，曾经救过小伙子的命，小伙子做梦都想报答他；一个是小伙子心仪已久的姑娘，错过此次接触的机会，也许再无机会。但是，此时小伙子车上只能载一个人。

小伙子该怎么办？

【永不消失】

舒克家的隔壁在盖房子，他在建筑地以外的地方竖立起一块很厚的木板，算是违章建筑。舒克看到这种情况后非常生气，就用墨汁在纸上写了大大的“违章建筑”四个字，贴在木板上，可是到了第二天，这四个字不见了。于是，舒克又想了一个办法，不管他们再怎么擦，或是用其他办法覆盖，或者挖掉，都没能让字从木板上消失。请问舒克用了什么办法？

【答非所问】

甲：能告诉我你姓啥吗？

乙：没心思。

甲：能告诉我你爱吃啥吗？

乙：青春美丽豆。

甲：能告诉我你爱喝什么吗？

乙：值得一笑。

以上似乎所答非所问，实际上乙回答的正是甲所问的问题。

你知道乙都回答了什么吗？

【创意过河】

兄弟二人到冰天雪地的北极探险，被一条冰河挡住了去路。他们想游过去，但冰河很宽，水又很凉，很可能会被冻死；他们想绕过去，可是沿着河沿走了半天，也绕不过去。“要是有树就好了。”哥哥说，“我们有斧子、铁棍等工具，可以造一只木船。”可是，这里到处是厚厚的冰雪，上哪里去找树呢？后来，还是弟弟聪明，他想了一个办法过了河，而且他们的身体没有被河水沾湿，请问他们是用什么办法过河的？

【直尺测瓶】

一只密封得很好的瓶子里装有葡萄酒（葡萄酒不超过瓶肩的位置）。

用一把普通的尺，你能求得瓶子的体积吗？当然不能打开或损坏瓶子。

【怎样才合理】

一个农场主有很大一片荒地，他的手下有两个工人，甲开垦荒地的速度是乙的两倍，但乙种植的速度是甲的三倍。农场主想把这片土地开垦并种植上农作物，于是他让甲、乙各承包一半的土地。于是，甲从南面开始开垦，乙从北面开始开垦。他们用了10天完成了这项开垦和种植的工作，农场主给了他们一共1000元钱。那么，他们两个人如何分这1000元钱才合理呢？

【魔法变球】

魔术师站在舞台上，手中拿着四颗球。“各位，请看仔细了。”他把球放在手掌上，大喊一声：“�櫛！”球仍然在原来的位置，没有什么变化。但是，观众看到这个情形后，立即鼓掌高声喝彩。究竟是什么原因呢？

【不再平行】

AB和CD是两条平行线段。如右图所示，在不能变动AB、CD的情况下，画上3条线让它们不能平行。应该怎么做？

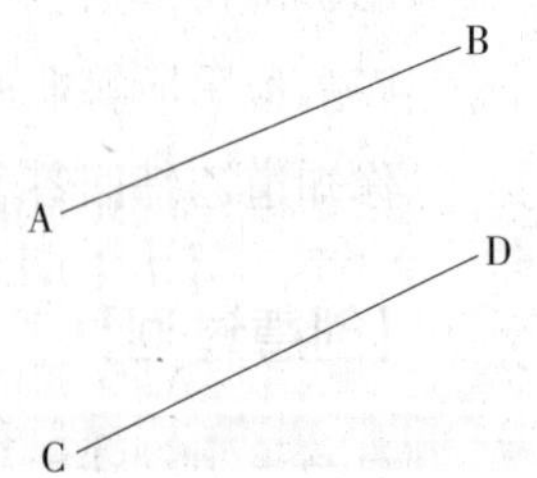

【老教授收徒】

一位著名的老建筑师想收一名徒弟传授他毕生的经验，于是他贴出了告示，人们蜂拥而至。在考试的时候，一道题难住了所有的人。那道题是：怎么建造一间房子，可以使房子四面的窗户都朝北。

最后，只有一个没有建筑经验的年轻人答出了这道题，他最后成了老建筑师的学生，并且也成为一位伟大的建筑师。

你知道他是怎么回答的吗？

【沉船怪事】

有一群人乘坐一条船，他们在闲聊。这时，船慢慢沉了下去，但是没有人惊慌，也没有人去穿救生衣，或者上救生艇逃命，大家还是继续原来正在做的事情，直到船沉没了。你知道这是为什么吗?

【让鹿回头】

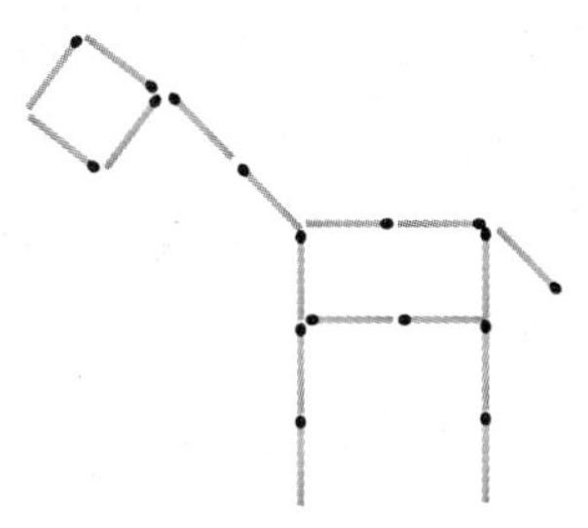

右面有一只用火柴拼成的长颈鹿，现在移动 5 根火柴，让它回过头来。该如何移动?

【神奇猜数】

甲指着一块手表的表面对乙说："请你在表面上表示小时的 12 个数字中默认一个数字。现在我手中有一支铅笔，当我的铅笔指着表面上的一个数字，你就在心中默念一个数。我将用铅笔指点表面上的一系列不同的数，你跟随我在心中默念一系列数。注意，你必须从比你默念的数字大 1 的那个数字默念起，例如，如果你默认的数字是 5，你就从 6 开始念，然后按自然数顺序朝下念。我指表面上的数，你默念心里的数，我显然不知道你心里默念的是什么数，当你念到 20 时，就喊'停'，这时我手中的铅笔，一定正指着你最初默认的数。"

乙认为这是不可能的，因为甲并不能知道自己从哪个数字开始默念。但出乎意料的是，当他按甲所说的操作一遍的时候，甲手中的铅笔正指着他心中默念的那个数字!

想想看，甲是如何做到这一点的?

【变中不变】

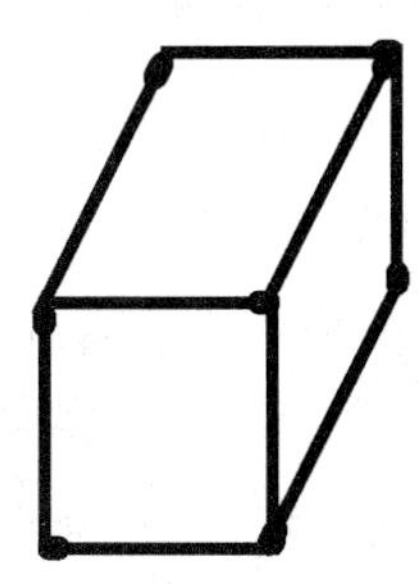

如右图，这里有 9 根火柴棒摆放在桌子上，并摆成立方体的形状。假设有 2 根火柴棒被拿走了，那么你该如何重新摆放剩下的火柴棒，让它们仍然能形成一个立方?

【不鞠躬的杰斯】

杰斯是突尼斯有名的机智人物，就像我国的阿凡提一样。有一次，他到西班牙去，到了那里以后，他经常去拜访哈里发国王，但每次走进王宫的时候，他从来不向国王鞠躬。为了迫使杰斯能低头鞠躬，哈里发叫人在宫门一米高的地方钉上一根横木板，国王想：这一下子，你非低头向我鞠躬不可，因为只有低头弯腰才能进王宫。

可是，虽有横木板挡着王宫大门，聪明的杰斯还是没有向国王鞠躬就进了王宫。

请问，他是怎么进去的呢？

【智取绿豆】

先往一个袋子里装绿豆，用绳子扎紧袋子中部后，再装进小麦。在没有任何容器，也不能将粮食倒在地上或其他地方的情况下，你能先把绿豆倒入另一个空袋子中吗？

【小狗分房子】

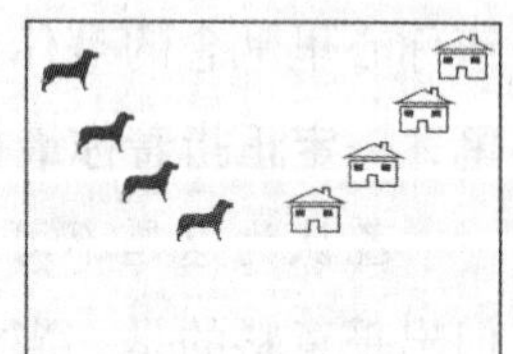

右面的图画中有四只小狗和四所房子的图案，我们应当怎样将画纸剪为四部分，才能使它们具有相同的尺寸与轮廓，而且使这四部分画纸上各有一只小狗与一所房子图案？

【巧组挂件】

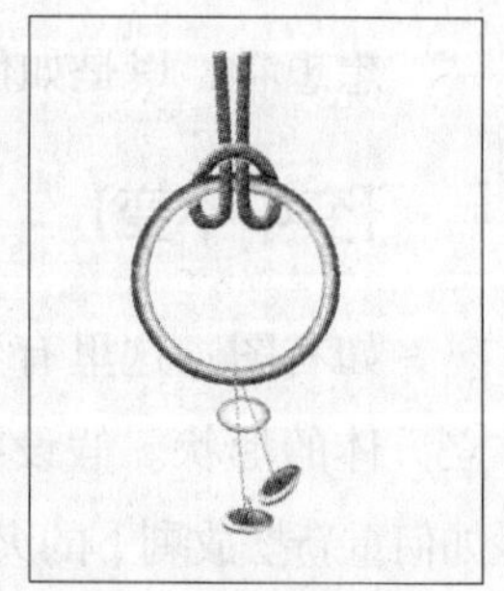

有一个挂件，由四个部分组成，上部是一个软绳，第二个是一个铁环（可以折），第三个是一个硬塑环（不能折），最后一个是两个不能穿过硬塑环的纽扣，这两个纽扣被一个细绳连接在一起，各个环状的大小依次为：铁环大于纽扣，纽扣大于硬

塑环，如图所示，你知道这四样东西是怎样组合在一起的吗？

【面积知多少】

把大小相同的折纸叠放在一个大的正方形上，从上往下的叠放次序是红、蓝、黄、绿、黑（如右图）。叠放完以后，各种颜色的折纸的可见部分面积如下：

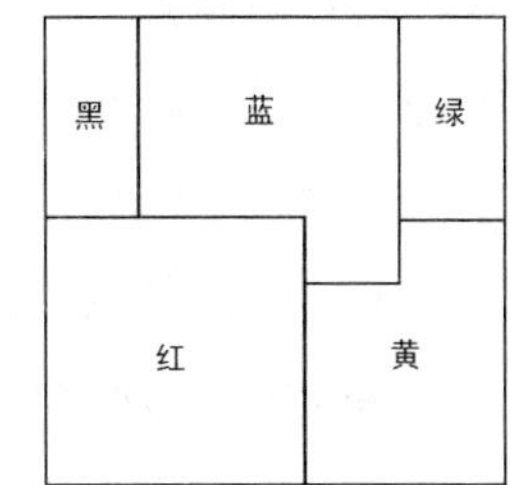

红：240 平方厘米。

蓝：200 平方厘米。

黄：160 平方厘米。

试问：绿色和黑色折纸的可见部分的面积各是多少？

【寻宝之路】

某地组织了一次寻宝活动，寻找一桶藏在 Z 村的啤酒。所有的车先在 A 村集合，然后参赛者们分头去其他 9 个村子寻找线索。把这些线索集中在一起研究，才会知道那桶啤酒藏在 Z 村的什么地方。最先回来并宣布找到啤酒桶的是小卡特。他最巧妙地安排了自己的路线，他从 A 村到达 Z 村，沿途获得了所有线索，却没有重复走进任何一个村子。而其余的人则一直在走弯路。

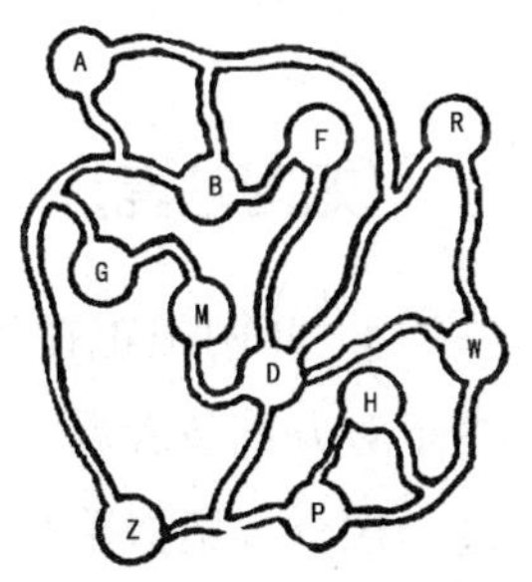

右图是 11 个村子的分布图，村子与村子之间只有唯一的一条道路。小卡特是怎么走的？

【水杯趣事】

丽丽的妈妈是一位化验员。一天妈妈对在化验室玩的丽丽说：“妈妈要考你一道题。你看，桌上摆着 6 只做化验用的玻璃杯，前面 3 只盛满了水，后面 3 只是空的。你只能移动 1 只玻璃杯，就把盛满水的杯子和空杯子间隔起来吗？”爱动脑筋的丽丽，是学校里有名的“小机灵”，她只想了一会儿就做到了。请你想想看，“小机灵”是怎样做的？

【收到多少花】

母亲节快到了，玛丽去花店买了5束康乃馨送给5位母亲。每束花有8朵，有黄的、粉红的、白的和红的，每种颜色都是10朵。为了让5束花看起来各有特点，每束花中不同颜色花朵的数量不完全相同，不过每束花中每种颜色的花至少应该有1朵。

下面是5位母亲所收到的花的情况：

A妈妈：黄色的花比其余3种颜色的花加起来还要多；

B妈妈：粉色的花要比其他任何一种颜色的花都少；

C妈妈：黄色和白色的花之和等于粉色和红色的花之和；

D妈妈：白色的花是红色的花的两倍；

E妈妈：红色的花和粉色的花一样多。

请问：5位母亲分别收到的花束中每种颜色的花各有几朵？

想象创造大舞台

【如何越境】

A、B两国正在闹边界纠纷。A国的间谍企图偷越边界进入B国，但由于对方戒备森严，未能成功。于是，A国间谍想挖掘地道偷越边界。不过，这个方案似乎行不通，因为挖出的浮土一增加，就一定会被敌人的侦察机发现。那么，先盖一所小房子，把浮土藏在里面行不行呢？似乎也不行，浮土一增加，就需要把它运到小房子外面去，同样会露出破绽。有没有较好的越境办法呢？

【直线连点】

用直线连接三角形的三个端点，只有一种方法，如图1所示。

用直线连接正方形的四个端点，有两种不同的方法，如图2和图3所示。图4不是一种新的方法，只是从不同的方向看图3。

用直线连接正五边形的五个端点，有四种不同的方法，如图5、图6、图7和图8所示。

用直线连接正六边形的六个端点，可能有点出乎你的意料，共有12种不同的方法。

你能发现它们吗？

从选择的某个端点出发，每个端点必须经过一次，并且只能经过一次，最后仍回到起点。

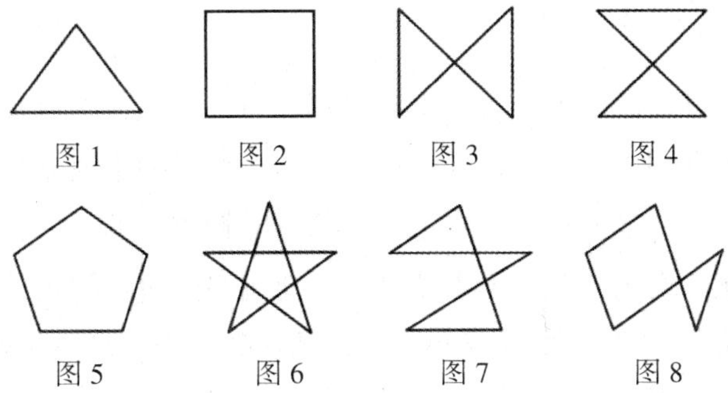

【智取黑球】

一段透明的两端开口的软塑料管内有11只大小相同的圆球，其中6只是白色的，5只是黑色的（如图所示）。整段塑料管的内径是均匀的，只能让一个球勉强通过。如果不先取出白球，又不切断塑料管，那么，你用什么办法才能把黑球取出来？

【聪明的儿子】

一个优柔寡断的农夫有3只绵羊和3只山羊，他想给它们建造羊圈。他让自己的儿子来完成这件事情。他给了儿子12块大小和长度一样的隔板，让儿子搭建6个正方形羊圈，一只羊一个。

农夫考虑到绵羊较大，而山羊较小，因此，他要求儿子搭建3个大羊圈、3个小羊圈，并且大羊圈的面积是小羊圈的两倍。儿子做到了这一点。

儿子的活刚完工，农夫改变了主意。农夫要求儿子把大小羊圈的面积比例改成3:1。儿子笑了一下，按农夫的要求进行了调整。但不一会儿，农夫又改变了主意，要求把羊圈由正方形改成长方形。这并没有难倒儿子，因为儿子找到了一种方法，能把这12块隔板搭建成6个羊圈，同时根据需要，能任意地改变它们的面积比例，或者由正方形改成长方形，或者再由长方形改成正方形。

想想看，儿子的方法是什么？

【总统做广告】

国外有位书商的手中存有一批滞销书。有一次，他在电视里看到了一个节目，里面介绍本国的总统很爱读书，这个消息使书商立刻想到了一个提高销量的办法。他先是给总统送去了这批滞销书中的一本，然后又多次打电话给总统，询问他对这本书的看法。总统当然很不耐烦，便随便地说了一句“不错”。于是，书商就利用总统的这句话为自己的书做起了广告，结果书很快就销售一空。

接下来，书商又想用这个办法来推销他的另一批滞销书，可总统再也不肯轻易对书进行任何的评价了，然而聪明的书商还是很快卖光了自己的书。

你能想到这一次书商是如何利用总统来为自己的滞销书做广告的吗？

【恐怖密函】

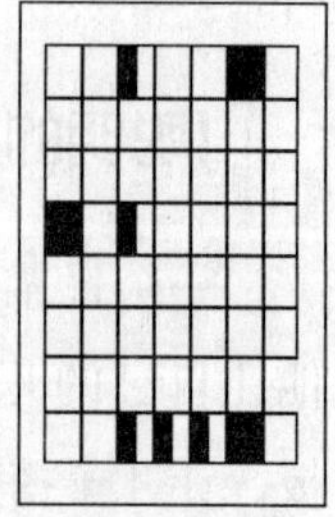

如右图所示，联邦调查局最近接到一份恐怖分子发来的密函。联邦调查局的破译组织成员连夜对其进行解密，从古罗马文化联想到古巴比伦文化，再到古埃及的符号，用各种各样的方法和假设都没能解开谜底。一天，一位新来的助手得知此事后，随手拿起这份密函，希望能从中找出一点蛛丝马迹。果然，不到一分钟，新助手告诉大家这是一份类似于恶作剧的挑衅书，目的是转移联邦调查局的视线。

你知道新来的助手发现了什么秘密吗?

【卖脑袋】

“卖脑袋，卖脑袋!”有个人在街上叫喊。一武将听到十分奇怪，向这个人招了招手，问道：“脑袋卖多少钱?”这个人回答说：“卖一两。”武将又说：“这倒是便宜，我买了。”

于是，武将就把他领到后院练功的地方，解下腰刀，用力砍去。卖脑袋的人立即从屠刀下跳开，随手把一只纸糊的脑袋丢到武将面前。武将说道：“我买的是你的脑袋。”那个人回答了一句话就保住了自己的脑袋。你知道他是怎么回答的吗?

【谁最诚实】

古时候，某王国的国王张榜求贤，要选一个诚实的人为他收税。应征者很多，初次见面，怎么能知道谁是最诚实的人呢？一个谋士对国王说：“陛下，等那些应征者来到宫内，您只要如此这般，就能从中寻觅到最诚实的人。”国王采纳了这个意见。

应征者纷纷来到王宫，谋士要他们一一从一条走廊单独穿过去见国王。所有应征者都来到国王面前。国王说：“来吧，先生们，拉起手来跳个舞。我很想看看你们诸位中，谁的舞姿最美。”

一听到国王的这个要求，许多应征者顿时傻了眼，呆若木鸡，脸色渐渐由白变红，羞愧难堪。这时，只有一个人毫无顾忌地跳起了欢快的舞，显得那么轻松自如。谋士指着那个正在翩翩起舞的人说：“陛下，这就是您要找的诚实的人。”

请问：谋士为什么说那个正在跳舞的人是个诚实的人呢?

【算命先生】

有一个人在婚姻的问题上左右为难，下不了决心，不知道如何选择，于是他想去听听算命先生的意见。街上有两个算命先生甲和乙，甲告诉他："我说的话，有 60%是正确的。"乙告诉他："我说的话，只有 20%是正确的。"这个人想了想，选择乙为他算命了。你知道这是为什么吗？

【泳道多长】

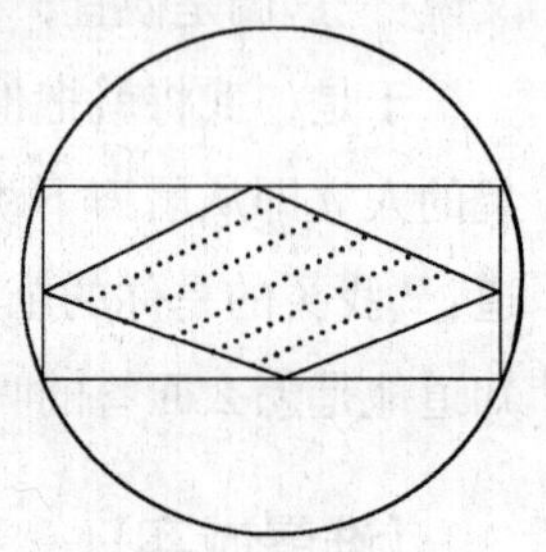

如图所示，在一个直径为 100 米的圆形场地上，建有一座长方形的游戏馆，其长边长度为 80 米，并且又在这座游泳馆内建有一座菱形游泳池，菱形游泳池的顶点正好接在长方形游泳馆各边的中点上。请问游泳池的泳道长多少米？

【死而复生】

你是否相信有一种动物已经灭绝了，它所有的后代子孙也已经被杀死了，但这种动物在两年之内又可以重新出现？

【松鼠跳方格】

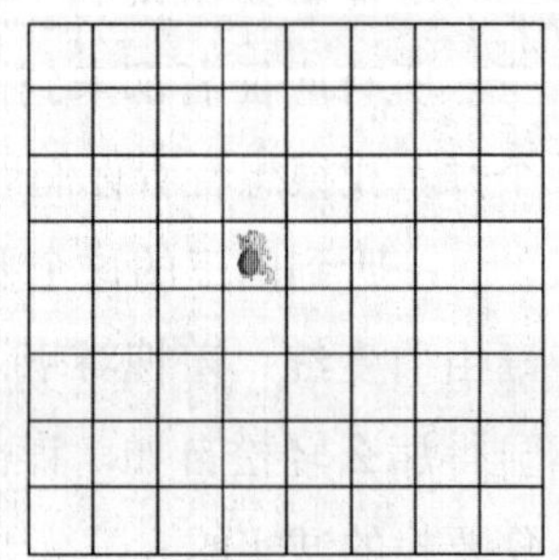

有只松鼠贪玩时不小心掉进了很多格子的盒子里。它好想出去，可又怕被主人发现，而且它一次只能"上下"或"左右"移动一格，不能跳动。

它要如何走，才能走完所有的格子回到原点，而且不被主人发现呢？

【转镜子】

把下图中 10 面双面镜旋转 90 度，你就能从右上角的观察孔中看到左下角的灯泡。你知道应该转动哪 10 面镜子吗？

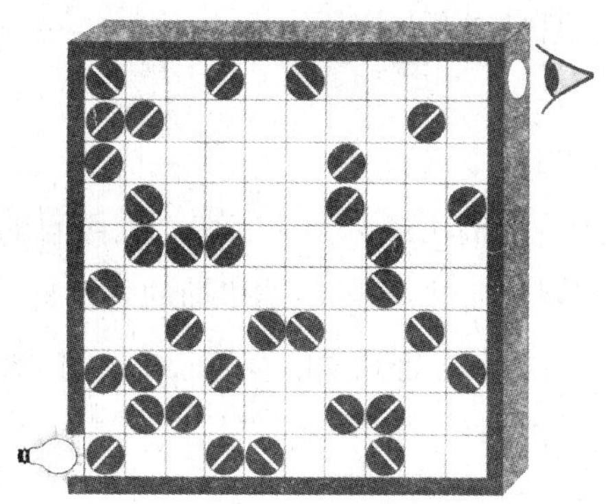

【无影无踪】

用 9 根火柴做了 3 个三角形。动其中两根火柴，能不能使 3 个三角形都不存在？

 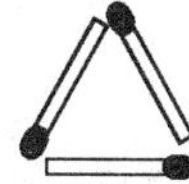 

【离奇死亡】

在一次森林火灾中，灭火员们扑灭大火后，就开始搜寻死难者尸体。经过两天的搜索，他们发现了一个身穿潜水服戴着呼吸装备的男性尸体。虽然他死了，却丝毫没有烧伤的痕迹。森林周围 20 英里内，也没有什么水源。你知道他是怎么死在这里的吗？

（1）该男子没有步行到他被发现的地方。

（2）该男子不是被谋杀的，而是意外死亡。

（3）他潮湿的服装没有被烧着或者熔化。

（4）该男子身上有多处骨折。

【盲人换咖啡】

一个盲人走进一家餐馆要了一杯咖啡。咖啡送来后，他抱怨咖啡不够热，要求换一杯。咖啡又送来了，盲人抱怨说这就是刚才的那杯。他是怎么知道的？杯子上没有裂纹，也没有区别于餐馆中其他杯子的特征；他不能由杯子的温度识别这是否是原来那杯咖啡；他没有在原来的杯子上留下黏性的标记，也没有把奶油涂在杯子外面。

【谁对谁错】

有一个顾客来到一个商店中，商店是两个人照看的，年轻人在外间，年长的在里间。顾客问外面的年轻人："里面的老板是不是你父亲？"年轻人回答道："是的。"然后顾客进到里面看商品，他问里面的老板："外面的年轻人是不是你的儿子？"老板回答道："不是。"事实上两个人的回答都是正确的，你知道原因在哪里吗？

智慧题解

超级想象无极限

【7+8=3】：在时间上，上午7点钟加上8个小时就是下午3点钟。

【方格迷阵】：表C的值为41。每个方格所代表的数字如下表所示：

16	9	8	1
15	10	7	2
14	11	6	3
13	12	5	4

【"4"的样子】：F。

【两个月亮】：潮涨潮落的规律改变了；许多歌曲的歌词需要修改；大多数的人造卫星的正常运转将受到影响；花前月下谈恋爱的人更多了；在荒野夜行比以前方便得多了；地球外文明终于被证实了；星球大战很可能

从科学幻想变为现实；晚上天空更亮了，许多星星凭肉眼看不到了；关于有两个月亮为题材的文学作品将源源不断地出现；恋人的山盟海誓将以此为证；从此历法需要修订……

【超级大联想】：五行指金、木、水、火、土，金是五行之一。金朝(1115—1234)，由女真族完颜阿骨打所建，在我国北部。金是古代金属制的打击乐器，鸣金是撤兵的信号。金星是太阳系九大行星之一。

【小小侦察兵】：如图所示。

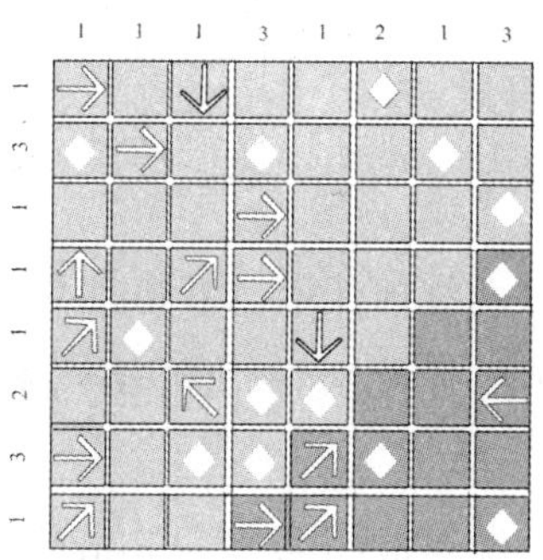

【一路向右】：他走的路线如图虚线所示：

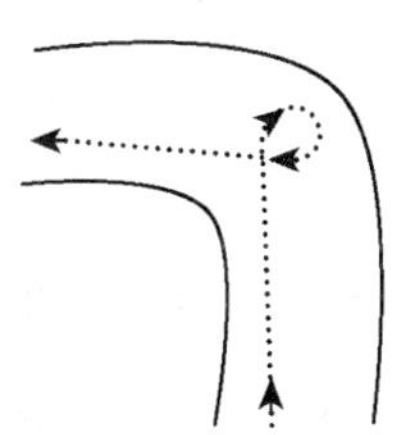

【越过悬崖】：如图所示。

【一语道破天机】：天气预报一语道破“天机”。

【鸡蛋神功】：记住，小明还有另一只脚，这只脚站在地上。

【拼接五角星】：如图所示。

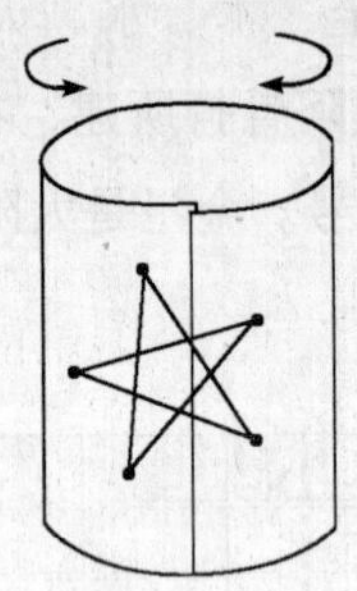

【消失的西红柿汁】：西红柿汁不会不翼而飞，总得有去处，可能的去处只有一个地方，即当西红柿汁流下来时，约翰朝上张开大嘴，把流下的西红柿汁全部喝了。

【一句话解题】：艾丁说的是：“我全不知道！”

【走不完的线】：其实根本不是什么法术。悟空在八戒的鞋底上画了一条线，八戒走了几天才能磨完。

【龟兔再赛跑】：兔子自豪地说：“哼！它哪是我的对手?！早就被我远远地抛在后头了！”

【安全过桥】：铁链的总重量虽然很大，但整个重量是分布在全部长度上的。所以，可以把铁链放在地上，由汽车拖着过桥，使分摊在桥上的重量不超过桥的载重。等过了桥，再把铁链装到车上。

【上升和下降】：水位当然下降了。因为铁的比重远大于水，当铁球放在小塑料盆里时，所排走的水的重量等于铁块的重量，体积大约为铁块体积的 7.8 倍。而铁块在水里所能排走的水量仅等于铁块的体积，所以水位会下降。

【账目对不对】：现在让我们来把问题换个形式，看看这个账该怎么算。先用 60 块钱买进一匹白马，又用 70 块钱卖掉这匹白马。再用 80 块钱买进一匹黑马，又用 90 块钱卖掉这匹黑马。

现在问题大概很容易想清楚了。马贩子在这笔交易中一共赚了 20 块钱。这个问题和前一个问题其实是一样的，只不过由一匹马变成两匹马而已。

【来自未来的信】：寄这封信的人在收信人地址的地方，先用铅笔轻轻地写上自己家的地址，然后随便在里面装一张纸就把信寄出去了。等第二天寄到自己家后，就用橡皮擦把自己家的地址擦掉，再用墨水写上元元家的地址。第二天再把当天的早报装进信封里，严密地封好后丢到元元家的信箱里就可以了。

【重要的结尾】：她接道："写到这里，年轻的作家一把撕去稿纸。他不由得自言自语：'如此俗套无聊的老故事，怎会出自我的手笔呢！'"

【无需睡眠】：不需要闹钟了；再也听不到打鼾声了；人们由一日 3 餐改为一日 5 餐；娱乐业、旅游业能从中得益了；家具店生意清淡多了；床和床垫的销量大大减少；对电力的需要大大增加；音乐家不必再考虑写摇篮曲了；起催眠作用的简单的童话不需要了；无所事事的烦闷增多了；食品商店的营业额大大增加；城市里到处都设有照明灯，使黑夜如白昼，用电量超负荷；婴儿的啼哭声将大大增加；"梦"这个词汇的含义要转化；闲散社会学的研究越来越得到社会学家的重视；科学家将发明出"美梦机"来满足人们想做美梦的愿望；失业人数急剧增多；睡眠少，影响健康，导致人的平均寿命降低；一些人的记忆力丧失，精神萎靡，出现幻觉，如梦游者一般；犯罪事件随之增多……最终，法律规定，不准生产此种药丸，发明这种药品的科学家被流放他乡。

【橘子的交易】：孩子们先用三块钱买得 10 个橘子，把它们都吃了，然后用 10 个橘子皮中的 9 个换回三个橘子。再把吃剩下的三个橘皮换回一个橘子并把它吃了。这时他们共吃了 14 个橘子，并剩下了两个橘皮，不足以换回一个橘子。这时，孩子们的高招在于，他们向老头借来一个橘子，吃完后把三个橘皮还给老头，这等于归还了借老头的橘子。在这场交易中，老头没有吃任何亏，而孩子们吃到了 15 个橘子。

【书的厚度】：6.2 厘米。而你计算的是不是把所有的厚度都相加呢？

书虫只啃了第一册的封面、第二册和第三册的全部以及第四册的封底。所以，书虫啃书的厚度是 0.1+3+3+0.1=6.2 厘米。

【全身而退】：如图所示。

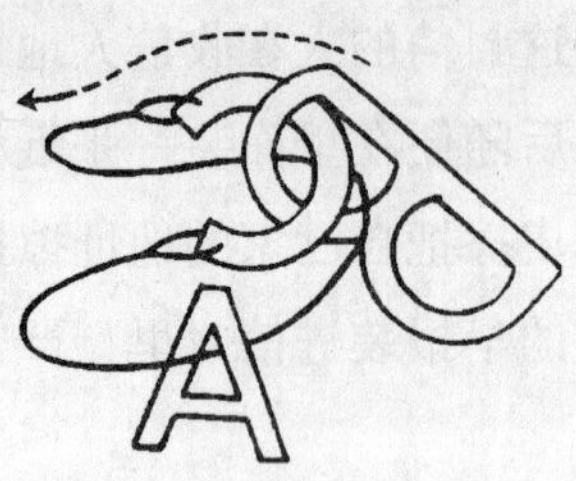

【数字大想象】：每一行数字就是对其上面一行数字的描述。最后一行应该是：31131211131221。

【超额过新年】：他是一名宇航员，曾经在格林尼治日界线上方的定常轨道上航行，每一日界线都从他下方转过，他就可以庆祝 24 次新年。另外几次他从东向西飞行，当地面上是午夜时经过了 3 个日界线。

【5 岁童巧租公寓】：5 岁的孩子说："老爷爷，这个房子我租了。我没有孩子，我只带来两个大人。"房东听了哈哈大笑，就把房子租给他们了。

【一箭四雕】：小儿子拔出一支箭，朝盘子射出，射翻了盘子，4 个苹果全部掉在地上。

【爬了多远】：因为四只蚂蚁的爬行速度是一样的，所以在爬行的过程中，不管它们彼此间的距离如何变化，这四只蚂蚁始终处于一个正方形的四个端点。随着蚂蚁间距离的缩短，这个正方形不断地旋转和缩小。因此，在任何时候，追赶的蚂蚁，例如蚂蚁 A 的运动方向，总是垂直于被追赶的蚂蚁 B 的运动方向。也就是说，被追赶的蚂蚁 B 的运动中，不包含离开或接近它的追赶者蚂蚁 A 的运动。换句话说，在上述互相追赶的过程中，蚂蚁 B 对于它的追赶者蚂蚁 A 来说，始终处于相对静止状态。因此，蚂蚁 A 在上述旋转的路线上赶上蚂蚁 B 所需的时间，等于蚂蚁 B 处于静止状态时，蚂蚁 A 沿直线赶上蚂蚁 B 所需的时间。

所以不难得出结论，当四只蚂蚁相聚时，它们各自爬过的螺形路线的距离，等于原正方形的边长，即 10 厘米。

引爆创造的小宇宙

【折出最大数】：如果把铁丝变成“8”字形，再旋转 90 度，就成了“无限大”的符号。

虽然在数学中“无限大”只是一种状态而不是数字，但是，本题就不必那么缜密地考虑了。

【一层变二层】：0 根。如图所示，将房子变个方向就是两层楼的家了。

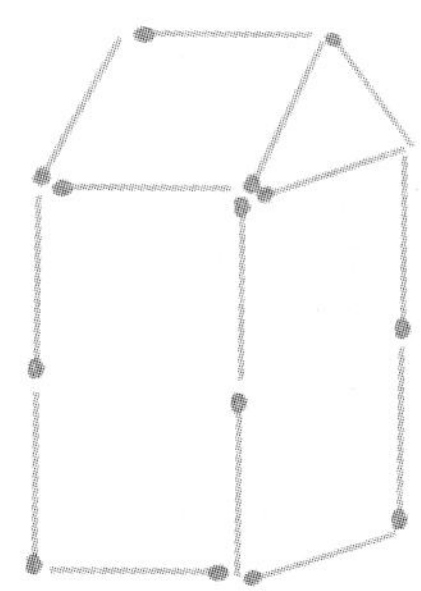

【为难的选择】：将车交给自己的救命恩人，让他开车送重病人到医院，自己则留下来陪心仪已久的姑娘等公共汽车。

【永不消失】：舒克从自己家中，用幻灯机里的强光把“违章建筑”四个字打到隔壁家的木板上，这么一来，只要这个木板不拿走，不管是擦，或者是覆盖，或者挖掉，都无法让这四个字消失。

【答非所问】：田、面疙瘩、可乐。

【创意过河】：弟弟建议用冰造一条船，兄弟俩乘冰船过了河。因为冰比水轻，所以冰船是可以浮在水面上的。

【直尺测瓶】：首先，测出瓶底的直径。然后，把它除以 2 并乘以 3.14159，得到瓶底的面积。最后，测液体的高度。再颠倒瓶子，测其中空气的高度。把它们加起来后乘上瓶底面积，就是瓶子的体积了。

【怎样才合理】：每个人 500 元。因为农场主“让甲、乙各承包一半的土地”，所以他们开垦和种植的土地的面积都是一样的。

【魔法变球】：舞台上的魔术师消失了，球仍然在原来的位置，飘浮在空中。

【不再平行】：如图所示，只要画出一个立体的四面体（B为顶点，ACD为底面）就行了。

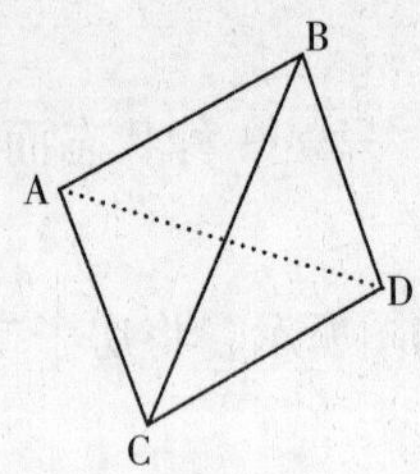

【老教授收徒】：把房子建在南极点上，这样每个窗户都是朝北的。

【沉船怪事】：这些人是在潜水艇里。

【让鹿回头】：如图所示。

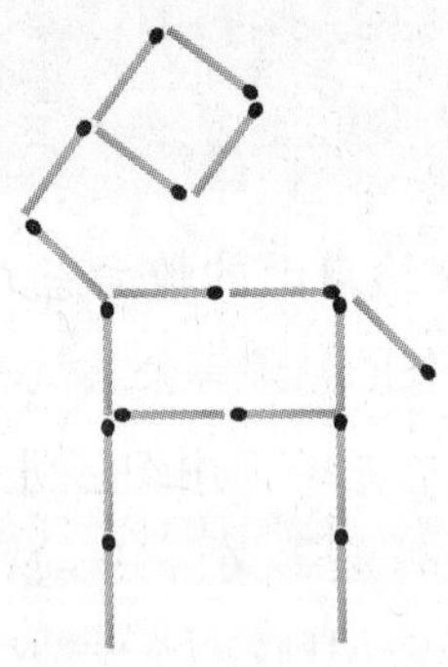

【神奇猜数】：起先，甲假装深思熟虑，而实际上是随意点了七个数字，但他点的第八个数字必定是12，第九个数字必定是11，第十个数字必定是10。以此沿逆时针方向按顺序点下去，当乙念到20并喊停时，甲点的必定正好是乙最初默认的数字。

不信？你不妨自己试试看！

【变中不变】：将火柴棒重新排列成“8”的形状，就是2的立方。

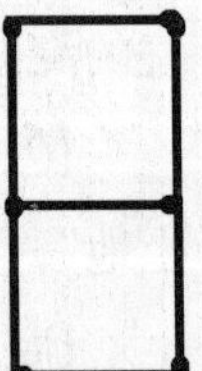

【不鞠躬的杰斯】：杰斯看到横木板，思索了一下，就转过身去，低下头来，弯下腰，后退着进了王宫。由于他的屁股对着国王，使国王更为难堪。

【智取绿豆】：先把袋子上半部分的小麦倒入空袋子，解开袋子上的绳子，并将它扎在已倒入小麦的袋子上，然后把这个袋子的里面翻到外面，再把绿豆倒入袋子。这时候，把已倒空的袋子接在装有小麦和绿豆的袋子下面，把手伸进绿豆里解开绳子，这样小麦就会倒入这只空袋子，另一个袋子里就是绿豆。

【小狗分房子】：如图所示，你想到了吗？

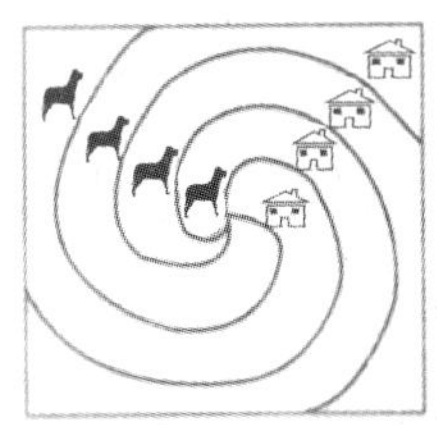

【巧组挂件】：第一步，先将两个用细绳连接在一起的纽扣穿过铁环，然后将铁环对折成一个半圆状，将硬塑环从半圆中穿过，到达纽扣的连接绳处，最后将软绳穿过铁环。

【面积知多少】：由于折纸是正方形，所以，蓝色折纸和黄色折纸被红色盖住的部分宽度相等。图中斜线部分的面积是（蓝色部分的面积-黄色部分的面积）÷2=20 平方厘米。再从蓝色部分的总面积中减去这部分的面积，余下的长方形蓝色部分的面积是 180 平方厘米。而蓝色折纸被红色折纸盖住部分的面积是 40 平方厘米。也就是说蓝色折纸与红色折纸错开的部分只占其边长的 1/3。

因此，黑色部分的面积相当于 180 平方厘米的 1/3。而黑色部分的长相当于折纸边长的 3/4，这正是绿色部分的长。另外，根据大正方形的边长可以求得绿色部分的宽相当于折纸边长的 5/12。这样，就可以求得绿色部分的面积了。

【寻宝之路】：小卡特走的路线是：A–G–M–D–F–B–R–W–H–P–Z。只有按这条路线走，才能做到从A村到Z村每个村上走一次而不重复。

【水杯趣事】：丽丽在3只盛水的玻璃杯中，把中间的那只杯里的水，倒入3只空杯中间的那只里，然后把空杯放回原处就行了。

【收到多少花】：

A妈妈的花由5朵黄色、1朵白色、1朵红色、1朵粉色组成。

B妈妈的花由2朵黄色、3朵白色、2朵红色、1朵粉色组成。

C妈妈的花由1朵黄色、3朵白色、3朵红色、1朵粉色组成。

D妈妈的花由1朵黄色、2朵白色、1朵红色、4朵粉色组成。

E妈妈的花由1朵黄色、1朵白色、3朵红色、3朵粉色组成。

想象创造大舞台

【如何越境】：一面向前挖，一面用挖出的土填埋身后的地道，就可以安全地偷越边界。这样做会不会把气孔堵死呢？这是不必担心的，既然小房子里堆着一部分浮土，那么在地道里就一定有相当于那土堆体积的空隙存在，足以供偷越国境者呼吸。

【直线连点】：如图所示。

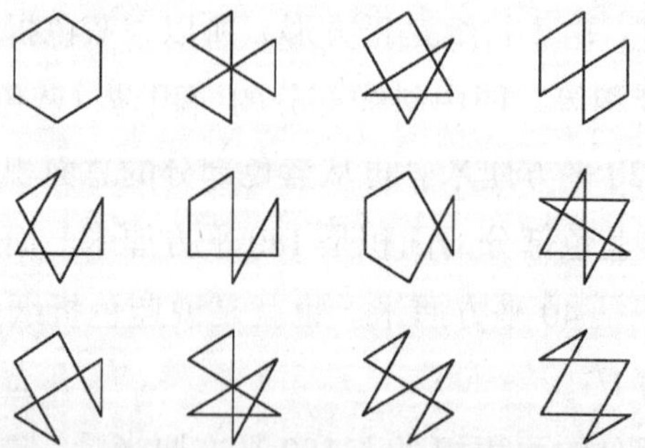

【智取黑球】：如右图所示。把塑料管弯过来，使两端的管口互相对接起来，让四个白球滚过对接处，滚进另一端的管口，然后使塑料管两头分离，恢复原形，就可以把黑球取出来。

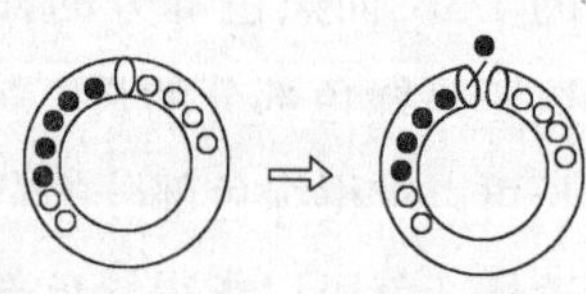

【聪明的儿子】：如下图所示。

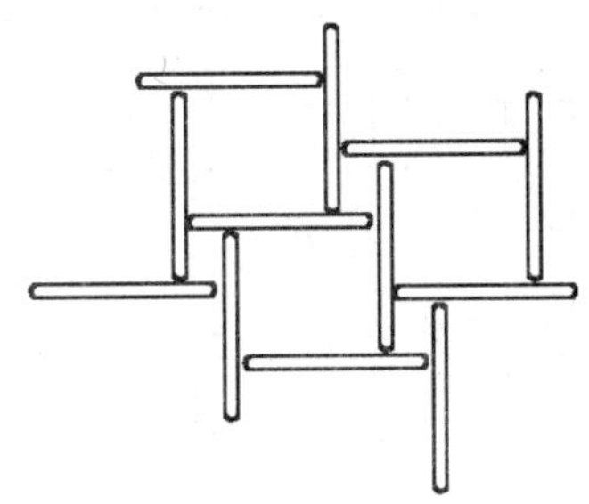

【总统做广告】：这一次，书商打出的广告语是：这是一本连总统都无法轻易做出判断的书。既然连总统都不能轻易地做出判断，那么读者对这本书就更加的好奇，所以这一次书卖得很好，也就不足为奇了。

【恐怖密函】：这位新来的助手将这份密函水平端起来，凑近鼻子一端，闭上一只眼睛，斜斜地看着图形，发现有“HELLO”的字样。

【卖脑袋】：他回答的是：“我的脑袋是样品。”

【谁最诚实】：原来，谋士在光线暗淡的走廊里放了好几筐金币，凡是单独穿过走廊拿了金币装在自己衣袋中的人，都不敢跳舞。因为一跳舞，衣袋中的金币就会叮当作响。因此，不敢跳舞的人就是不诚实的人。相反，诚实的人在单独过走廊时，不会把金币私自装入腰包，当然就不怕跳舞露馅。

【算命先生】：因为乙的错误可能达到 80%，如果按照乙的意见的相反方向去办，正确率比甲的要高。

【泳道多长】：泳道的长度 BC 相等于从菱形中点（即圆心）至圆形场地边 AD 的距离（长方形对角线相等），亦即等于圆形场地的半径，即 50 米。

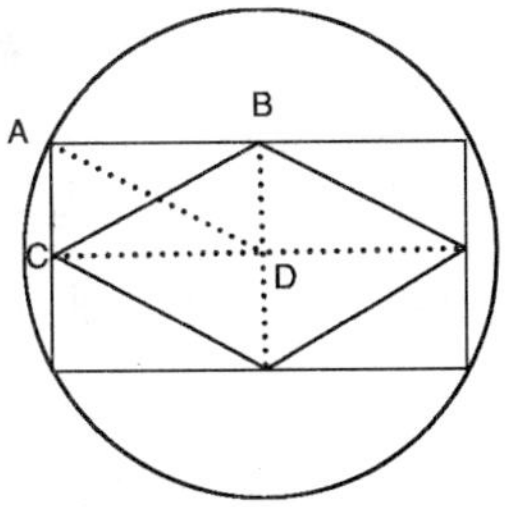

【死而复生】：任何杂交的动物，比如驴骡、马骡等。

【松鼠跳方格】：如下图所示。

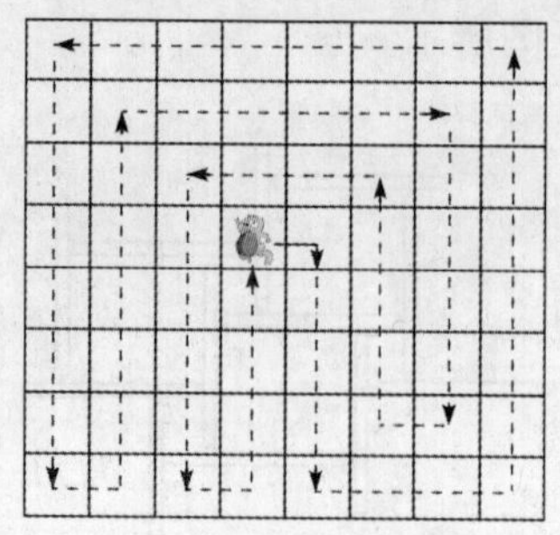

【转镜子】：这里给出了一种方法，如下图所示。

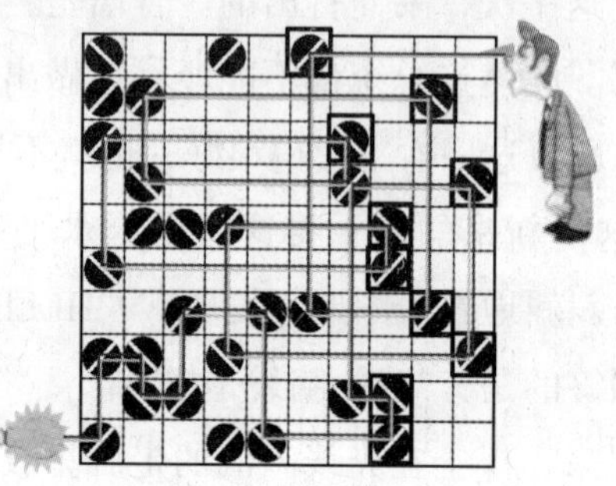

【无影无踪】：你可能想每个三角形移动出一根火柴后，3个三角形就完全不完整了。但本题要求是只动其中两根火柴，寻常的办法是行不通的。

但有更巧妙的方法，如下图所示。

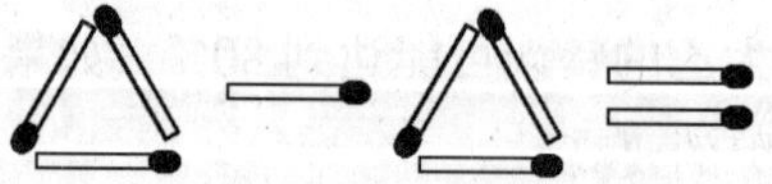

【离奇死亡】：为了灭火。他们用飞机从最近的湖中取水，在飞机把水喷洒出去的同时，把他也喷了出去。水把火浇灭了，但是这个潜水员被摔死了。

【盲人换咖啡】：他在第一杯咖啡里放了糖。

【谁对谁错】：年轻人是老板的女儿。

第十章

反应能力——与灵光不期而遇

抓住瞬间涌现的智慧

WTO是世界贸易组织的缩写，那么TWO是什么呢？贸易世界组织的缩写？还是别的组织……

想什么呢，TWO不就是“2”的英文拼写吗！是不是觉得自己很笨呢？

有两个人，一个面朝南，一个面朝北地站立着，不准回头，不准走动，不准照镜子，问他们能否看到对方的脸？

能看到对方的脸吗？怎么看到的？其实他们就是面对面站着的，当然能看见了。

看了上述两个小问题，你是不是觉得有醒脑的感觉呢？这类问题我们一般叫做“脑筋急转弯”，而从学术上来讲，这是训练个人反应能力的一个绝妙方法。反应力，其实就是一个人在面对突发事件和意外情况时，运用思维，灵活、迅速、恰当地做出反应并进行处理的能力，是瞬间冒出的、做出的判断和想法。

有些人对这些脑筋急转弯的问题很反感，认为答案不切实际，会误导一个人的思维。但实际上，这种跳出常规思维的方法更有助于大脑思维的开发，能让大脑更活跃，转得更快。

人类大脑思维是依据现实生活的规则性和规律性来行事的，在遇到问题时往往是从规则性、条理性上来想办法。但实际上，对于大脑的训练而言，这些生活规律和正常规则的条条框框却没有太多好处，甚至还会在一定程度上抑制大脑思维的开发。在日常生活中，大脑思维被限定在一个框架里，思想的活跃性被禁锢了，遇到问题时往往只会从单一的模式思考，解决方法少，道路也很窄。就像对于上面TWO的理解，常规的思考一定是“它到底跟WTO是什么关系？”这样一来，根本不会再去想其他的情况，思考就固定在了这一条线上，走入了死胡同。事实上，只要稍微转一下脑筋，让思考跳出常规的那个轨道，马上就能得到答案。脑筋急转弯的训练，就是要打破你的常规思维，让思考变得更加活跃和多面化，全方位对大脑进行刺激，从不同的角度和层面去看问题，得出更加快捷的解决之道。我们常常说聪明人总有很多办法，其实这正是他们反应力强、遇到问题能全方位考虑的结果，一个有智慧的人，一定有强大的思考力，包罗万象，能从不同的角度去思考、解决问题。

人的大脑就像一部机器，经常使用的人，转动得就快，反之就慢，遇到问题就想不到办法。反应力的训练，能加强大脑的全面和逆转思考，让大脑这个机器处于高速旋转状态，通过不断地练习，提升大脑整体的思考力，提高个人思考和解决问题的能力。如果说记忆和推理等能力的训练是对大脑某一方面的特性做深度挖掘的话，反应力就是给所有这些特性加上时间的限制，让一切飞速运转，提高效率。智慧的表现在反应力这里，只有一个衡量标准，就是时间，这种瞬间涌现出智慧，是许多聪明人的行事之道。

那么，就别浪费时间了，此时此刻就开始进入反应力的瞬间智慧大课堂，做个时间缝隙中的“小小聪明鬼”吧！把大脑打开到最大状态，总览八方，迎接这些机灵古怪的“脑筋急转弯”吧，相信你会在其乐无穷的

“转弯”中，感受到智慧的分秒涌入！

三秒钟快速回答

【离奇的车祸】

车祸发生不久，警察第一时间赶到现场。他们发现司机完好无损，翻覆的车子内外血迹斑斑，却没有见到死者和伤者，而这里是荒郊野外，并无人烟，这是怎么回事？

【不乘电梯】

王奶奶家住 12 楼，可为什么她从不乘电梯？

【国内产什么】

中国国内盛产什么？

【会说话的人】

谁见什么人说什么话？

【难写的字】

什么字一写写半月？什么字永远写不好？

【越晒越多】

地上的积水因太阳照射蒸发会越来越少，可什么地方的水，太阳照射越强烈，水反而会越多？

【老三叫什么】

小帆的爸爸有三个儿子，大儿子叫高一，二儿子叫高二，三儿子叫什么？

【何时相等】

1+1 什么时候等于 1？

2+1 什么时候等于 1？

8+4 什么时候等于 1？

9+4 什么时候等于 1？

【国王与王子】

在一条斯堪的纳维亚的“海盗”船上，国王对王子说：“这儿有一块鱼，假如你猜出是什么鱼就给你吃。用什么手段都可以，不过有一条，就是不许问鱼的名字。”

王子猜不出是什么鱼，但他说了一句话，使国王不得不让他吃了鱼。

猜一猜王子说了什么话？

【相反的方向】

小丽与小王是同桌，也住在同一条街，他们每天一起上学，可是每天他们一出门就一个向左走，一个向右走，这是怎么一回事？

【失职的士兵】

一名优秀士兵，在站岗值勤时，看到有敌人悄悄向他走过来，为什么他却睁一只眼闭一只眼？

【谁在抽烟】

电影院内禁止吸烟，而当剧情达到高潮时，却有一男子开始抽烟，整个银幕笼罩着烟雾。但是，却没有任何一位观众出来抗议，这是为什么？

【肯定能赢】

兔子和乌龟比赛，比什么兔子肯定能赢乌龟？

【迅速灭火】

把火熄灭最快的方法是什么？

【最后一个字母】

英语字母表的第一个字母是 A。B 的前面当然是 A。那么最后一个字母是什么？

【老爷爷的生日】

今天是一位老爷爷出生后的第二十个生日（出生那天不算在内）。你能很快说出这位老爷爷的生日是哪天吗？

【变化的石料】

有一个雕刻家获得了一些石料。第一天，这些石料是长方形的；第二天，他把这些石料弄成了正方形；第三天，他又把这些石料弄成了圆柱形。但是在整个过程中，他并没有对这些石料进行雕刻和切割。那么，他是怎么做的呢？

【醒了多少次】

请问：从你生下来的那一刻起，你入睡和醒来的次数哪个多？多多少次？

【蜗牛爬墙】

有一只蜗牛爬 20 米的墙，它每天白天爬上 2 米，晚上却滑下 1 米，问它需要多少天才能爬到墙的顶部呢？

【举起地球】

怎样才能把地球举起来？

【最大的影子】

获过诺贝尔奖的著名法国物理学家居里夫人曾经问她的孩子这样一个问题："世界上最大的影子是什么？"你能回答吗？

【谁先升天】

一位高僧与屠夫同时去世，为什么屠夫比高僧先升天？

【越来越大】

什么东西越生气越大？

【究竟买了什么】

小王去商店买东西，可是柜台里空空的，小王却买到了他要的东西。小王买到了什么？

【谁在敲门】

一个海岛在经过了一场台风的侵袭后，只剩下一个男人还活着。当他正在收拾东西时，传来了一阵叫他名字的声音。这个岛上只有一个男人活着是绝对真实的，并且台风后再也没上来一个人。叫他的人到底是从哪里来的呢？

【毫发无损】

有一个人从15层大楼的窗户跳下去了，可是他却毫发无损，请问是怎么回事？

【唯一的回答】

有一个问题，不论你问到任何人，答案都是“没有”，请问，这是什么问题?

【不同的儿子】

龙生的儿子和狗生的儿子有几点不同?

【外星人到月球】

请你认真思考一下，有没有外星人到过月球?

【梦想成真】

每个人都有梦想，每个人也希望能把梦想变成现实，那么，要把梦变成现实，第一步应该干什么?

【转述广告】

有四个中国人：小黄、小李、小王和小张，他们一起去瑞士旅游。小黄会说拉丁语和德语，小李会说德语和法语。小王会说法语和英语，而小张会说西班牙语和英语。这一天，他们在饭店里看到了一张用拉丁语写的广告，小黄读了之后用德语告诉了小李。可是怎样才能把广告内容告诉给小王和小张呢?

【不同的答案】

张三一天问李四五次同样的问题，李四回答了五个不同的答案，而且每个答案都是正确的，那么，你知道张三问的是什么问题吗?

【死掉的蚯蚓】

老师讲课时说，蚯蚓切成两段仍然可以再生。于是，小东照着老师的话去做了，结果蚯蚓却死了。你知道为什么吗？

【被拦的出租车】

一辆出租车正在公路上正常行驶，没有违反任何规则，突然，一个交警把他拦下了，请问，这是为什么呢？

超级反应强化班

【请病假】

有一天，凯凯不想去上学了，就让同学帮他带了一张请假条给班主任。为了表明自己的病真的很重。凯凯用圆珠笔写了满满一张纸描述病情，并强调说自己是躺在病床上仰面写的。但班主任看了之后，就知道凯凯是想逃课。你知道，班主任是怎么看出来的吗？

【熊的颜色】

一只熊向南走一里，又向东走了一里。然后再向北走一里，又回到了起点。这只熊是什么颜色的？

【鸵鸟命案】

某城市动物园的一只鸵鸟被人杀害了，还被剖了腹。

警方得到报案后，了解到这是一只从非洲进口的鸵鸟，非常受游人喜爱。警方一直弄不明白为什么有人会杀害这样一只鸵鸟。后来一个警察从他家孩子的地理教科书里找到了答案，案子很快就告破了。

你知道他从地理教科书里发现了什么吗？

【孔孟有别】

孔子和孟子有什么区别？

【12 的一半】

你能证明 12 的一半是 7 吗？

$$7 + 7 = 12?$$

【怎样卖电器】

在一些欧洲国家，星期天卖某些商品是违法的。像报纸、水果这种有时间性的、容易变质的商品可以出手，而像图书和电器等在短时期内不会失去效用性的商品，是不允许出售的。你能不能想到什么好办法，使得商店可以在星期天把两种商品都合法地卖出去呢？

【新手司机】

司机驾着小轿车去见朋友，半路上突然有一个轮胎爆了。当司机把轮胎上的 4 个螺丝拆下来，从后备厢里把备用轮胎拿出来时，不小心把 4 个螺丝踢进了下水道。

请问：新手司机应该怎样才能使轿车安全地开到距离最近的修理厂？

【两个乒乓球】

小雪一直吵着要明明陪她一起打乒乓球。明明被吵得实在受不了了，于是想到了一个好办法。他对小雪说："小雪，这个袋子里放了两个乒乓球，一个是黄色的，另一个是白色的。现在，要你伸手进去拿乒乓球。如果你拿到了黄色的，我就陪你玩。如果你拿到了白色的，就要放弃了，而且不能再吵我。"

小雪一听，眼睛顿时亮了起来。但此时，明明却偷偷放了两个白色的乒乓球进袋子里。那么，不论她拿到哪一个都会是白色的。

请问，小雪是不是玩不成乒乓球了？

【情报电话】

福特在金冠大酒店被歹徒挟持。歹徒逼迫他当着他们的面给家里报平安。福特的电话内容是这样的：

“亲爱的罗莎，你好吗？我是福特，昨晚不舒服，不能陪你去夜总会。现在好多了，多亏金冠大酒店经理上月送的特效药。亲爱的，不要和我这样的‘坏人’生气，我们会永远在一起的。请你原谅我的失约，我的病不是快好了吗？今晚赶来你家时再向你道歉，可别生我的气呀！好吧，再见！”

二十分钟之后，警察突然出现在他们面前，歹徒不得不举手投降。你知道福特是怎么报案的吗？

【鱼缸里的金鱼】

在一个盛满水的鱼缸里，将小木块、小石块或者橡皮等物品放进去，水就会从鱼缸里溢出来。但是，把一条与上述物品同样体积的小金鱼放进去，试问，水会不会溢出来呢？

【卖亏的葱】

一捆葱有10斤重，卖一元钱一斤。

有个买葱人说，我全都买了。但我要分开称，葱白7角钱一斤，葱叶3角钱一斤，这样葱白加上葱叶就是1元，对不对？卖葱人一想，7角加上3角正好等于1元，没错，就同意卖了。

他把葱白切开，葱白8斤，葱叶2斤，加起来10斤。8斤葱白是5.6元，2斤葱叶是6角，共计6.2元。

事后，卖葱人越想越不对劲。原来算好的，10斤葱明明能卖10元，怎么只卖了6.2元呢？到底哪里算错了呢？你知道吗？

【古怪的教练】

美国的谢曼·查伏尔是世界著名的游泳教练。在他的教练生涯中，先后培养出像施皮茨、迈耶等世界著名的运动员。他们先后打破了 60 项次世界纪录，获得 16 枚奥运会金牌。可是查伏尔有一个与众不同的习惯，在历次大型比赛中，每当本队要获得胜利时，他就悄悄溜走了。作为一个教练，在这个时刻，不与他的队员共享胜利后的喜悦而独自出走，实在令人费解。

你能猜出是什么原因吗？

【停了多少站】

游戏开始，请你开始计算：

一辆载着 16 名乘客的公共汽车驶进车站，这时有 4 人下车，又上来 4 人。在下一站上来 10 人，下去 4 人。在下一站下去 11 人，上来 6 人。在下一站，下去 4 人，只上来 4 人。在下一站又下去 8 人，上来 15 人。

还有，请你接着计算：公共汽车继续朝前开，到了下一站下去 6 人，上来 7 人。在下一站下去 5 人，没有人上来。在下一站下去 1 人，又上来 8 人。

请问，这辆公共汽车究竟停了多少站？（不要重新计算！）

【汤姆的体重】

“我最重的时候是 85 公斤，可是我最轻的时候却只有 3 公斤。”当汤姆向别人说起这件事情的时候，别人都不相信。

你想一想，这有可能吗？

【永远坐不到】

儿子和爸爸坐在屋中聊天。儿子突然对爸爸说：“我可以坐到一个你永远也坐不到的地方！”爸爸觉得这不可能。你认为可能吗？

【弹回来的石头】

机器猫说：“在一个星球上，当你扔出一块石头后，它只在空中飞了很小一段距离后停顿在半空中，再向你的方向飞回来。当然它绝不是碰到了什么东西被弹回来。”

你知道机器猫说的是哪个星球吗？

【举不起的大力士】

力量村里生出来的孩子都力大无比。其中有一个大力士可以轻易地举起 400 斤重的东西。但是有一天，他竟然连一件 200 斤重的东西都举不起来，请问这是为什么？当然，他并没有生病也没有受伤。

【红豆和绿豆】

用一个锅同时炒红豆和绿豆。炒熟后往外一倒，红豆和绿豆便自然分开，请问该怎么炒？

【谁在挨饿】

动物园里有两只熊，雄熊每顿要吃 30 斤肉，雌熊每顿要吃 20 斤肉，幼熊每顿吃 10 斤肉。但是每天饲养员只买回来 20 斤肉，那就意味着会有熊挨饿，对吗？

【剩下几只兔】

在一个生长茂盛的菜园里，有 130 只兔子在埋头偷吃萝卜。农夫看到后非常生气，拿起猎枪“砰”的一枪打死了一只兔子。请问，菜园里还剩多少只兔子？

【相同时间的一点】

大林上山去游玩，有时候走得快一点，有时候走得慢一些，有时候歇歇脚，有时候喝水和吃东西。到了晚上他到达山顶，在山顶露营。一晚后，第二天早上他开始下山，仍然和上山时候一样，有时候走得快，有时候走得慢，有时候歇歇脚，有时候喝水和吃东西，到将近傍晚的时候，他到达山脚。你来判断一下，是否途中有一个地方，大林在上山和下山经过这一点的时间是相同的？

【游泳比赛】

一只狗和一只青蛙比赛游泳，平常都是青蛙游得快，可这次，竟然是狗赢了，青蛙输了，为什么呢？

【英国女王】

从前，在英国，一个女王拥有两匹马，她用这两匹马去攻打邻国的国王。经过激烈的战斗，国王的人马都被杀光了。战争结束后，胜利者和失败者全部并排躺在同一个地方。请你解释这是为什么？

【有惊无险】

一名窗户清洁工正在清洗一座摩天大楼第 15 楼的窗户，不料却坠落下来，但他只受了点轻微的擦伤。他当时没系安全带，也没有东西接住他。发生这种情况可能吗？

【载鸽过桥】

一位司机驾车来到一座桥前，他注意到桥的最大承重量是 20 吨。他知道自己的空车重量是 20 吨，但是他车上有 200 只鸽子，每只重 1 磅。由于鸽子已经在栖木上睡着了，司机只好停下车，“砰砰”地敲击车厢把鸽子惊醒。鸽子开始围着栖木上下乱飞，司机驾驶汽车过了大桥。

他的做法正确吗？

【热胀冷缩】

一枚硬币中间钻了一个孔，如果将硬币加热，孔径是变大还是变小？有人说：“金属受热后膨胀，就把有孔的地方挤小了。”他说得对吗？

【奇怪的钟表】

每天我都会按照电视上的时间来调表，两者基本吻合，但是有一天早晨，发生了一件奇怪的事情。我家的数字钟表显示的时间是 8：55。1 分钟后显示的时间是 8：56；又过了两分钟显示的依旧是 8：56；又过了 1 分钟，显示的时间是 8：55。当到了 9 点钟时，我突然意识到问题出在哪里了。

你能解释其中的原因吗？

【真实的年龄】

小明宣布："前天我 17 岁，但今年我就 19 岁了。"爸爸摸了摸小明的脑门说："这孩子是不是发烧了，连数也不会算了。"妈妈却在一旁说："小明说的没错。"到底谁对谁错呢？

【是非颠倒】

小亮、小帆正在库房的楼上玩，这时库房倒塌了，两人摔到了地上。当他们拍掉了身上的尘土，小亮的脸弄脏了，小帆的脸却是干净的。可是只有小帆去洗脸了，这是为什么？

提示：

（1）他们都不需要用冷水去敷身上的肿块，两人都没有受伤。

（2）两个孩子都没用脏手去摸自己的脸。

（3）地上满是尘土，而他们都流了汗。

（4）他们的脸没有碰到地面。

【风吹蜡烛】

停电了，小寒点燃了 8 根蜡烛，但外面有一阵风吹来，有 3 根蜡烛被风吹灭了。过了一会儿，又有 2 根蜡烛被风吹灭了。为了防止蜡烛再被吹灭，小寒赶紧关上了窗户。之后，蜡烛就没再被吹灭过。

你知道最后还能剩下几根蜡烛吗?

【唐伯虎卖画】

传说，唐伯虎有一张画要出卖，画面是一条长着黑毛的狗。画旁有文字说明：“此画是谜语画，打一字。买者付银三十两，猜中者分文不取。”这种出卖方式吸引了众多文人墨客，但无人猜中。一天，一位秀才上前取画便走。唐伯虎忙问：“买画吗?”秀才摇头。“你猜中谜底了吗?”秀才点头。“请你把谜底说出来。”秀才不语。唐伯虎说：“你猜中了。”

你知道谜底吗?

【最牛的抄袭】

马克·吐温是美国著名的作家，幽默风趣。有一次，一位牧师在讲坛说教，陈词滥调，令人厌烦。正当牧师讲得眉飞色舞时，马克·吐温站了起来打断他的“布道说教”：“牧师先生，你的讲词实在妙得很，只不过你所说的每一个字，我都曾经在一本书上看见过。”牧师听了以后，非常不高兴地回答说：“这不可能，我的演讲词绝不是抄袭的，我以上帝的名义发誓!”“但是，你说的每一个字确实都在那本书上面啊。”“那么，什么时间请你把那本书借给我看一看。”牧师愤怒地说。

过了几天，这位牧师果然收到了一本马克·吐温寄给他的“书”，牧师看后哭笑不得。不过，马克·吐温和牧师谁也没说假话，那马克·吐温寄了本什么书给牧师呢?

【谁在放屁】

一个冬天，老王坐大客车回家，车里人都爆满了。老王在那样的情况下忍不住放了一个没声的屁，屁非常臭，乘客们都不知道是谁放的屁。但售票员说了一句话，乘客们就马上知道了是谁放的屁。那售票员说了什么呢，请猜一猜。

【奇怪的鸟】

森林中有 10 只鸟，小明开枪打死了 1 只，其他 9 只却没有飞走，为什么？

【小狗变大】

小狗怎样才能一下子变大呢？

【特殊的月份】

一年里，有些月份像 1 月有 31 天，也有些月份像 6 月有 30 天的，那么请问，有 28 天的总共有哪几个月呢？

【骨头不见了】

有一次，老李买了一只狗，买了一篮子骨头，他休息时，用一根 5 米长的绳子将狗拴在路边的一棵树上，将骨头放在离狗有八九米远的地方，但过了一会儿，他发现骨头不见了，你知道是为什么吗？

【一样的方向】

地球上有一所房子，你在房子周围走一圈，确定四个方向时，会发现四周的方向都一样。这所房子在哪里？

【漆黑的公路】

有一辆没有开任何照明灯的卡车在漆黑的公路上飞快地行驶，天还下着雨，没有闪电、没有月光也没有路灯。就在这时，一位穿着一身黑衣的盲人横穿公路！在这千钧一发之际，汽车司机紧急刹车，避免了一次恶性事故的发生。为什么会是这样呢？

【拿破仑的士兵】

打仗时拿破仑高喊：“冲啊！”但他的士兵却原地不动，请问：这是为什么？

【只上一天班】

一年只上一天班又不怕被解雇的人是谁？

【双胞胎怪事】

模样相同的哥俩同时应征入伍，他们有血缘关系且出生日期及父母的名字完全相同。连长问他俩是不是双胞胎，他们说不是。请问：这是为什么？

智慧题解

三秒钟快速回答

【离奇的车祸】：这是一辆献血车。

【不乘电梯】：王奶奶住12楼的底层，是不用乘电梯的。

【国内产什么】：玉。

【会说话的人】：翻译。

【难写的字】：“胖”字一写写半月。“孬”字永远写不好。

【越晒越多】：身上的汗水越晒越多，雪地越晒水越多。

【老三叫什么】：三儿子就是小帆。

【何时相等】：

1堆加1堆还是等于1堆。

2个月加1个月等于1个季度。

8个月加4个月等于1年。

9点加4点等于13点，即下午1点。

【国王与王子】：王子说的是："让我尝一尝，我就可以说出它的名字。"

【相反的方向】：他们住对门，出了门当然一个向左一个向右了。

【失职的士兵】：睁一只眼闭一只眼，瞄准，准备射击！

【谁在抽烟】：剧中人抽烟，不碍观众的事。

【肯定能赢】：仰卧起坐。因为乌龟一个都不能做。

【迅速灭火】：把火熄灭最快的方法是在"火"字上加一横成"灭"字。

【最后一个字母】：正确答案应该是T。因为alphabet（字母表）的第一个字母是A，最后一个字母是T。

【老爷爷的生日】：老爷爷的生日是2月29日。

【变化的石料】：他的石料是粉末，形状的变化只是和装石料的容器形状有关。

【醒了多少次】：首先，你要明白你现在是醒着的，下一步再考虑你每入睡一次，都要醒来一次，一一对应。所以入睡次数多还是醒来次数多就要看你生下来时是什么状态了。所以如果你来到世间的时候是入睡的状态，那么，两者的次数是一样多的；如果你一生下来就是醒着的，那么你醒的次数就要多一次。

【蜗牛爬墙】：19天。最后一天爬上顶就不会下滑了。

【举起地球】：做个倒立你就举起了地球。

【最大的影子】：夜晚地球的影子，也是世界上最大的影子。

【谁先升天】：俗话说，"放下屠刀，立地成佛"。

【越来越大】：脾气是你越生气，它越大。

【究竟买了什么】：小王买的就是柜台，拿回来再装东西。

【谁在敲门】：女人在敲门。海岛上只剩下一个男人，但还有女人啊，所以叫他的是个女人。

【毫发无损】：虽然建筑是15层的大楼，但是题中并没有说从哪一层的窗户往下跳。他可以从15层的第一层窗户往下跳，所以是不会受伤的。

【唯一的回答】："你睡着了没有？"除非你不回答，否则你肯定没有睡着。

【不同的儿子】：一点。龙生的儿子叫太子，狗生的儿子叫犬子。

【外星人到月球】：有，地球人。

【梦想成真】：起床。

【转述广告】：不都是中国人嘛！说中文好了，不用一个一个地转述那么麻烦了。

【不同的答案】：张三问的只能是时间。

【死掉的蚯蚓】：小东是竖着切的，蚯蚓当然必死无疑了。

【被拦的出租车】：交警有时候也是需要搭乘出租车回家的呀！

超级反应强化班

【请病假】：圆珠笔如果倒着往上写字，很快就会写不出字。

【熊的颜色】：只有在北极，才能往南走一里，东走一里，北走一里，又回到起点。而北极只有北极熊，北极熊的颜色也只有白色一种。所以那只熊是北极熊，是白色的。

【鸵鸟命案】：因为教科书里说非洲盛产钻石，于是他断定是有人用鸵鸟来运钻石，于是很快就锁定了作案的人群。

【孔孟有别】：孔子的“子”在左边，孟子的“子“在上边。

【12 的一半】：把罗马数字 12 拦腰切成两半，就成了两个罗马数字 7。如图所示。

【怎样卖电器】：商店可以提高每斤水果的价格，购买一定数量的水果就赠送一种电器。

【新手司机】：从其他 3 个轮胎上各取下 1 个螺丝，用 3 个螺丝去固定刚换下来的轮胎。

【两个乒乓球】：当然不是。

小雪从袋子里拿出一个乒乓球后，立刻藏在身后。明明肯定要求小雪把它亮出来，而此时小雪就说“我亮没亮出来没有关系，只要看看袋子里留下的是什么颜色的乒乓球就知道我拿的是什么颜色的乒乓球了。”明明当然是无话可说的。

【情报电话】：福特在打电话的时候做了点手脚。在通话时，他一讲到无关紧要的话，就用手掌心捂着话筒，不让对方听到。而一旦讲到关键的词语时，就松开手。

这样，家人就收到了一段“间歇式”的情报电话“我是福特……现在……金冠大酒店……和坏人……在一起……请你……快……赶来……”

【鱼缸里的金鱼】：这可能吗？你可以试试看，把小金鱼放进去，水同样会溢出来。而你是不是在想类似于“因为金鱼有鳞片，或者金鱼会把水喝到肚子里去了”等答案呢。

【卖亏的葱】：要知道，葱本来是1元钱一斤，也就是说，不管是葱白还是葱叶，都是一元钱一斤。但是被分开后，葱白却只卖了7角，葱叶只卖了3角，因此当然要赔钱了。

【古怪的教练】：原来谢曼·查伏尔不会游泳。一次，获胜的运动员兴高采烈地把他抛进了游泳池，使他差点被淹死。

【停了多少站】：8站。

确实很简单吧，但你是不是还在费尽心思地计算车上还有多少人呢？

【汤姆的体重】：完全有可能。最轻的时候是他出生的时候。

【永远坐不到】：可能。爸爸永远坐不到他自己的腿上。

【弹回来的石头】：地球。在地球上你随便往上空扔一个小石头，它都会弹回来的。

【举不起的大力士】：因为他要举起的是他自己。

【红豆和绿豆】：锅里只炒一粒红豆和一粒绿豆就行了。

如此简单的问题，为什么很多人都想不出答案呢？原因就在于这个问题突破了人们日常的思维定势和思维习惯。所以，我们在以后的工作或者学习过程中，一定要打破思维定势。那样，更有创意的想法自然而然地就会冒出来了。

【谁在挨饿】：不对。动物园里有两只幼熊。

【剩下几只兔】：当然只剩下一只死兔子了。

【相同时间的一点】：这是拓扑学的问题，可以假设有两个人，一个人上山，一个人下山，他们在同一天上下山，那么，他们在途中一定会相遇，相遇的地点就是我们要证明的那个地点。

【游泳比赛】：因为当时的比赛规则是只许狗刨，不许蛙泳。

【英国女王】：这里说的是一场象棋比赛。

【有惊无险】：他正在清洁窗户里面的玻璃。

【载鸽过桥】：不正确。

鸽子在飞的同时重量仍然是 200 磅，那些向上飞的鸽子会使重量减轻，但那些向下飞的鸽子会使重量增加。所以总的重量不变。

【热胀冷缩】：说的不对。

加热后孔将变大。这是因为，孔外面的金属可以看成是由一个条形的材料弯成的圈。加热的时候，金属条伸长，所以原来的孔变大了。轮子加热后套入轴，就是利用这个原理。

【奇怪的钟表】：钟表是数字钟表。组成数字的线段中有一段不起作用了。

【真实的年龄】：妈妈与小明对。

昨天，也就是新年的前一天正好是他 18 岁的生日。他说这句话的时候是在新年的第一天，所以他今年还会再过一次生日。

【是非颠倒】：小帆是双脚着地，他的脸没有沾上尘土。当他看到小亮脸上沾了尘土，以为自己也一定弄脏了脸，而小亮只看到小帆的脸是干净的，没有意识到自己也需要洗脸。

【风吹蜡烛】：燃烧的蜡烛最终将燃尽，所以，最后只能剩下 5 根被风吹灭的蜡烛。

【唐伯虎卖画】：默。

【最牛的抄袭】：他寄的是一本字典。牧师讲的每一句话中的每一个字，字典里怎么会没有呢?

【谁在放屁】：售票员说："放屁的人买票了吗？"老王一时冲动，傻傻地说："买了。"

【奇怪的鸟】：是鸵鸟。

【小狗变大】：把"犬"上的点去掉。

【特殊的月份】：每个月份都有。

【骨头不见了】：骨头被别的狗叼走了。

【一样的方向】：北极或南极。

【漆黑的公路】：漆黑只是路的颜色，天还是白天。

【拿破仑的士兵】：如果拿破仑说中文，士兵肯定听不懂啊，他们又怎么能根据命令行事？

【只上一天班】：圣诞老人。

【双胞胎怪事】：因为他们是三胞胎或多胞胎中的兄弟俩。

第十一章

一级行动力——将梦想照进现实

一箭行动，直指成功

好莱坞电影《返老还童》是一部讲述生命的神奇经历的电影。片中一位年迈的老妇人给许多人留下来深刻印象。老妇人年轻时酷爱游泳，曾多次企图穿越英吉利海峡，梦想成为最年轻的横渡者，但一直没有成功。后来，在老妇人白发苍苍的时候，她竟然成功地穿越了英吉利海峡。媒体采访她为什么这么老了，还要做这样的冒险，她说："我一直想成为最年轻的横渡者，但没有成功，后来我想，如果能成为最年老的横渡者，也是实现梦想的。关键不是年轻、年老的问题，而是我一定要横渡的问题。"

老妇人的话让人感慨，世上的很多事都不能如意，很多梦想由于各种原因，始终不能实现。但关键的问题在于，你是否做了，只要你做了，无论何时实现梦想，都是有价值的。人们常常有很多梦想，但很多人只是让梦想停留在想象阶段，在脑海中一遍遍浮现，却没有实际地去做。于是，很多梦想，只是空想。真正的美梦成真和成功，从来都是要有行动的，而你的行动力够强吗？

俗话说得好，“说一尺不如行一寸”，这是对行动力最好的定义。行动力就是行动的能力，是说到做到的行事准则，有了行动了才能把我们脑子中说到的方法、想到的事情变成现实，否则一切就毫无意义。行动力的定义是这样说的：“行动力，指的是策划战略意图，具备超强的自制能力。同时可以突破自己，实现自己想做而不敢去做，或者自己认为自己做不到的事，制订计划后就下定决心一定要去实现的能力。对单独的个人而言，它有些类似于自制力，但对于一个团队而言，行动力就是领导力。”

哈佛学子、美国第32任总统富兰克林·罗斯福有句名言：“生活好比橄榄球比赛，原则就是：奋力冲向底线。”这是对行动力的诠释，奋力前冲，努力去做，才会有成功和收获。观察一下那些成功人士，不难发现，他们中没有一个是想出来的成功，都是做出来的。在一次非常著名的中外企业家交流会上，一个中国企业家问通用公司前总裁、美国著名企业家杰克·韦尔奇：“我们大家知道的都差不多，为什么我们与你们的差距这么大？”这位20世纪全球最杰出的经理人一字一句地说“你们‘知道了’，但我们做到了！”同样的道理，很多人都是“想到”，但没有“做到”，从而成为一批又一批的空想家和梦想家。

行动力是直指成功的能力，哪怕你拥有所有的智慧，脑袋里装着整个世界，不行动，你跟普通人毫无差别！我们常常羡慕别人的成功，为自己做不到某些事而烦恼。但事实上，任何成就的获得都不是一蹴而就、一朝一夕的，一定有很多因素在里面起作用，这其中最重要的就是行动力。行动着才有更多发现，才会进步得更快。目前，行动能力已经成了许多国家培养人才的首要目标。德国职业教育界曾认真调查并研究了包括英国在内的欧洲国家的国家职业资格制度，最终认定，职业教育的课程内容只有指向行动能力的培养，才能在掌握知识的同时发展独具个性的创新能力，对现实社会有实际的贡献。

有想法没行动等于没想法，有梦想没实现等于白日梦。为了不成为白日做梦的空想家，现在就开始培养自己的行动力吧。借助着我们给您设置的动手操作小游戏，培养自己看到想到就去做的习惯，让大脑形成“看—想—做”三位一体的行为模式，给自己的思想架个现实的桥梁吧！现在，就开始抬起你的脚，赶快搭乘行动的列车吧！

搭乘行动的列车

【艰难任务】

你手头上有一盘水、一个烧杯、一个软木塞、一个大头针和一根火柴。你必须使所有的水都进入烧杯，但是不能把盛水的盘子端起来或者使之倾斜，也不能借助其他工具使水进入烧杯。

你怎么完成任务？

【巧立鸡蛋】

有一次在吃晚餐时，爷爷出了一道难题来考豆豆，只见爷爷拿出一个鸡蛋说：“豆豆，你能把这个鸡蛋立在桌子上吗？”

豆豆左立右立，怎么也立不起来，只好向爷爷请教，而爷爷轻而易举地就把鸡蛋立起来了。你知道怎样才能做到吗？

【异常的球】

有 12 个小球特征相同，其中只有一个重量异常（轻或重都有可能），现在要求用一个没有砝码的天平称 3 次，将那个重量异常的球找出来。想想该怎么称？

【巧拉绳子】

如何拉这卷线圈，使它能朝前后任意一个方向运动？

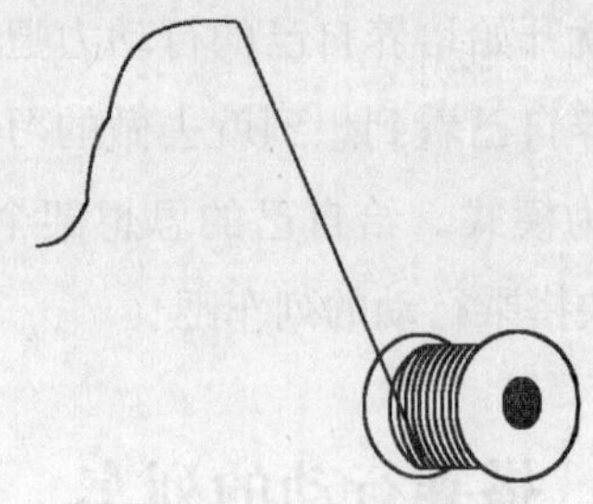

【樱桃的吃法】

如右图所示，桌上有一个用火柴棒拼成的杯子，杯子内放有一颗晶莹剔透的樱桃。如果你想吃到这颗樱桃的话，只能挪动2根火柴棒，把樱桃从杯子中拿出来。你知道该怎么挪动吗？

【巧切正方形】

一个正方形的桌面是4个角，切去一个角，还剩几个角？

不要过于轻率地以为这是一个简单的减法，仔细想一想，会有什么结果呢？

提示：有3种切法。

【分油的智慧】

有两个大小、形状、重量相等的瓶子，一个瓶子里装有多半瓶的油，另外一个瓶子里没有油。请问：在没有任何称量工具的情况下，如何均分这些油？

【死海之盐】

死海含盐量很高，据说总的含盐量达450亿吨，盐场的盐堆积如山。这里有一个天平样式的秤，它在处于平衡状态时，左右秤杆却不一样长。现在只有两个500克的砝码，用这个秤能不能准确地称出1公斤盐？秤杆的长度、重量均不知道，应该怎么办呢？

【杯不落地】

把一根 2 米左右长的绳子的一端缚在一个杯子的柄上，另一端系在天花板的吊钩上，使杯子悬挂下来。要求剪断绳中央，杯子却不会落下，应如何办？

【巧剪桌面】

这是一块边角料（如下图所示），小花想把它做成一张方形桌面，请你帮她设计一下，怎样剪拼才能完成呢？

【巧倒硫酸】

一个不规则的透明玻璃瓶，上面只刻着 5 升、10 升两个刻度，而里面装了 8 升硫酸。现在需要从中倒出 5 升，别的瓶子上都没有刻度，硫酸的腐蚀性又大，请你想想，用什么办法一次就能准确地倒出需要的量？

【趣味拿鸡蛋】

小军打完篮球，穿着背心、短裤，抱着篮球回家。路上他突然想起妈妈让他买些鸡蛋回家，于是就买了十几个鸡蛋。可是，没有其他的工具，这些鸡蛋该怎么拿回家呢？

【足球多边形】

请问：一个标准的足球有多少个正五角形？多少个正六角形？

【双手不交叉】

怎样才能将左手完全放进自己的右裤兜内，右手完全放进左裤兜内，且两手不能交叉？

【硬币转转转】

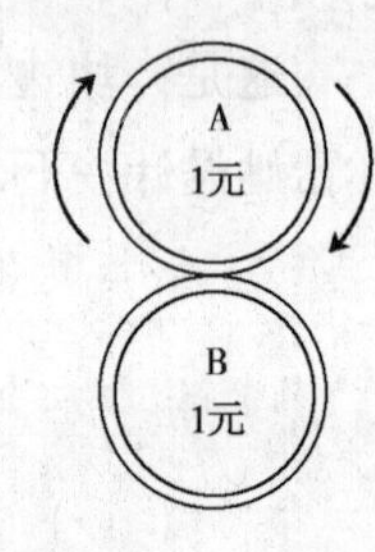

如图所示，两枚同面值的硬币紧挨在一起。硬币 B 固定不动，硬币 A 的边缘紧贴 B 并围绕着 B 旋转。当 A 围绕着 B 旋转一周回到原来的位置时，它围绕着自己的中心旋转了几个 360 度？

【变马游戏】

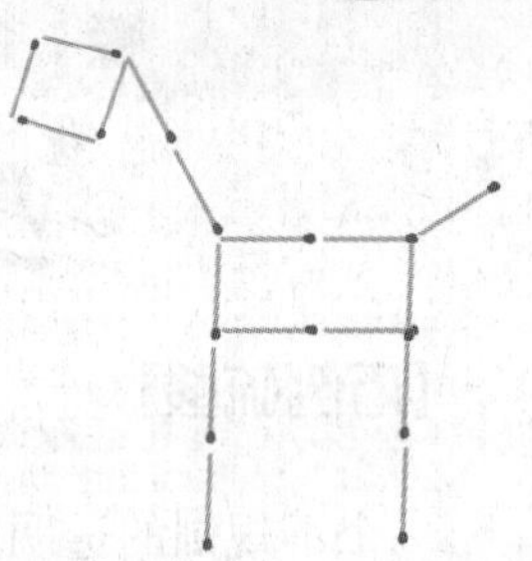

如图所示，这是用 17 根火柴做成的马，只要变动其中两根火柴，就可以再添一头小马，你认为可能吗？

【给洞换位】

小明找来一块如图中央打了一个洞的木板。他想要变换洞的位置，请问应怎么办？

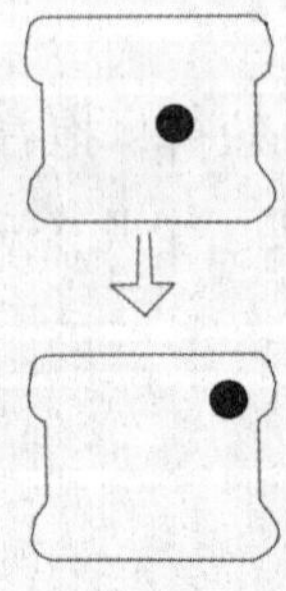

【多少块砖】

如果下面这个建筑四面都很完整，那么它总共用了多少块砖呢？

【火柴汉字】

拿掉下图中的 3 根火柴，你能把它变成相连的 3 个汉字吗？

【真假手镯】

在 9 只规格相同的手镯中混有一只较重的假手镯。在一架没有砝码的天平上，最多只准称两次，你能把假手镯找出来吗？

【国王的金币】

有一次，国王把一块金币和一块稍大的银币放在葡萄酒杯中（如下图所示），对囚犯们说："你们谁能不用手或其他工具，从杯中取出金币，我就给谁自由。"请想想，有什么好办法没有？

【直线穿圆】

如下图所示，9 个圆紧密地排在一起，请你一笔画一条线，尽量少打折，使得它穿过所有的圆。有人已经画了一条线，一共打了四个折，你还有更好的答案吗？注意这条线一定要是直的，不能是曲线。

【半径是多少】

一个球、一把长度大约是球的直径 2/3 长度的直尺。你怎样测出球的半径？方法很多，看看谁的比较巧妙！

【快刀斩乱麻】

右面的图中有 4 个圈，把其中的 1 个圈剪开，其他的 3 个圈就会全部分开，想一下，看看剪哪个圈，才会使其余的 3 个圈全部分开呢？

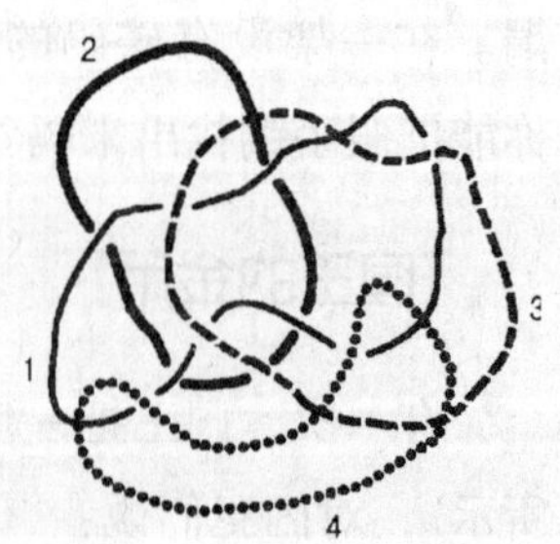

行动力指数大PK

【积木游戏】

卡娅一个人在家玩积木，她用A、B、C、D、E、F、G 7块积木搭成一个三角体，如图（1）所示。图中每刻度都为1厘米，可以看出底边是8厘米，高是11厘米。但当卡娅用同样7块积木搭成图（2）的形状时，虽然底边与高的长度不变，正中却有一个2×1厘米的空缺。这是怎么回事？

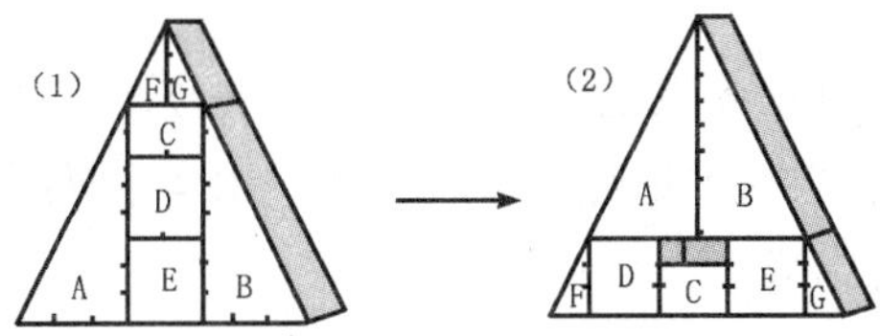

【行动测试】

每位团队成员发一张试卷、一支笔，然后仔细观察下面的图形。

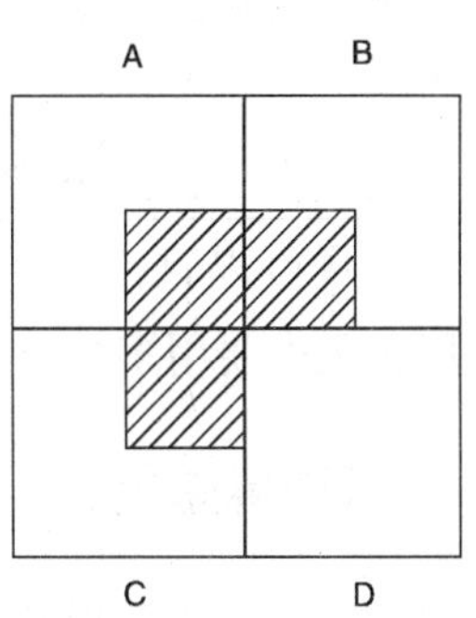

（1）将A中未被阴影覆盖的部分平分成形状相同且面积相等的两部分。

（2）将B中未被阴影覆盖的部分平分成形状相同且面积相等的三部分。

（3）将C中未被阴影覆盖的部分平分成形状相同且面积相等的四部分（不是三角形）。

（4）将D中未被阴影覆盖的部分平分成形状相同且面积相等的七部分（不是三角形）。

【数字迷宫】

从“起点”处开始前行，描绘出按照一格一格顺序所走出的路线。这些格子之间的连接路线可以是水平方向、垂直方向或是对角方向的。通过这种方式组合数字得出的结果可能是两位数或三位数。每一个格子只能走一次。你所要完成的任务就是要按照要求一直走到图中右下角的“终点”处。你能走出这座数字迷宫吗？

起点

2	1	6	4	2	4
8	4	3	2	0	8
6	2	6	1	0	4
1	4	5	5	2	0
2	8	2	1	9	6

终点

【3盏电灯】

房间里只有3盏电灯，而开关却在隔壁房间里，每个开关只能控制1盏灯。你能不能只进入这两个房间各一次，就知道哪个开关控制哪盏灯？

【砝码的妙用】

天平是用来称量物体重量的，但用几个砝码可以在天平上称出从1克到40克的全部整克数的重量呢？经过验证，用4个砝码就可以了。请问应该用4个几克的砝码呢？

【士兵出击】

如图所示，兵和卒被安排在河的两岸，他们中间有一座桥相连，要求把所有的兵都移动到左侧，而所有的卒都要移动到右侧，可是每次只能移动一个。只要把一个兵或卒移动到一个新的位置就算一步，而不管移动了几个格子，例如第二个兵可以直接进入桥中间下面的小方格中，那么至少要用多少步才能完成这个调令呢？

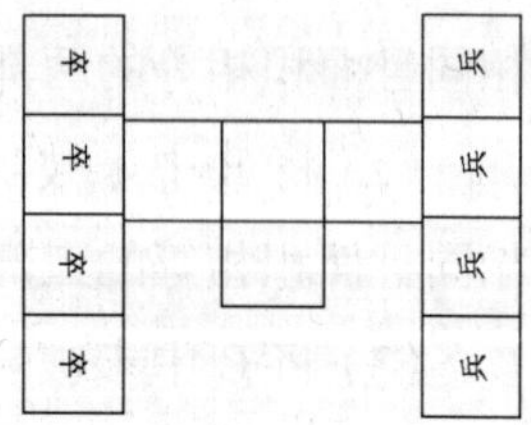

【巧算星星】

两个正三角形叠起来成为星形，在里面再画一个更小的星形（图中带阴影的部分）。如果大星形的面积是20平方厘米，小星形的面积是多少？

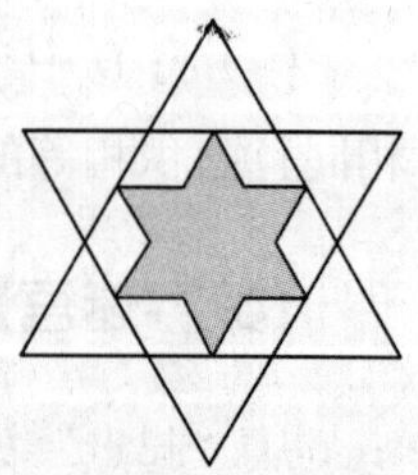

【爬楼梯】

一条长长的楼梯，若每次跨2阶，最后剩1阶；每次跨3阶，最后剩

2 阶；每次跨 4 阶，最后剩 3 阶；每次跨 5 阶，最后剩 4 阶；每次跨 6 阶，最后剩 5 阶；每次跨 7 阶，恰好到楼顶。问这条楼梯最少是多少阶？

【数独方阵】

用 1~9 九个数字和 a~g 七个字母完成下面的数独方阵。

d						a						7			
			9					f			5				
	7					2				g					
4			8						1						6
										9			2		
			c												
												5			
	8			c			f								
											g			e	
		c				e									
	4												7		
				5		7									
	a										4				

【手指算术】

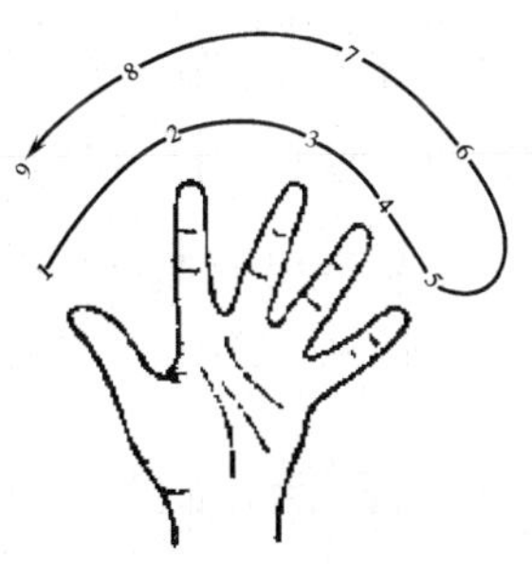

大拇指为 1，食指为 2，中指为 3，无名指为 4，小指为 5；然后换向，无名指为 6，中指为 7，食指为 8，大拇指为 9；再换向，食指为 10……数到 50 还没有停下。（如图所示）那么，你知道当数到 1981 的时候，数到哪个手指吗？

【巧搭桥】

请搭出如右图所示的桥。乍一看，这种结构的桥是搭不出来的，因为还没搭几块，桥就会因为重心不稳而倒塌。可是，如果找到正确

的思路，搭这座桥将是轻而易举的事情。

【组合正方形】

现有3厘米×4厘米的扑克牌12张。要求用这些扑克牌同时组合出大小不同的多个正方形。但是不能折扑克，不能重叠扑克，也不能有两个以上同样大小的正方形同时存在。

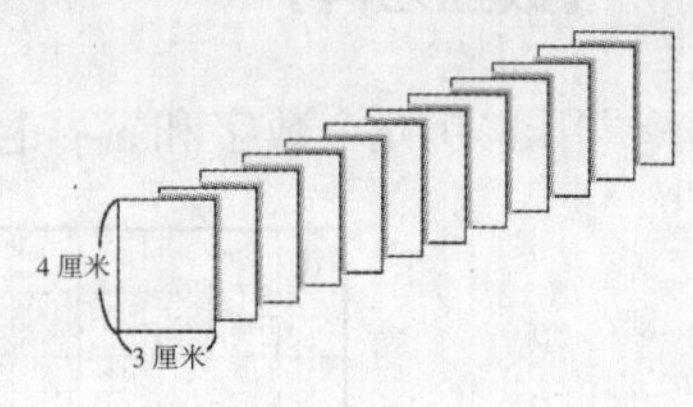

【木匠的智慧】

有一个木匠用锯子把一个边长3分米的立方体锯成27个1立方分米的小立方体（如右图所示）。显然，他只要锯6次，就可以很容易做到这一点。有一天，他突发奇想：能否把锯下的木头巧妙地叠放在一起锯，而减少锯的次数呢？木匠的奇思妙想能实现吗？

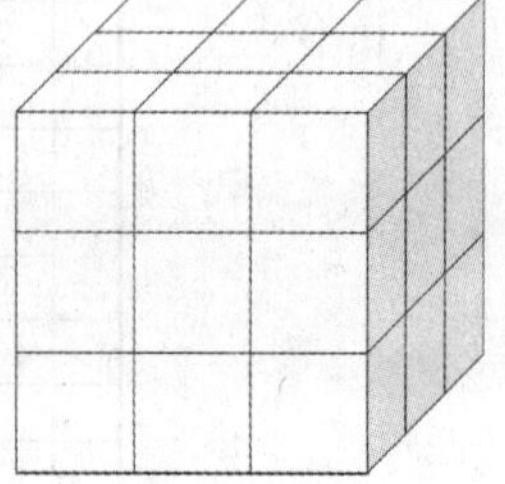

【聪明的画家】

在《一千零一夜》的书中有一个水手叫辛巴德。一天他被一只老鹰抓到窝里，他看到许多老鹰蛋。

据说该书中这一故事的插图，是由一位画家画的。那些鹰蛋是只用圆规一次一个画出来的，画得很逼真。请问，他是怎样画出来的呢？

【词语迷宫】

这是一个由63个字组成的文字迷路，要求所走的相邻两个字能连成一个词。将“起点”作为入口，“终点”作为出口，且只能横走或竖走，不可斜走。请问怎样才能走出？

识	常	平	面	起	来	朝
居	住	和	面	点	头	脑
言	语	体	字	数	口	袋
论	乐	气	活	生	信	心
文	章	品	物	书	念	境
句	节	省	国	者	作	界
展	笔	茶	名	景	风	雨
开	始	终	最	色	船	量
眼	目	点	要	纸	鱼	类

【智断黑白棋】

有十颗棋子排成一行，五粒黑，五粒白。现在两粒连在一起移动，移动四次，棋子就会黑白交错开来，那么，应该如何移动呢？

1	2	3	4	5	6	7	8	9	10
●	●	●	●	●	○	○	○	○	○

【逃生练习】

假设你自己和朋友三人被关押，需要想法逃走，现实情况是，你们发现有一根很粗的绳子在窗边，绳子搭在一个生锈的滑车上，滑车装在比窗略高一点的地方。绳子两头各系着一个空筐子，如果一只筐子装的重量比另一只筐子装的重量重 5~6 公斤的话，那么这只筐子就能平稳地降到地面上，而另一只筐子则能上升到窗口。

假定你们三人为甲、乙、丙，你是甲。你估量了一下，乙大约有 50 公斤重，丙最多 40 公斤，而自己的体重是 90 公斤。另外你从塔里找了一条 30 公斤重的铁链。因为每只筐子可以装一个人和那条铁链，或者装两个人，所以你们三个人都顺利地降到了地面。你们在下降时，装着人下降的筐子的重量一次也没超过上升筐子重量的 10 公斤。

你们会做到吗？是怎么做的呢？

【绳子打结】

在黑暗处，有一段绳子（如图所示）被随意地放在地上，拉绳子的两端，你能否给绳子打个结？估算一下，给这个绳子打成结的概率是多少？

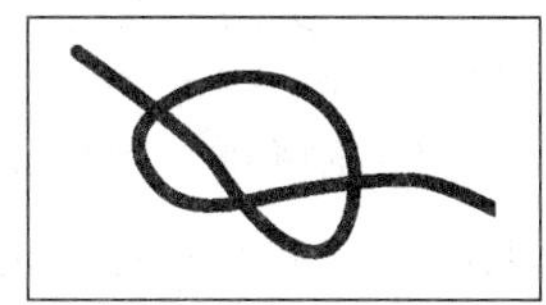

【智破残局】

国际象棋走法是这样的：皇后可以横、竖、斜走动任意格数，威力强大，而国王也可以横、竖、斜走，但每步只能走一格。双方每次都得走动，不得弃权。现在有这样一道题：在 3×4 的棋盘上，白方的皇后在 c2，而黑方的国王在 a3。你得用白方的皇后去迫使黑方的国王走到右上角有问号的 d3 格内（如右图所示）。这是前苏联的马米孔于 1975 年在《科学与生活》的智力栏目中发表的一道小型棋盘上的智力题。试试看，应该怎么走？

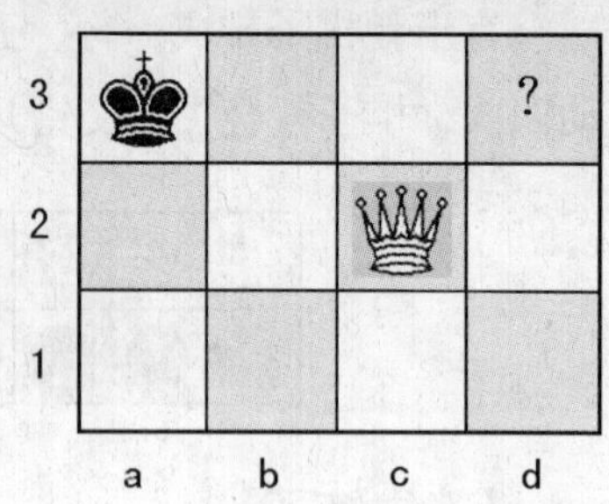

【挑战九宫格】

在 9×9 的大九宫格里，已经给出了若干个数字，其他的空格留白，你能根据逻辑原则推断出剩下的空格中要填入什么数字吗？要求每一行、每一列中都有 1 到 9 的数字，且每个小九宫格中也要有 1 到 9 的数字，每一行、每一列、每一小九宫格的每个数字只能出现一次不能重复或缺少。

		7	4					5
							1	9
	2	8	3	1	7			
2	8		6			9		
6				9				2
		9			1		6	8
			9	5	4	6	9	
8	6							
5					6	2		

【点线相连】

你能用 3 条线段连接这 9 个点而不让笔离开纸面吗？

你能只用 4 条线段解决这个问题吗？

你能用一些线段连接这 12 个点而不让笔离开纸面吗？至少需要几条线段？

你能将正方形中的这 16 个点用一些线段连接起来，同时使笔不离开纸面吗？至少需要几条线段？

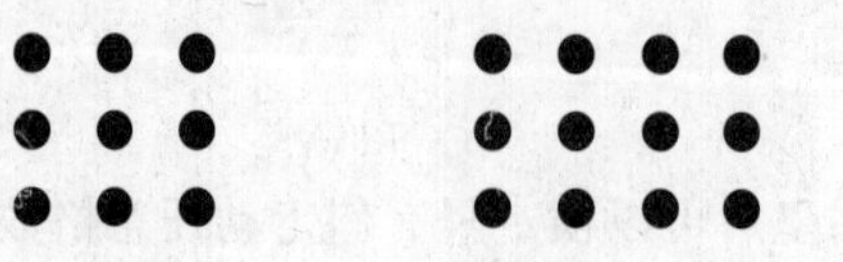

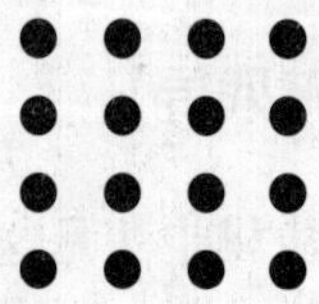

【圆圈涂色】

如右图所示，将这些圆形分别填上红色、黄色、蓝色和绿色，使得：

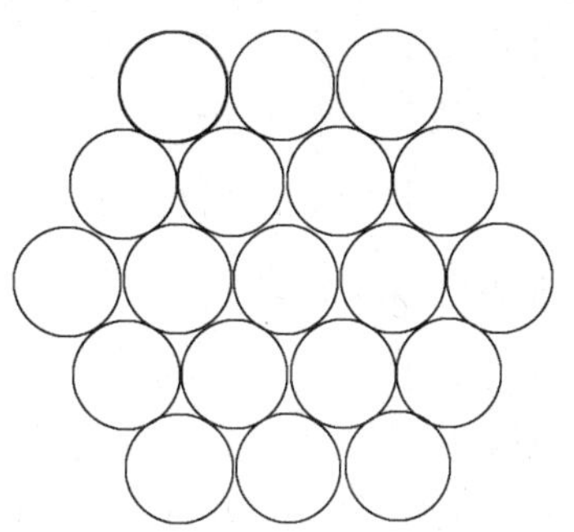

（1）每种颜色的圆形至少 3 个。

（2）每个绿色圆形都正好和 3 个红色圆形相接。

（3）每个蓝色圆形都正好和 2 个黄色圆形相接。

（4）每个黄色圆形都至少各有一处分别和红色、绿色和蓝色圆形相接。

智慧题解

搭乘行动的列车

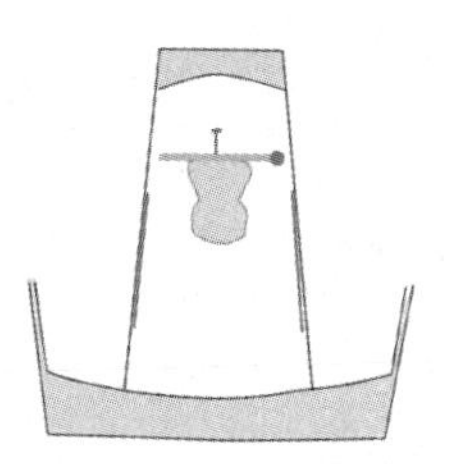

【艰难任务】：如右图所示，用大头针穿过火柴，并把火柴固定在软木塞上。把火柴放到水里后，火柴就不会湿。然后把烧杯倒扣在软木塞上，并把火柴点燃。火柴燃烧时把氧气耗光，水就会进入烧杯。

【巧立鸡蛋】：只要拿起鸡蛋往桌上一磕，把下面的蛋壳磕破了，就能把鸡蛋稳稳地立在桌面上。

【异常的球】：将 12 个球分别编号为 1~12，再把球分成 A、B、C 三组，每组 4 个球。A 组为 1、2、3、4，B 组为 5、6、7、8，C 组为 9、10、11、12。取 A、B 两组在天平上称，有两种可能：

（1）1、2、3、4 和 5、6、7、8 相等，那这个球在 9、10、11、12 中，第二次取 9、10、11 与 1、2、3 相称。

如果 9、10、11 与 1、2、3 相等，则为 12，第三次可判断其轻重。

如果 9、10、11 与 1、2、3 不相等，可知道此球的轻或重。第三次取

9和10相称，如相等，则是11；如不相等，则根据上一步的重量判断结果，找出其中之一。

（2）1、2、3、4和5、6、7、8不相等。要先弄清楚是哪一边重，看第二步。

第二步假设是1、2、3、4这边重，将1、2、5与3、4、6拿来称。

如果相等，则在7、8中，且知此球是轻的，第三次只要将7和8拿来称，哪个轻就是哪个。

如果不相等，要是1、2、5这边重，则第三步拿1与2相称，如果1和2相等，则这个球肯定是6；如果1和2不相等，则是其中更重的一个。

【巧拉绳子】：如果你用一个很陡的角度拉线圈，会产生一个朝远离你的方向旋转的转矩；如果你用一个比较小的角度拉，会产生一个反方向的转矩，使其向你运动。

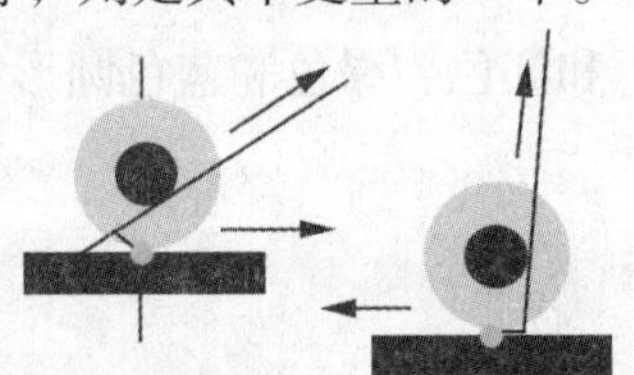

【樱桃的吃法】：如图所示。

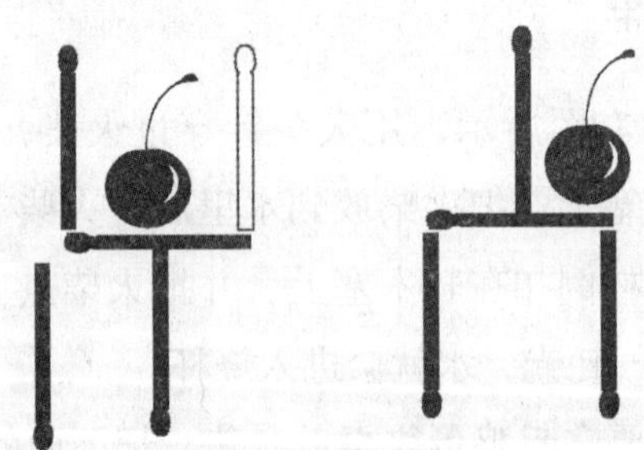

【巧切正方形】：一个正方形切去一个角，有3种切法，会出现3种情况：

（1）切去一个角，得到5个角。

（2）切线通过另一个角，则得到4个角。

（3）切线通过另外两个角，只剩3个角。

【分油的智慧】：让这两个瓶子浮在水面上，将油倒来倒去，直到这两个瓶子浮在水面上的高度相等时，这些油就被均分了。

【死海之盐】：想解开这道题，称出1公斤的盐，必须认识到由于左右秤杆不一样长，一边放上 1000 克的砝码，一边放上盐使它平衡，所得盐并非 1000 克。

但正确做法还是有的：

先在任意一头秤盘上放上两个 500 克的砝码，另一头放上盐 A 使它平衡。然后，取下砝码以盐 B 代替砝码，使它再平衡。此时，盐 B 就是 1 公斤。如果左右秤杆长度相等，那么盐 A 就是 1 公斤。但实际上秤杆长度不同，别无妙策，只好利用上述方法。

【杯不落地】：在绳子中间打一个活结，使结旁多出一个绳套来，从绳套中间剪断，杯子就不会落下来。

【巧剪桌面】：如图所示。

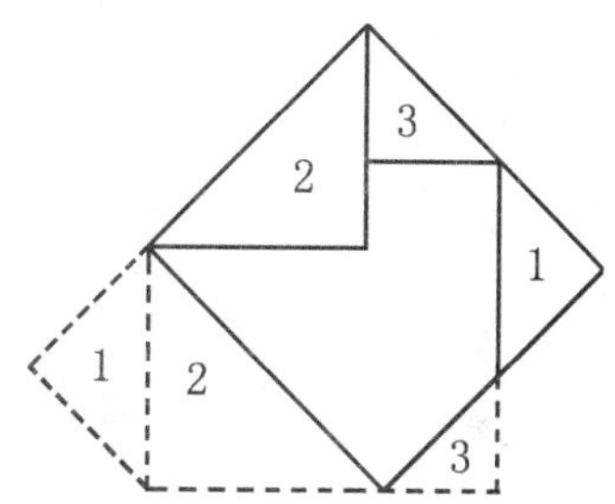

【巧倒硫酸】：往瓶里放大小不同的玻璃球，使液面升到 10 升刻度处，然后往外倒至 5 升刻度处。这是利用玻璃球不被硫酸腐蚀的特点。

【趣味拿鸡蛋】：小军可以把篮球里的气放掉，把球的一面压瘪，使球呈一个碗形，然后把鸡蛋放在里面拿回家。

【足球多边形】：正五角形 12 个，正六角形 20 个。

【双手不交叉】：将裤子反穿。

【硬币转转转】：由于两枚硬币的圆周是一样的，因此，你可能认为硬币 A 在紧贴硬币 B“公转”一周的整个过程中，仅围绕自己的中心“自转”了一周，即一个 360 度。但当你实际操作一遍，你就会惊奇地发现，硬币 A 实际上“自转”了两周，即两个 360 度。

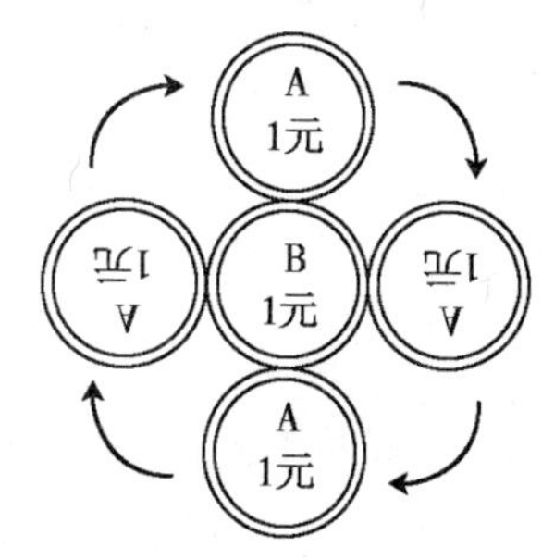

【变马游戏】：如图所示。

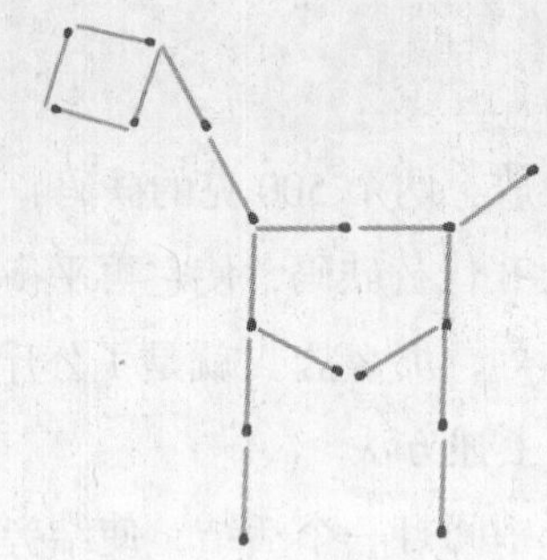

【给洞换位】：例如：图①割一块细长形状的木块，再倒过来拼上去。图②在准备做成圆洞的地方，挖出一个圆形的木块再填回原来的圆洞。

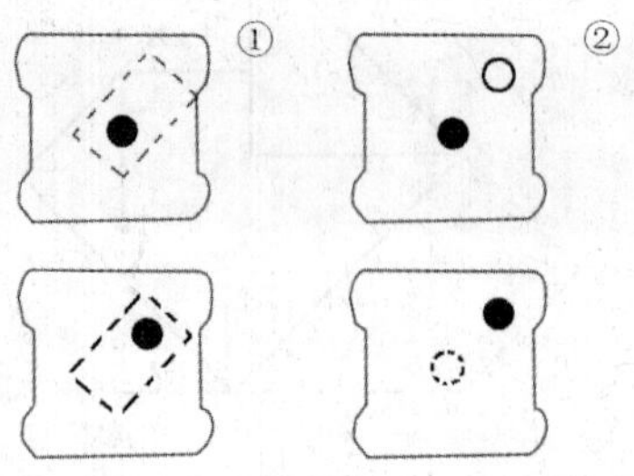

【多少块砖】：60块砖。

你不需要将所有的砖块清点一遍，只需要数出最上面一层砖块的数量（12块），并将其与层数（5层）相乘，这样你就可以得出砖块的总数60块了。

【火柴汉字】：如图所示。

【真假手镯】：先把9只分成A、B、C三部分，每部分3只，把A、B两部分放在天平的左右两边，如果平衡，则假的在C部分里；若不平衡，

哪部分较重，假的就在哪部分里。再把假的那部分里的 3 只手镯中的 2 只分别放在天平左右的盘上。如果平衡，余下的一只是假的；若不平衡，较重的那只是假的。

【国王的金币】：首先必须把限定条件以外的方法排除掉，才有可能探索新的方法。你可能想把金币倒出来，那么不妨先把杯子倾斜一下看看，并把它作为思维过程中的一个闪光点保留在脑海里。

你见过旋风的力量吗？吹气也可以吹动金币，如果你把注意力转到吹气的问题上，就可以找到解决问题的方法。

正确的做法是：用嘴朝着杯口用力吹气，那么金币就会旋转起来，由于浮力和银币旋转的力量，金币就会浮上来，如果力量够大，金币就可以从杯口飞出来。

【直线穿圆】：如图所示。

【半径是多少】：灯光下测影子长度，直尺垂直立于地面，测量尺子和球各自长度与影子长度，计算比例尺。

【快刀斩乱麻】：剪开第 3 个圈，才能使其余的 3 个圈全部分开。

行动力指数大 PK

【积木游戏】：这个三角体其实并不是完全标准的三角体，如图所示，下图中标有斜线的部分，就是空缺部分的体积。

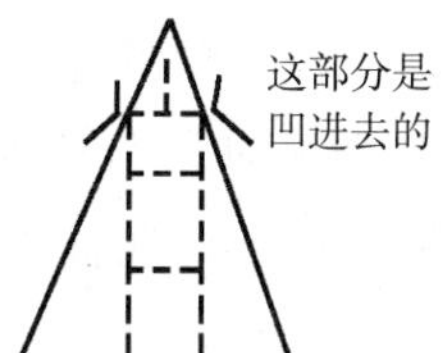

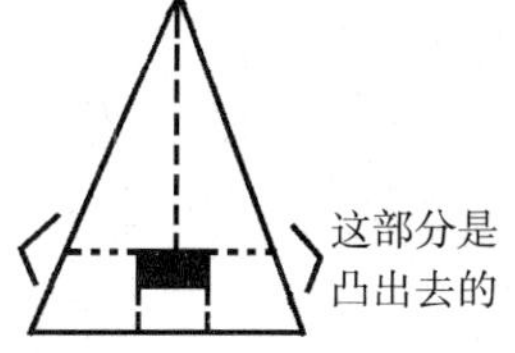

【行动测试】：如图所示。

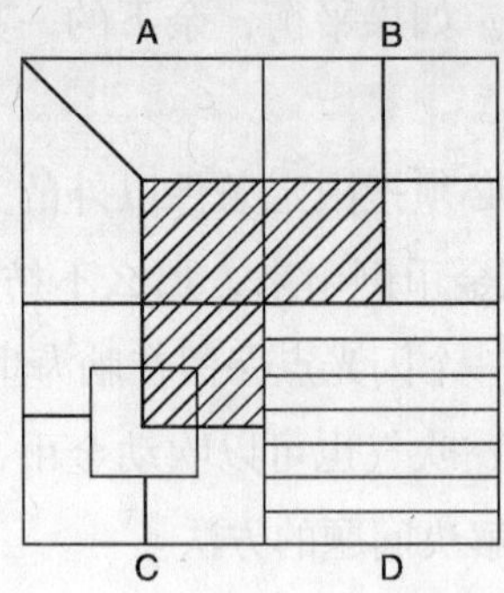

【数字迷宫】：如图所示。

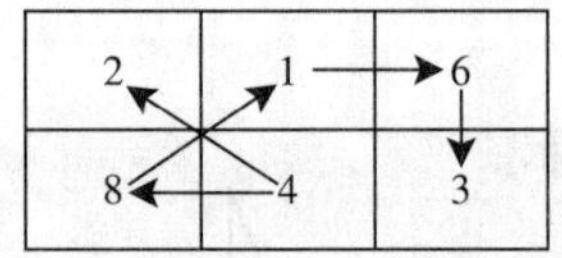

图中所展示的是路线图的一小部分。路线的顺序是由数字2连续相乘得出来的：2、4、8、16、32、64、128，以此类推。

【3盏电灯】：能。首先打开第一个开关，让另外屋子里的一个灯亮一段时间，然后把它关掉。再打开第二个开关，马上跑到有灯的房间，并用手去摸没有亮的灯泡。你就会知道：关着但是灯泡发热的灯是由第一个开关控制的；亮着的灯是由第二个开关控制的；剩下的那盏灯由第三个开关控制。

【砝码的妙用】：使用1克和3克两个砝码，就可以测量出4克的重量，也可以测量出2克的重量。依据这个道理，所选择的砝码必须互相利用。

计算周全后，即可得出需要的4个砝码分别为：1克、3克、9克以及27克。它们加起来正好是40克。可是其他重量的物体怎样称呢？就要像前面举的例子那样互相配合利用。比如称20克时，右秤盘放上1克和9克的砝码，左秤盘放上3克和27克的砝码就行了。照此方法，一直可以称到40克。

【士兵出击】：30 步。

【巧算星星】：5 平方厘米。

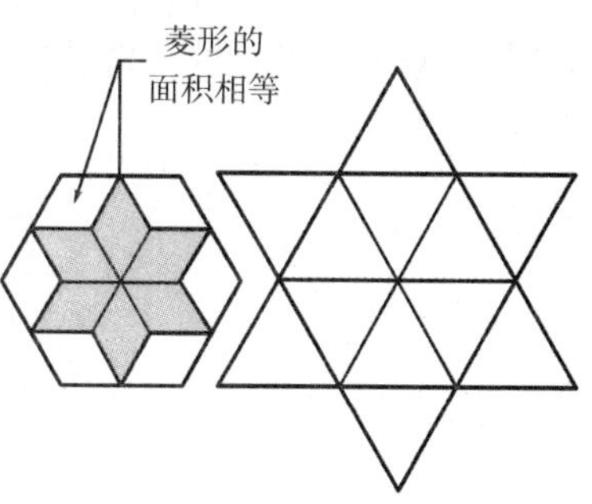

如图所示，大星形由 12 个正三角形构成。其内部正六边形的面积是总面积的 1/2。小星形可以分解成 6 个菱形，其面积又是正六边形的一半。

【爬楼梯】：根据前 5 个条件可知，这条楼梯的阶数只要再加 1，就是 2、3、4、5、6 五个数的公倍数。由于这五个数的最小公倍数是 60，所以 60－1＝59 能满足前五个条件的最小自然数。但是 59 不能被 7 整除。因此，只要在 59 上连续加 60，直到能被 7 整除为止，这个数就是所求楼梯的阶数。

59＋60=119，119 能被 7 整除。即这条楼梯共有 119 阶。

【数独方阵】：如图所示。

d	g	8	f	9	c	a	4	e	3	6	2	7	6	1	5
2	6	e	9	b	1	7	d	f	g	c	5	4	8	a	3
a	i	4	3	2	f	5	e	b	7	d	8	g	6	9	c
c	5	b	7	6	3	8	g	4	a	1	9	2	e	d	f
5	7	f	a	3	b	2	8	6	4	g	e	1	d	c	9
4	2	d	8	g	e	9	a	c	1	f	3	6	5	7	6
6	e	g	1	d	7	4	c	5	b	9	a	5	2	3	6
9	b	3	c	1	5	f	6	d	8	2	7	e	a	g	4
1	f	a	e	7	d	b	9	8	2	4	c	5	3	6	g
g	8	6	5	c	2	1	f	3	e	a	d	b	p	4	7
7	3	2	4	a	8	6	5	9	f	b	g	d	c	e	1
b	p	c	d	4	g	e	3	7	6	5	1	8	f	2	a
8	4	1	b	f	a	3	2	g	c	e	6	9	7	5	d
e	d	5	g	8	6	c	1	a	9	7	b	3	4	f	2
3	c	9	6	5	4	g	7	2	d	8	f	a	1	b	e
f	a	7	2	e	8	d	b	1	5	3	4	c	g	8	6

【手指算术】：1981/8 余数为 5，因此应该数到小指。

【巧搭桥】：关键在于桥墩与桥面之间的搭建。一开始可以多放两块积木做桥墩（如下图所示）。当搭了足够多的积木后，桥的构架也就完全稳定了，这时可以把多余的桥墩取走。

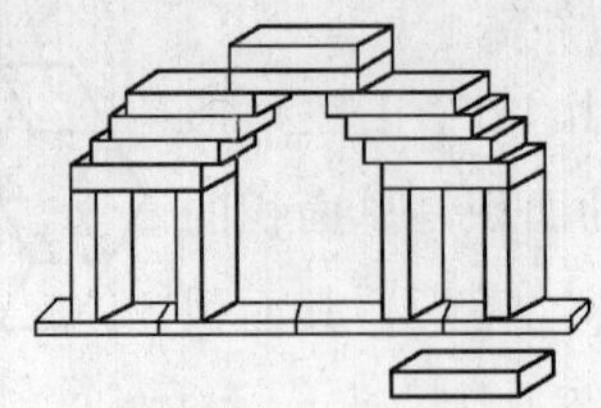

【组合正方形】：像下图那样组合，就会出现5个不同的正方形。

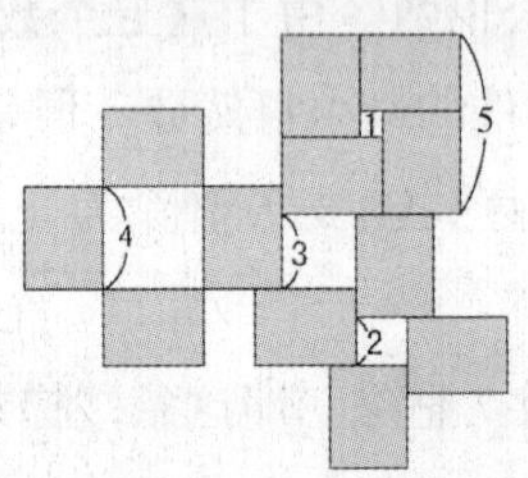

【木匠的智慧】：木匠的奇思妙想其实是不可能实现的。因为最终被锯成的27个小方块，只有最中央的那个小方块有6个截面。由于锯一次是不可能给同一个小方块留下两个或两个以上的截面，因此，中央那个小方块一定要被锯6次。

【聪明的画家】：如右图所示：在瓶子或圆柱杯子的曲面上卷一张纸，使一头翘起来，然后用圆规像画普通圆那样，在上面转一圈，就能画出一个卵圆状的圆形。

柱形杯
纸

【词语迷宫】：起点—点头—头脑—脑袋—袋口—口信—信念—念书—书生—生活—活字—字体—体格—格言—言论—论文—文章—章节—节省—省亲—亲笔—笔展—展开—开始—始终—终点。如图所示。

识	常	平	面	起	来	朝
居	住	和	面	点	头	脑
言	格	体	字	数	口	袋
论	乐	气	活	生	信	心
文	章	品	物	书	念	境
句	节	省	国	者	作	界
展	笔	亲	名	景	风	丽
开	始	终	最	色	船	量
眼	目	点	要	纸	鱼	类

【智断黑白棋】：首先将棋子标上号码，黑 1、黑 2、黑 3、黑 4、黑 5、白 6、白 7、白 8、白 9、白 10，然后开始移动。

第一步：黑 1 黑 2 黑 5 白 6 白 7 黑 3 黑 4 白 8 白 9 白 10

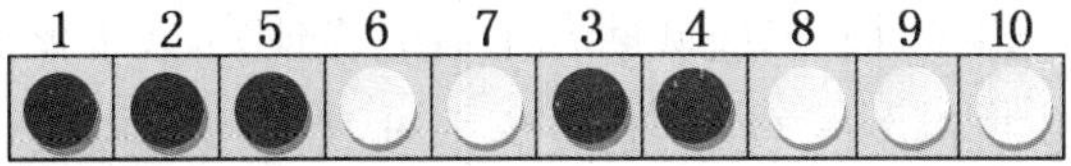

第二步：黑 1 黑 2 黑 5 白 6 黑 4 白 8 白 9 白 7 黑 3 白 10

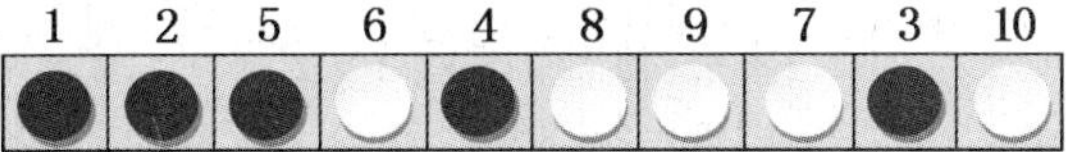

第三步：黑 5 白 6 黑 4 白 8 黑 1 黑 2 白 9 白 7 黑 3 白 10

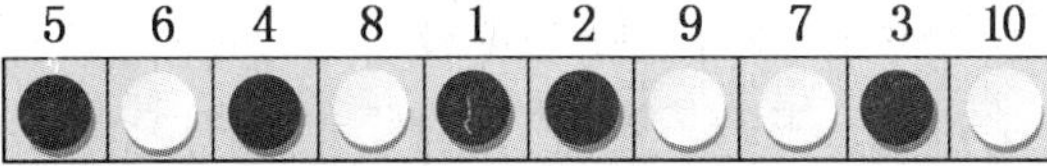

第四步：黑 5 白 6 黑 4 白 8 黑 2 白 9 黑 1 白 7 黑 3 白 10

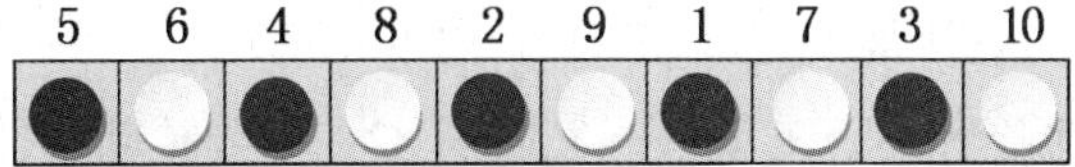

【逃生练习】：先把铁链（30 公斤）放在筐里降下去，再让丙（40 公斤）坐在上来的空筐里降下去；这时放铁链的筐子回上来。甲把铁链取出，叫乙（50 公斤）坐在筐里。乙下降时，丙上来。乙降到地上后，走出筐子；丙也从上来的筐中走出，回到塔中。接着，丙再把铁链放在上面的空筐里，第二次将它降到地面去。放着铁链的筐子到了地上，乙坐进去（50＋30＝80 公斤），这时甲（90 公斤）坐进上面的筐里。甲降到地上后，走出筐子，乙也从上来的筐中走出，回到塔中，再把铁链留在上面的筐中。铁链于是第三次降到地面。这次又轮到丙（40 公斤）坐进上面的筐里降到地面去，有铁链的筐子（30 公斤）上来。然后，乙从上来的筐中取出铁链，坐在筐里（50 公斤）下降，丙（40 公斤）上升。乙到了地上，走出筐子，丙则回到塔中。现在丙把铁链放在筐里，又把它降到地面去，然后自己坐进上来的空筐里下降，铁链再回上来。丙着地后，铁链最后一次坠落到地上。

【绳子打结】：可以打结。概率是 1/4。对于绳子上的 3 个相交处，共有8种可能的交错情况。其中有两种可以形成结。

【智破残局】：开局时白方的皇后（以下简称为后）在c2，而黑方的国王（以下简称为王）在a3。步骤如下：

（1）后c3 王a2（后走至c3对王形成威胁，王只能躲到a2以求保命）。

（2）后c1 王b3（后走至c1时，王就无法再走到其他地方而只能斜走至b3）。

（3）后a1 王c2（后平移至a1，王又只能走到c2，因为其他地方都在后的封杀范围之内）。

（4）后a2 王c3（后上升至a2对王叫杀，王走到c3以避锋芒）。

（5）后b1 王d2（后斜飞至b1，王又不得不躲到d2）。

（6）后b2 王d1（后再次叫杀，王若不走进d3就得走进d1）。

（7）后a2 王c1（后由b2退至a2，在后的严密看管下，王无法升至第2行，只能走到c1格，因为它不能不走）。

（8）后b3 王d2（后斜飞至b3，王就只能又回到d2，十分被动）。

（9）后b1 王c3（后不走到b2叫杀而走到b1，于是王除了走到c3处别无他法）。

（10）后a2 王d3（当后走到a2时，王欲向左向下都已不行，只有乖乖俯首走进d3格内了）。

【挑战九宫格】：如图所示。

3	1	7	4	6	9	8	2	5
4	5	6	2	8	7	3	1	9
9	2	8	3	1	5	7	4	6
2	8	5	6	4	3	9	7	1
6	4	1	7	9	8	5	3	2
7	3	9	5	2	1	4	6	8
1	7	2	8	5	4	6	9	3
8	6	3	9	7	2	1	5	4
5	9	4	1	3	6	2	8	7

【点线相连】：如下图所示。

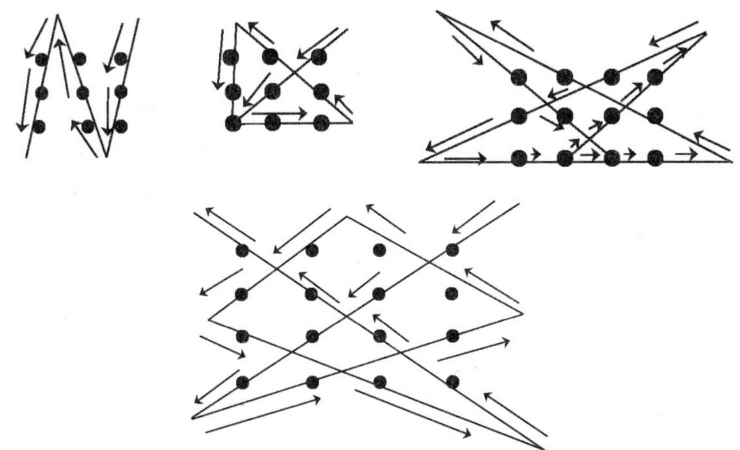

【圆圈涂色】：如下图所示。

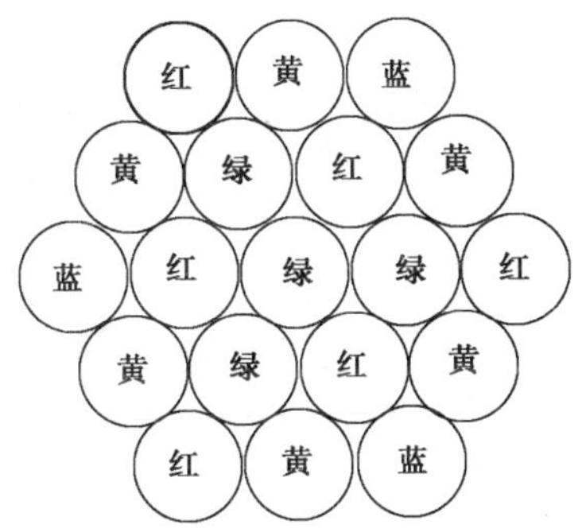

第十二章

左右脑的互动练习——玩转全脑的世界

让左右脑分工合作

法国启蒙思想家卢梭读书的方式很有特点。他常常这样安排自己的时间：早上攻读哲学，中午翻译地理、历史，还时不时在学习中做一些体力劳动，这样的学习方式使他的学业大有长进，记忆效果特别好。

平常我们在学习的时候，大脑所主管的这些视、听、读、写以及有关记忆、分析等功能区，都处于高度兴奋的状态。但是大脑任何一个部位的兴奋能力都有一定的限度，一旦超过这个限度就会使原来的兴奋区域减弱，兴奋就会逐步转变成抑制，从而使大脑感到疲劳，出现困倦、头痛等一系列症状，影响学习的效果。在学习中学会合理地用脑，懂得如何适当调节用脑是非常重要的。这就需要我们给左右脑排个班，让两个半球交替着工作练习，提升学习的质量。

生理学研究表明，人的大脑左右各有分工，不同的学科在大脑中所使用的脑区是不一样的。左半球一般侧重于逻辑与抽象思维，右半球则侧重于形象思维。这一现象说明，交替学习不同科目的内容，让左右脑循环使用，比长时间学习一门科目的效率高。因此，当我们在做数理化的习题练习时，大脑左半球处于运转状态，时间久了就容易疲劳，这个时候，就应该调换学习的内容。可以做一些文科的内容，记忆一下英语单词，做下语文作文，阅读一下优美的散文等，让紧张工作的左脑得到休息，同时将工作的重心转移到右脑上来。这样一来，左右半脑轮流工作，会极大地提升学习的效率。

在复习功课的时候，我们也可以规定个时间来交替复习几门功课。一般每门课程45分钟到1小时比较合适，中途给自己休息10分钟，然后再去复习另一门功课。同时，当你连续学习一段时间之后，最好能抽出一些时间到户外去进行活动，看看自然的景色、呼吸呼吸新鲜的空气、闭上眼睛畅想一下、散散步等。这样，就把大脑的练习转移到右脑上来了，能让左脑暂时处于休息状态，从而调节左右脑的兴奋度。在全天的复习中，可以上午学习4个小时，下午学习2个小时，再安排1~2个小时的户外锻炼。吃过晚饭后再学习的话，最好不要超过3个小时，尽量保证每天8小时的睡眠。这样，左右脑交替着使用和锻炼，可以大大提高学习效率，调节脑部神经，强化大脑的功能。

很多人由于有不同的学习习惯，所以会形成左右脑发育不均衡的情况。一般人都是左脑思维，用左脑多一些，但也有一些人，右脑的潜力被开发得较多，隐含着许多特质和天赋。例如，理解数学和语言的脑细胞就集中在左半球，而发挥情感、欣赏艺术的脑细胞则集中在右半球；右半脑发达的人在知觉和想象力等方面可能更强一些，同时知觉、空间感和把握全局的能力都可能更强一些，在各种动作的实施上也相对更敏捷一些；另外，右脑不拘泥于局部的分析，而是统观全局，能以大胆猜测跳跃式前进，达到一个直觉的结论。甚至有的人能将直觉思维变成一种先知能力，从而预知未来的变化，事先做出重大的决策。这些都是右脑的深藏潜质，右脑使用多的人在这些方面的能力将会比左脑使用多的人更强，获得的成就也更大。

因此，我们开展全脑训练，主要就是开发右脑，给每个人一个练习右脑的机会，让人人享受右脑巨大潜力的功用。那么，如何判断一个人，开始到底是左脑思维还是右脑思维呢？下面的小测试可以试一试。

（1）你是“路盲”吗？

是——左脑型；不是——右脑型

（2）在街上与一帅哥（美女）擦肩而过，十分钟以后，你还能清楚地记得对方的相貌吗？

记得——右脑型；不记得——左脑型

（3）在脑海中描绘自己喜欢的明星的形象，你可以凭想象变换这个人的服装吗？

能——右脑型；不能——左脑型

（4）在睁开双眼的情况下，眼前还可以重现刚才那位明星的模样吗？

能——右脑型；不能——左脑型

（5）按想象出来的歌手唱歌，会不会因为自己也不自觉地唱出声来，使歌手的歌声消失？

会消失——左脑型；不会消失——右脑型

上述的第一题到第五题，对于是否是“右脑人”的判定越来越严格，如果你一直到第四题都是右脑型，而只在最后一题属于左脑型，那么你就是很接近右脑型的“左脑型”。但如果从第一题开始就是左脑型，说明你是比较典型的“左脑人”。

在平常的练习中，“左脑人”要加强自己在右脑方面的锻炼，加大右脑的开发力度，让左右脑平衡发展，从而冲击激发青少年潜能的285个全脑智慧游戏的风暴。有了清晰的认知和判断，在练习中，才能有更多的侧重点。我们相信，有了认知和培养，你的右脑一定能得到有效的开发，而全脑的开发训练也将使你的智慧更上一层楼，离梦想实现和成功的道路越来越近！

全脑终极训练

【各自为食】

如右图所示，四种动物被放在笼子里的A、B、C、D四个地方，这四种动物之间可能互相形成伤害，但是粗心的管理员却将它们的食物放在了离它们很远的地方a、b、c、d处，你能为它们在这个笼子里打开一条通道，使得它们彼此都不相遇、安全地吃到自己的食物吗？

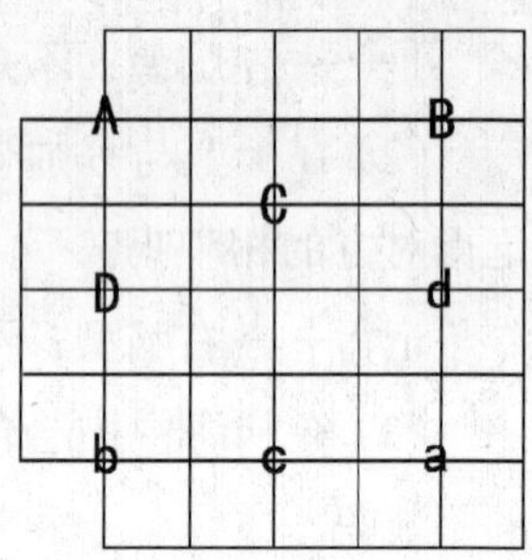

【不多不少】

酒店老板买了一批葡萄酒共有两种不同的规格：一种瓶装容量为5升，另一种为3升。葡萄酒的价格已经算在餐费里了，老板也允许每位客人可以喝1/4升的葡萄酒。通常，这些葡萄酒会被倒进一个玻璃瓶里，放在桌子上，以供客人们在需要时自己倒。

一个特别的晚上，餐厅举办了一场晚会，16位客人陆续抵达。就在这时，老板发现储藏室里只剩下两种规格的葡萄酒各一瓶了。问题在于，他手头现在只有两个每杯能装3升以上酒的玻璃杯，却没有办法可以倒出2升的酒，因为其他的容器都正在使用中。老板是一位很讲究公平交易的商人，他不想短斤缺两，但也不想多给客人葡萄酒。经过仔细考虑后，他终于想出了一个办法，可以使玻璃杯装满2升的葡萄酒。

请你想想他是怎样做到的？

【小孩的年龄】

饭店老板说他有三个小孩，于是，客人就问他："你的小孩几岁了？"老板说："他们三个人的年龄乘起来等于72。"客人摇了摇头。老板笑着说：

“你出去看一下我们家的门牌号码，门牌号码就是他们三个小孩年龄的总和。”客人出去看了一下，回来还是摇摇头，老板微笑着说：“那好吧！我的大孩子有一只猫，这只猫有一只脚是用木头做的。”这个人于是笑着说：“我现在知道他们的年龄了！”

请问：三个小孩的年龄各是什么？

【自我实现预言】

自我实现预言是指我们对他人的期望会影响到对方的行为，使得对方按照我们对他的期望行事。根据定义，判断下列属于自我实现预言的是：

A. 小张本来是一个很普通的孩子，但他的父母望子成龙，于是不惜重金让他读市里最好的高中，但最终小张也只考上了一所普通大学。

B. 小张是李老师班上一名普通的学生，可是有一天一位智力测量专家告诉李老师小张很有数学天分，于是以后数学课上李老师对小张格外关注，终于在半年后的考试中小张的数学成绩有了很大的提高。

C. 今天是小红的生日，她希望爸爸下班时能买生日蛋糕回来，果然爸爸在下班的时候买了一大盒生日蛋糕。

D. 小李从小就希望自己能成为一个工程师，当他大学毕业后他终于到一家公司当上了软件工程师。

【出生率辩论】

根据男婴的出生率，小明和小亮展开了辩论：

小明说：人口统计发现一条规律，在新生婴儿中男婴的出生率总是在22/43这个数值附近波动，而不是1/2。

小亮说：不对。许多资料表明，多数国家和地区，如俄罗斯、日本、美国、德国，以及我国台湾地区都是男人比女人多。可见，认为男婴出生率总在22/43上下波动是不成立的。分析两个人的对话，下列哪一个选项能说明小亮的逻辑错误？

A. 小明所说的统计规律并不存在。

B. 小明的统计调查不符合科学。

C. 小亮的资料不可信。

D. 小亮混淆了概念。

E. 小亮犯了自相矛盾的错误。

【消毒手套】

在一个岛国上，据说流行一种极其容易接触传染的传染病，一旦染上该病，1个月后将发病而死，但是该病可以通过外科手术治愈。国王怀疑自己得了该病，于是国王在岛上找到医术最高明的3个医生，要求他们轮流主刀。然而只有2双已消毒过的手术手套，在不确定3个医生是否已被传染的情况下，怎样做最安全?

【王子求婚记】

一位王子向智慧公主求婚。智慧公主为了考验王子的智慧，就让仆人端来两个盆，其中一个装着10枚金币，另一个装着10枚同样大小的银币。然后仆人把王子的眼睛蒙上，并把两个盆的位置随意调换，请王子随意选一个盆，从里面挑选出1枚硬币。如果选中的是金币，公主就嫁给他；如果选中的是银币，那么王子就再也没有机会了。王子听了以后，说："那能不能在蒙上眼睛之前，任意调换盆里的硬币组合呢?"公主同意了。

请问：王子该怎么调换硬币组合才能确保他能在更大程度上获胜，娶到公主呢?

【脱落的纸张】

共计100页的书，其中的第20~25页脱落了，请问剩下的书还有多少页呢?

【律师的怪招】

有一个非常擅长处理离婚诉讼案件的律师，总是站在妻子这一边，免费帮她们向先生争取高额的赡养费，因而声名大噪。没想到后来，这位律师自己也面临离婚问题，不过，其原则仍没有改变，这次也是站在妻子这一边，免费替她辩护，帮她争取到高额的赡养费。可是奇怪的是，这个律师一毛钱也没损失。你觉得这种事情可能发生吗？不过这位律师也没有从其他人身上拿到钱。

【螃蟹快跑】

一个体长20厘米的红螃蟹和一个体长15厘米的黑螃蟹赛跑，谁会赢？

【何处裂缝】

有一只猫非常顽皮，爬到桌子上把挂钟摔成了两半，两个半块钟表面上的数字之和恰巧相等。请问：钟表到底是从哪里裂开的呢？

【捡钱的快乐】

有个人在路上捡到800元钱，有人问他："你快乐吗？"他说："我不快乐。"5分钟之后，他又捡到100元钱，于是再问他：你快乐吗？"这次他回答："我很快乐！"这是怎么一回事？当然，他捡到的钱是真的。

【奇怪告示牌】

某条道路旁的告示牌上写着："看这个告示的人，绝对做不到。"这是一个宣传交通安全的告示牌，上面究竟写了什么呢？

【头戴白帽】

新年晚会上，老师同学欢聚一堂，一起做游戏。老师把灯关掉，给每一个人都发一顶帽子戴上，并告诉大家这些帽子有的是黑色的，有的是白色的，白帽子至少有一顶。游戏规则是：所有人不能交谈，不能取下自己的帽子看颜色。如果谁判断出自己的帽子颜色是白色的话，就拍一下掌。

游戏开始了。灯亮第一次时，所有人看了一圈，没有人拍掌。然后灯熄灭了。过了几秒钟，灯又亮了一会儿，还是没有人拍掌。然后灯又熄灭了。这样，直到第四次熄了灯之后，才听见一阵拍掌声。那么，有多少人戴着白帽子呢？

【珠宝和毒气】

有一个考古专家在一个古墓里发现了两个箱子和一封信，信上说："这两个箱子其中之一装有满箱的珠宝，另一个中装有毒气。如果你足够的聪明，按照箱子上的提示就能找到打开的方法。"这时考古专家看到两个箱子上都有一张纸条，第一个箱子上写着："另一个箱子上的纸是真的，珠宝在这个箱子里。"第二个箱子上写着："另一个箱子上的话是假的，珠宝在旁边一个箱子里。"

那么，考古专家应该打开哪个箱子才能获得珠宝呢？

【纸上的数字】

一天，班主任张老师在课堂上做了一个游戏，他先在一张纸上写了4个数字，然后对A、B、C、D 4位同学说："你们4位是班上最聪明、最会推理、演算的学生。今天，我出一题考考你们。我手中的纸条上写了4个数字，这4个数字是1，2，3，4，5，6，7，8中的任意4个。你们先猜猜各是哪4个数字。"

A说："2，3，4，5。"

B说："1，3，4，8。"

C说："1，2，7，8。"

D说："1，4，6，7。"

听了4人猜的结果后，张老师说："A和C两位同学猜对了两个数字，B和D两位同学只猜对了一个数字。"

能推出纸条上写了哪几个数吗？

【坠楼瞬间】

这是一张用闪光灯拍摄的照片：照片上是一个正在划火柴的小姑娘，蜡烛旁摆着许多漂亮的圣诞礼物。小姑娘的后面是一个美丽的少妇，面对照相机，正从窗外飞身下落。照片下有这样一段说明："这张惊人的照片由巴菲尔于 8 月 24 日晚上 9 时 30 分摄于布鲁克林摄影室。当巴菲尔先生按下快门时，莫纳太太正从 6 楼的平台上跳下。这幅以她在空中坠落作背景的惊人之作被《现代家庭》杂志选为圣诞期刊的封面。据说莫纳太太体重几十磅，当晚因时速高达 40 英里的风暴袭击而失足坠下楼去，当即摔死在人行道上。"

现在，这张被题为《投入死亡》的照片出现在摄影佳作巡回展上。业余摄影家、大侦探凯恩在参观时，很快被吸引住了。这时，凯恩身后来了几位官员，其中一位手中拿着一条蓝绶带。当他们正要把这代表最高奖赏的蓝绶带钉在《投入死亡》这张照片上时，凯恩讥笑说："你们为什么要给这幅伪造的作品以最高奖赏呢?""什么？是伪造的作品?"官员惊讶地问。

你知道凯恩为什么说这张照片是伪造的作品吗?

【美酒难题】

一天，诗仙李白到达苏州一个山清水秀的地方，刚巧碰到了一位老朋友，他们便商议一同饮酒作诗。面对着尚未打开的酒坛子，朋友笑着说："如果你不取出酒坛子上的软木塞，不打破酒坛，也不在酒坛上钻孔就能倒出美酒，今天这一坛酒就由你痛饮；如果不能的话，那对不起，这坛酒我就抱回去了。"

李白听后便想出了打开酒坛的办法。你知道他是怎么做的吗?

【巧分资料箱】

一个有 10 名队员的地质勘探队，每个队员都有一个资料箱。由于工作关系，资料不能集中管理，但每个人的资料箱里都可能有别人需要查对的资料。

一天，10名队员要外出，去10个不同的地方勘探。这样就出现了一个问题："在外出作业期间，他们10个人一起回来是不可能的，如果有队员回来需要查看别人的资料就困难了。"

现在每个人都有两把打开自己资料箱锁的钥匙，请问怎样才能使任何一个人回来都能打开任意一个资料箱呢？

【奇特的马赛】

有一场特殊的骑马比赛，不是比马跑得快而是比马跑得慢，跑得慢的马就是胜利者。骑手和观众都看着赛场上慢得几乎"停止不前"的马都很着急，照这样进行下去，比赛什么时候可以结束呢？正在这时候，来了个聪明人，他想出了一个办法，使这场比赛很快结束了。你知道聪明人想的是什么办法吗？

【反手为影】

请你想象一下，下列手势会形成什么动物的影子？

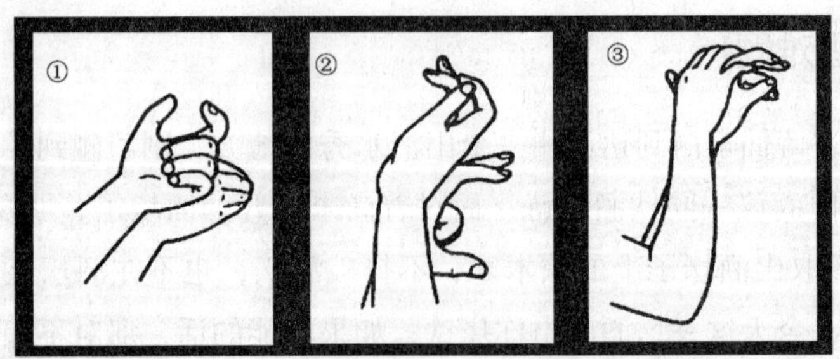

【敌军情报】

某军司令部截获一份秘密情报。经过初步破译得知：下月初，敌军的三个师将分东西两路再次发动进攻。从东路进攻的部队人数为"ETWQ"，从西路进攻的部队人数为"FEFQ"，东西两路总兵力为"AWQQQ"，但到底是多少却无从得知。你能破译这个密码吗？

【老虎过河】

有三对母子老虎（所有的母老虎都会划船，三只小老虎中只有一只会划船）和一条船（一次只能载两只）。

三只母老虎不吃自己的孩子，但只要另外的两只小老虎没有其母亲守护，就会被吃掉。

怎样才能让六只老虎安全地过河？

【谁是养鱼人】

有这样一个经典的谜题曾难倒了不少人：在一条街上，有5座房子，喷了5种颜色。每个房里住着不同国籍的人，每个人喝不同的饮料，抽不同品牌的香烟，养不同的宠物。

（1）英国人住红色房子。

（2）瑞典人养狗。

（3）丹麦人喝茶。

（4）绿色房子在白色房子左面隔壁。

（5）绿色房子主人喝咖啡。

（6）抽PallMall香烟的人养鸟。

（7）黄色房子主人抽Dunhill香烟。

（8）住在中间房子的人喝牛奶。

（9）挪威人住第一间房。

（10）抽Blends香烟的人住在养猫的人隔壁。

（11）养马的人在抽Dunhill香烟的人隔壁。

（12）抽BlueMaster的人喝啤酒。

（13）德国人在抽Prince香烟。

（14）挪威人住在蓝色房子隔壁。

（15）抽Blends香烟的人有一个喝水的邻居。

请问：谁养鱼？

【画家的左手】

“我把来访的两个客人带进会客室时，他已经死了。”死者的妻子说。

死者是一个知名的画家，死因是被手枪子弹击中头部。当时，他的左手握着一支手枪，外表看来，好像死于自杀。

查克斯探长展开调查，询问有关的人物。来访的两个客人，一个叫道明。他是死者妻子的旧恋人，三年前去巴黎，两天前才回来。另外一个叫小田，他也是画家，和死者并不认识。他这几天一再到死者家中拜访死者，他说死者剽窃了他的作品，故前来追究。

两个人都和死者有仇。不过，死者也不是没有自杀的动机。死者的妻子曾对警方表示，两个月前，死者生病后左手麻木，不能再拿画笔，这使他十分沮丧。

最后，查克斯探长确定两人之中有一个一定是凶手。

谁是凶手呢？

【绑匪的阴谋】

一天，富翁收到一封绑匪写来的恐吓信：“如果你想让女儿平安归来，就在旅行袋内装上100万美元，让你的司机于明晚零时，在宝塔旁边挖一个坑，将钱埋入地下。”

富翁接信后非常着急，他向警方报了案。警方请富翁照绑匪的要求去做。

第二天晚上，富翁的司机拿着装有现金的旅行袋来到纪念塔旁边。他挖了一个很深的坑，将旅行袋放进去埋掉。在司机挖坑埋钱时，为防不测，远处有几名警察在隐蔽处把守。埋好钱后，司机提着铁锹离开了那里，留下警察在远处监视。

直到第二天中午，警察也未发现坑周围有什么迹象，而富翁的女儿却平安地回到了家。警方甚为奇怪，因为并未发现绑匪取钱，为什么人质却被释放了呢？

他们立刻把埋钱的坑挖开，令人惊奇的是，旅行袋内空无一文，100万赎金不知何时被取走了。负责监视的警察证实，绑匪不可能来过，而且也没有任何人靠近过埋钱的地方。那么，绑匪是如何避过警察的耳目，巧妙地取走这些美元的呢？

探长很快就找到了答案，并抓住了绑匪。请问，他是如何破获此案的？

【数学竞赛】

甲、乙、丙、丁4名同学，他们在本周进行了数学竞赛。上一次比赛没有出现两人“并列第一”的情况，这次也一样。而且，上次的第一名不是丙。

4个人所言如下，在上次比赛中名次下降的同学撒谎了，名次没有下降的同学说了实话。他们的对话被班长听到了。根据班长的叙述，推测一下4个人在上次和这次比赛中分别是第几名。

甲：“乙上次是第二名。”

乙：“丙这次是第二名。”

丙：“丁这次比上次位置上升了。”

丁：“甲这次名次上升了。”

【魔幻法则】

假设你洗了5双袜子后，发现掉了2只。可能出现的情况有多少种？

【衣着规定】

学校的男生宿舍楼前贴了一张关于“衣着规定”的布告：

（1）16岁以上的男生才能穿燕尾服。

（2）15岁以下的男生不准戴大礼帽。

（3）星期六下午观看棒球比赛的男生必须戴大礼帽，或穿燕尾服，或两者俱全。

（4）带伴的，或16岁以上的男生，或两条都具备者，不准穿毛衣。

(5) 男生们一定不可以不看球赛和不穿毛衣，或者既不看球赛也不穿毛衣。

星期六下午观看棒球赛的男生的穿戴情况如何？

【存活概率】

英国的三个绅士因为某事发生了矛盾，他们决定用手枪决斗来解决问题。A的命中率是30%，B的命中率是50%，而C则可以称为专业枪手，他的命中率是100%。为公平起见，他们决定按这样的顺序：A先开枪，B第二，C最后。然后这样循环，直到他们只剩下一个人。那么三名绅士中谁活下来的机会最大呢？为了能够活下来，他们都应该采取什么样的策略呢？

【“我”是何人】

“我毕业于一所政法大学，我的同学（包括我在内）不是做了法官就是做了律师。在一次同学聚会上，有16位同学出席。我统计了一下当时的情况：①律师多于法官。②男法官多于男律师。③男律师多于女律师。④至少有一位女法官来参加了聚会。有趣的是，如果不把我计算在内，上述情况也不会发生任何变化。

现在请你猜猜看，我的职务和性别分别是什么？

【囚徒合作】

在一个监狱里，有101个犯人，被关在101个独立的牢房里，互相无法通信。

一天，召开全体囚徒大会。国王大赦，给大家一个机会。

在当天夜里，会有人来把每间牢房门的正面随机地刷上黑色或者白色，颜色的选择是同等概率随机的，犯人们都不知道自己门上被刷了什么颜色。

第二天早上，犯人会依次被叫到监狱长办公室里。在走出牢房时，犯人都有机会看见其他人门上的颜色，但是因为他自己的牢门是开着的，门的正面靠着墙，所以他看不见自己门上面的颜色。在办公室里监狱长让每个囚犯猜自己门上的颜色，只能回答“黑色”或者“白色”。然后犯人被带回牢房，关好门后，下一个犯人再被叫出询问。如此，直到所有人都被叫出来一次为止。

注意：在监狱长办公室里，犯人是看不到前面其他犯人的回答的。最后监狱长统计一下所有犯人的回答。如果猜对自己门上颜色的犯人数过半，那么就释放所有犯人。如果不过半，每个犯人只能继续坐牢。

囚徒大会后给大家 20 分钟时间讨论，囚徒们能找到方法吗？

【荒野迷踪】

一位冒险家在一个人迹罕至的原始森林中迷路了，正当他踌躇之际，发现路前方有一块指路石，布满苔藓的指路石上模糊地写着一段文字：在此路的前方，有一个岔路口，分开的两条路中，一条路名为“死亡之谷”，踏上之后便不能回头，直至死亡。而另一条路则名为“生命之源”，它能指引你走出森林，摆脱困境。虽然你并不知道哪条路可以使你继续生存，但是你仍有机会。因为岔路口有两个守卫精灵，它们一个是来自黑暗地狱的妖精，一个是来自光明世界的天使。妖精只会讲假话，而天使则始终讲真话。当然，妖精已经变化为天使的模样，你无法得知谁是真正的天使。当你来到它们面前时，你必须遵守一个规则：只能向其中的一个精灵提出问题，而问题的个数也只能是 1 个。虽然条件比较苛刻，但如果你不遵守这个规则，那么你的出路只能是“死亡之谷”。

冒险家看完了这段碑文后，毅然向岔路口走去，如果你是这个冒险家，你将如果向精灵提问呢？

【爱因斯坦的问题】

哈佛课堂上，爱因斯坦问了大家一个问题：“两个烟囱工同时从烟囱里爬出，其中一个是干净的，另一个却满身煤灰。请问，他们中间的哪一个会去洗澡?”

一个学生说：“当然是那位一身煤灰的工人会去洗澡!”

爱因斯坦说：“是吗?请你们注意，干净的工人看见另一位满身煤灰，他觉得从烟囱里爬出来真是肮脏，另一位看到对方很干净，就不这么想了。我现在再问你们?”

有一位学生兴奋地叫了起来：“噢！我知道了！干净的工人看到肮脏的工人时，觉得他自己必定也是很脏的。但是肮脏的工人看到干净的工人时，却觉得自己并不脏啊！一定是那位干净的工人跑去洗澡了。”

大家想了一下，都同意这种说法。

爱因斯坦依旧摇头。你知道为什么吗?

智慧题解

全脑终极训练

【各自为食】：如图所示。

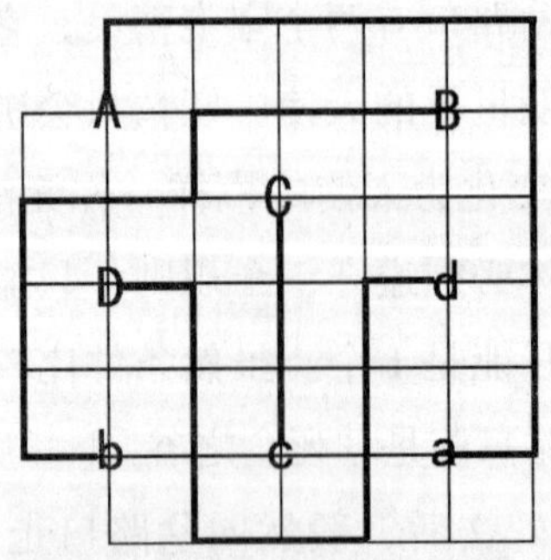

【不多不少】：老板有两个相同的玻璃杯和两个不同容量的酒瓶，一个是3个容积单位的酒瓶，另一个是5个容积单位的酒瓶。

首先将3升容量酒瓶的酒倒进玻璃杯；然后将5升容量的酒瓶里的酒倒进3升容量的空酒瓶；将剩下的2升酒倒进空的玻璃杯；然后将3升容量的酒瓶里的酒倒进3升容量的酒瓶；再将第一个玻璃杯里的其中2升酒

倒进 5 升容量的酒瓶；现在将 5 升容量酒倒进 3 升容量的酒瓶；将两个玻璃杯放在一起，把 3 升酒瓶的酒倒进有 1 升酒的玻璃杯，直到两个玻璃杯装的酒一样多为止；这样，每一个容器都剩下 2 升酒。

【小孩的年龄】：三个孩子的年龄分别应该是 8，3，3。

【自我实现预言】：B。

【出生率辩论】："男婴出生率"高，并不意味着男人一定比女人多，还有存活率、相对寿命等因素。所以，小亮的反驳混淆了概念。因此，选项 D 为正确答案。

没有证据断定 A、B、C，小亮的反驳也没有任何矛盾，所以 E 也不成立。

【消毒手套】：从表面看来国王和三位医生 4 个人才有 2 双手套不够用，其实我们忽略了 2 双手套有 4 面，一个人接触一面就可。2 双手术手套的 4 个面记为 A1/A2/B1/B2。

第 1 个医生同时戴上 2 双手套：A1/A2/B1/B2：A1 医生/B2 国王。

第 2 个医生戴上 1 双手套 B1/B2：B1 医生/B2 国王。

第 3 个医生戴上 2 双手套 A2/A1/B1/B2：A2 医生/B2 国王。

【王子求婚记】：王子可以在金币盆里留 1 枚金币，把另外 9 枚金币倒入另一个盆里，这样一个盆里就只有 1 枚金币，另一个盆里就有 10 枚银币和 9 枚金币。如果他选中那个放 1 枚金币的盆，选中金币的几率是 100%；如果选中放 19 枚钱币的盆，摸到金币的几率最大是 9/19。王子选中两个盆的几率都是 1/2，所以，把前面的两项结果加起来，得出选中金币总的几率就是：$100\% \times 1/2 + 9/19 \times 1/2 = 14/19$，这样远远大于原来未调换前的 1/2。

【脱落的纸张】：92 页。

从第 20~25 页共有 6 页，那么从 100 里减去 6 就是 94 页……这样计算就错了。纸是有正反两面的，所以不可能只脱落其中的一面。

既然第 20 页脱落了，那么第 19 页也必定脱落。

同理第 25 页脱落了，那么背面的第 26 页也必然随之脱落。

综上所述，应该是从第19~26页共计8页脱落了。即100－8＝92。

【律师的怪招】：有可能。因为这位律师是女性，也就是说这个离婚诉讼是妻子自己替自己辩护，向丈夫争取赡养费，所以这位女士当然不会有金钱方面的损失。

【螃蟹快跑】：黑的赢，因为红的已经被煮熟了。

【何处裂缝】：从3和4、9和10之间裂开的。

【捡钱的快乐】：因为那个人掉了900元，刚才一直为不能找到那最后的100元钱着急，哪儿还有时间快乐。

【奇怪告示牌】：告示上写的是："请直视前方，勿看他处。"看了这个告示的人已经违反了告示上提醒的事项。

【头戴白帽】：有四个人戴了白帽子。

假设有一个人戴了白帽子，第一次亮灯时，他会看到别的人都没有戴白帽子，但白帽子是至少有一顶的，所以他可以判断自己戴的是白帽子。那么，他将在第一次熄灯后拍掌，因为这时没有人拍掌，所以推测数量大于一。假设有两个人戴了白帽子，戴白帽子的人会看到另外一顶白帽子，但第一次熄灯后没有掌声，说明白帽子的数量大于一。所以戴白帽子的这个人会知道自己也戴的是白帽子。这样，在第二次熄灯后会有两次掌声，但是没有，说明数量大于二。由此推理下去，因为是在第四次熄灯后才出现掌声，所以说共有四个人戴了白帽子。

【珠宝和毒气】：打开第二个箱子。

第一个箱子上的话是假的，如果它是真的，那么，第二个箱子的话也是真的，这是矛盾的。

这个问题可以用假设解题技巧。具体过程如下：第一个箱子上的假话有三种可能：第一个箱子上的话前半部分是假的；后半部分是假的；都是假的。

如果前半部分是假的，珠宝在第一个箱子里，并且，第二个箱子上的话是假的。这时，根据第二个箱子的判断，珠宝在第二个箱子里，这和上面的判断冲突。

如果后半部分是假的，那么珠宝在另外一个箱子里，并且第二个箱子上的话是真的，可以判断珠宝在第一个箱子里，这也是矛盾的。

所以，第一个箱子上的话都是假的，这时，珠宝在第二个箱子里，并且第二个箱子里的话是假的。这时根据第二个箱子的判断，珠宝在第二个箱子里。

【纸上的数字】：先列出四人猜的情况：

A 猜对了两个数，可能是 2—3，2—4，2—5，3—4，3—5，4—5。

B 猜对了一个数，可能是（1，3，4，8）中的 1 个数，他未猜的 4 个数（2，5，6，7）中有 3 个数是纸条上的数。

C 猜对了两个数，可能的组合为 1—2，1—7，1—8，2—7，2—8，7—8。

D 猜对了一个数，可能是（1，4，6，7）中选取 1 个数，他未猜测的 4 个数（2，3，5，8）有 3 个数是纸条中的数。

8 个数字中，A 与 C 两人都猜了的数字是 2，两人都没有猜的数字是 6。

8 个数字中，B 与 D 两人都猜了的数字是 1，4，两人都没有猜的数字是 2，5。

我们先假设 2 不是纸条上的数，那么从 B 未猜的数字中可得出 5，6，7 是纸条上的数字。同时，从 D 未猜的数字中可得出 3，5，8；这样纸条上的数字就会有 5 个，分别是 3，5，6，7，8。显然，推论与题中纸条上只有 4 个数字相矛盾，因此假设是错的，也就是 2 为纸条上的数字。用同样的方法可推出 5 也在纸条上。

再假设 1 在纸条上，那么从 B 猜的数字中可得出 3，4，8 不在纸条上。同时，从 D 猜的数字中可得出 4，6，7 不在纸条上。这样不在纸条上的数字有 5 个，分别是 3，4，6，7，8，纸条上只能有 3 个数字，显然也不正确。所以，假设错误，1 不在纸条上。用同样的方法，可推出 4 不在纸条上。

我们知道了 2，5 在纸条上，从 A 猜测对了两个数字可知 3，4 不在纸条上。这样，在纸条上的数字可能是 2，5，6，7，8 中的 4 个。

最后，我们来看C猜的情况，从他猜测的4个数可知7与8只能有一个数在纸条上。如7在纸条上，纸条上的数为2，5，6，7。我们发现D猜对了6，7，显然与题目矛盾。再来检验8，发现刚好能符合条件。

所以，只有一种可能，纸条上的数字是2，5，6，8。

【坠楼瞬间】：凯恩指着照片说："如果在'时速高达40英里的风暴'中，小姑娘是不可能划亮火柴的，因此表明，照片中的窗户是关闭的。莫纳太太晚上从高处坠落下去的情景，在室内是不可能看到的。因为照片是在晚间用闪光灯拍摄的，这样，室内就比窗外亮得多，这时照片上的窗户只能像镜子一样反映室内的景物，而不可能现出莫纳太太的身影。根据这个道理，可以判断，这张照片是伪造的！"同时对《投入死亡》的最高奖赏也被取消了。

【美酒难题】：将软木塞压入坛内，可以轻松地倒出美酒。

【巧分资料箱】：每个人拿1把自己资料箱的钥匙，然后把10个人和10个资料箱编号，将1号资料箱的钥匙放在2号资料箱里，把2号资料箱的钥匙放在3号资料箱里，依此类推，9号资料箱的钥匙放在10号资料箱里，10号资料箱的钥匙放在1号资料箱里。这样，任何一个人回来，只要打开自己的资料箱就能拿到下一个资料箱的钥匙，用下一个资料箱内的钥匙还可以打开下一个资料箱。

【奇特的马赛】：聪明人让两个骑手交换马比赛，这样，两个骑手都想使自己骑的马（对方的马）跑得快点。用"调换一个角度"的办法，把"比慢"变成了"比快"，所以比赛很快就结束了。

【反手为影】：①狗，②兔子，③骆驼。

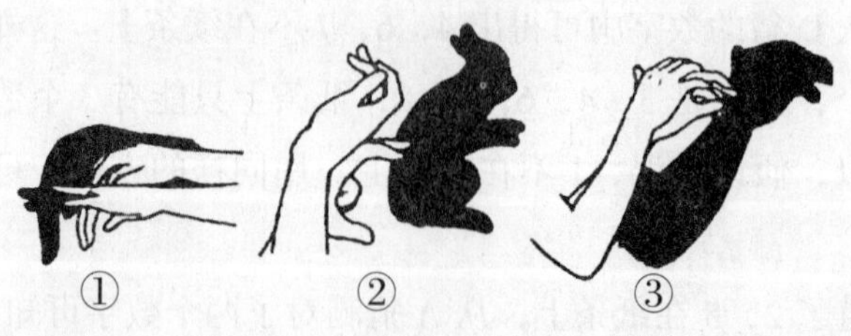

【敌军情报】：E=7，W=4，F=6，T=2，Q=0，东路兵力是7240，西

路兵力是 6760，总兵力是 14000。

细心分析，可以发现只能是 Q+Q=Q，而不可能是 Q+Q=2Q，故 Q=0；

同样，只能是 W+F=10，T+E+1=10，E+F+1=10+W。

所以有以下三个式子：

（1）W+F=10

（2）T+E=9

（3）E+F=9+W

可以推出 2W=E+1，所以 E 是单数。

另外 E+F>9，E>F，所以推算出 E=9 是错误的，而 E=7 是正确的。

【老虎过河】：设大老虎为 ABC，相应的小老虎为 abc，其中 c 会划船。

（1）ac 过河，c 回来（a 小老虎已过河）。

（2）bc 过河，c 回来（ab 小老虎已过河）。

（3）BA 过河，Bb 回来（Aa 母子已过河）。

（4）Cc 过河，Aa 回来（Cc 母子已过河）。

（5）AB 过河，c 回来（ABC 三只大老虎已过河）。

（6）ca 过河，c 回来（ABCa 已过河）。

（7）cb 过河，大功告成！

【谁是养鱼人】：

挪威人住黄屋子，抽 Dunhill，喝水，养猫。

丹麦人住蓝屋子，抽 Blends，喝茶，养马。

英国人住红屋子，抽 PallMall，喝牛奶，养鸟。

德国人住绿屋子，抽 Prince，喝咖啡，养鱼。

瑞典人住白屋子，抽 BlueMaster，喝啤酒，养狗。

所以答案是：德国人养鱼。

【画家的左手】：死者两个月前左手已麻木，但现场他依然用左手握枪，证明他是被谋杀的。在两人中，只有两天前从巴黎回来的道明不知道他的左手有毛病，所以道明就是凶手。

【绑匪的阴谋】：100万美元并未被拿走，因为司机就是绑匪。他趁着黑夜挖坑时，将坑挖得很深。他先将钱全埋起来，然后在上面放上空旅行袋再埋起来，警察开始没有想到钱还在坑里。

【数学竞赛】：假设丙的话是真话，那么丁的话也是真话，从而，甲的话也是真话，所以乙上次是第二名。因此，上次的第一名既不是乙也不是丙，所以应该是丁或者甲。但是，无论哪个是上次的第一名，本应该都说真话的丙和丁的话至少有一个会变成假话。所以，丙的话只能是假话（名次下降，而且丁的名次没有上升）。

由于丙不是上次的第一名，这次的名次下降，所以这次是在第三名以下。所以，乙的话是假话，乙的名次也下降了。

假设丁的话是假话，甲的名次没有上升，而同时甲以外的三个人的名次也全部下降，这是不合理的。

所以，可知丁的名次没有变化，根据他的话（真话）可知，甲这次名次上升了。

从甲的话（真话）来看，乙上次是第二名。丙上次既不是第一名也不是第二名，而是第三名，这次是第四名，同样名次下降的乙这次是第三名。甲这次是从上次的第四名上升了，丁上次和这次都是第一名。所以，甲这次是第二名。

具体如下图所示。

	上次	这次
甲	第4名	第2名
乙	第2名	第3名
丙	第3名	第4名
丁	第1名	第1名

【魔幻法则】：最好的情况是掉的袜子正好构成一双，留下4双袜子。如果把袜子编号为A1，A2，B1，B2，C1，C2，D1，D2，E1，E2，那么这种情况，掉的袜子应该有A1—A2，B1—B2，C1—C2，D1—D2，或E1—E2。共5种可能。

最坏的情况下，掉的袜子不是一双，只有 3 双袜子还能用。这种情况下，掉了的袜子可以是 A1—B1，A1—B2，A2—B1，A2—B2，A1—C1，A1—C2，A2—C1，A2—C2，A1—D1，A1—D2，A2—D1，A2—D2，A1—E1，A1—E2，A2—E1，A2—E2，B1—C1，B1—C2，B2—C1，B2—C2，B1—D1，B1—D2，B2—D1，B2—D2，B1—E1，B1—E2，B2—E1，B2—E2，C1—D1，C1—D2，C2—D1，C2—D2，C1—E1，C1—E2，C2—E1，C2—E2，D1—E1，D1—E2，D2—E1，D2—E2。共有 40 种可能。

可见，最坏的情况的可能性是最好的情况的整整 8 倍。

【衣着规定】：将所列条件加上“如果……那么……”问题就方便多了：

（1）如果穿燕尾服，那么一定是超过 16 岁的。

（2）如果戴大礼帽，那么就是超过 15 岁的。

（3）如果星期六下午观看棒球比赛，那么就戴大礼帽，或穿燕尾服，或两者俱全。

（4）如果带伴，或超过 16 岁，或既带伴又超过 16 岁，那么就不准穿毛衣。换句话说，如果穿毛衣，那就既不带伴，又不超过 16 岁。

（5）如果看球赛，那就穿毛衣。

所以，星期六下午看球赛的男生穿戴情况：

根据（5），穿毛衣。

根据（4），不带伴，不超过 16 岁。

根据（1），不穿燕尾服。

根据（3），戴大礼帽。

根据（2），超过 15 岁。

【存活概率】：这是一个复杂的概率推理问题。为了充分说明问题，我们先从最简单的情况入手：

只有 A、B 相对时，A 活下来的可能性为：$30\% + 70\% \times 50\% \times 30\% + 70\% \times 50\% \times 70\% \times 50\% \times 30\% + \cdots\cdots = 0.3 \div 0.65$。

只有 A、B 相对时，B 活下来的可能性为：$1 - 0\% \times 50\% + 70\% \times 50\% \times 70\% \times 50\% + 70\% \times 50\% \times 70\% \times 50\% \times 70\% \times 50\% + \cdots\cdots = 1 - 0.35 \div 0.65$。

只有A、C相对时，A活下来的可能性为0%，C活下来的可能性为70%。

只有B、C相对时，B活下来的可能性为50%，C活下来的可能性为50%。

下面我们再逐一分析三人相对时的情况：

A活下来有三种情况：A杀了C，B杀不死A，A又杀了B，此时的概率为30%×50%×0.3/0.65；A杀不死C，B杀了C，A杀了B，此时的概率为70%×50%×0.3/0.65；A杀不死C，B杀不死C，C杀了B，A杀了C，此时的概率为70%×50%×30%。所以A活下来的可能性为0.105+3/13≈0.336。

B活下来有三种情况：A杀了C，B杀了A，此时的概率为30%×50%；A杀不死C，B杀了C，A、B相对的情况下B杀了A，概率70%×50%×0.35/0.65；A杀了C，B杀不了A，A、B相对的情况下B杀了A，概率30%×50%×0.35/0.65。所以B活下来的可能性为0.15+3.5/13≈0.419。

C活下来只有一种情况：A杀不死C，B杀不死C，C杀了B，A杀不死C，C杀了A，概率70%×50%×70%，所以C活下来的可能性为0.245。

记住：A、B、C活下来的可能性之和恰为1。

【“我”是何人】：由于法官和律师的总数是16名，从①和④得知：律师至少9名，男法官最多6名。再根据②，男律师必定少于6名。又根据③，女律师少于男律师，所以男律师必定超过4名。故男律师正好是5名。由于男律师多于女律师，且律师总数不少于9名，所以有4名女律师，5名男律师。又因为男法官不能少于男律师，则男法官正好6名，这样还有一位就是女法官。因此16人中有6位是男法官，5位是男律师，1位女法官和4位女律师。

如果说话的人是男法官，也就是说少一名男法官，则陈述①就错误；如果说话的人是男律师，也就是说少一名男律师，则陈述③就错误；如果说话的人是女法官，也就是说少一名女法官，则陈述④就错误。如果说话的人是女律师，也就是说少一名女律师，则4种陈述仍然成立。所以说，说话的人是一位女律师。

【囚徒合作】：101 个门，因为黑和白的概率相同，所以黑白的比例为 51:50 或者 50:51。每人都能看到别的门的颜色。如果看到的是黑白比是 49:51 或者 51:49，那他的门的颜色是一定的。因为 51 的颜色已经出现的。他的门的颜色只能是 49 个门的颜色。这样能定住 50 个门的颜色。也就是说，50 个人能说对了。看到是 50:50 的人呢，只要 50 个人都答黑或者白，最后一个人答白或者黑就行了，至少有一个对。

实际上，用三五个人试一下，会发觉很简单的。

【荒野迷踪】：冒险家指着两条路的其中一条，问一个精灵："它（指另一个精灵）是不是说这条路是活路？"如果这个精灵回答"是"，那你可以毫不犹豫地走向另一条路，另一条路就是活路。

【爱因斯坦的问题】：爱因斯坦说："错了！他们同时从烟囱里爬出来，怎么可能一个会是干净的，另一个会是脏的呢？这就叫做逻辑。"

后记

一本作品的完成需要许多人的默默贡献，闪耀的是集体的智慧。其中铭刻着许多艰辛的付出，凝结着许多辛勤的劳动和汗水。

本书在策划和编写过程中，得到了许多同行的关怀与帮助，及许多老师和作者的大力支持，在此向以下参与本书编写的人员致以诚挚的谢意：许长荣、齐艳杰、上官紫微、史慧莉、闫晗、李娜、李良婷、陈艳、常娟、武敬敏、王艳明、欧俊、黄晓林、李文静、蔡亚兰、王杰、周珊、赵一、赵广娜、张保文、杜莉萍、张艳芬、杨英、杨艳丽、于海英、毛定娟、李伟军、何瑞欣、焦亮、廖春红、慈艳丽、黄薇、付玮婷、常悦、姜波、张云、白雪、江瑞芹、丁敏翔、闫瑞娟、杨云鹏、王本钢、张丽君、成苗苗、郭先红、钟双玲、廖鹏、崔贵兵、常苓、张红、徐端、张彩彩、于若熙、许鸿琴、孙洁、何艳丽、高榕瑞、李娟、梁妤婷等。

本书在编写过程中，借鉴和参考了大量的文献和作品，从中得到了不少启悟，也汲取了其中的智慧精华，谨向各位专家、学者表示崇高的敬意——因为有了大家的努力，才有了本书的诞生。凡被本书选用的材料，我们都将按《中华人民共和国著作权法》有关规定向原作者支付稿酬，但因为有的作者通信地址不详，尚未取得联系。敬请您见到本书后及时函告您的详细信息，我们会尽快办理相关事宜。

著作人联系方式：

联 系 人：王先生

联系电话：010-82865588

后记